現場から福祉の課題を考える

子どもの豊かな育ちを
支える
ソーシャル・キャピタル

新時代の関係構築に向けた展望

伊藤良高/牧田満知子/立花直樹

編著

SOCIAL CAPITAL

ミネルヴァ書房

はじめに

　「子どもの権利」ないし「子どもの人権」という概念は，歴史的には，18世紀におけるルソーに代表される「子どもの発見」という思想的できごとを端緒として，主には20世紀半ば以降，現代法制におけるグローバルな法規範として実現されるに至っている。

　たとえば，児童の権利に関する条約（国際連合，1989年採択）は，「児童が，その人格の完全なかつ調和のとれた発達のため，家庭環境の下で幸福，愛情及び理解のある雰囲気の中で成長すべきであることを認め，児童が，社会において個人として生活するため十分な準備が整えられるべきであり，……」（前文）と述べ，「児童の最善の利益の考慮」（第3条）という理念のもと，「意見表明権」（第12条）や「教育への権利」（第28条）など，権利行使主体としての子どもの権利について規定している。

　また，日本の子ども法の1つである児童福祉法（1947年）は，「全て児童は，児童の権利に関する条約の精神にのつとり，適切に養育されること，その生活を保障されること，愛され，保護されること，その心身の健やかな成長及び発達並びにその自立が図られることその他の福祉を等しく保障される権利を有する」（第1条）と定め，適切な養育や愛情と保護，心身の成長・発達，自立などに関する子どもの権利について明示している。また，「全て国民は，児童が良好な環境において生まれ，かつ，社会のあらゆる分野において，児童の年齢及び発達の程度に応じて，その意見が尊重され，その最善の利益が優先して考慮され，心身ともに健やかに育成されるよう努めなければならない」（第2条第1項）と記して，子どもの権利を保障するために，児童の保護者並びに国及び地方公共団体の責任について明記している（同条第2項，第3項）。

　これらの法規定にみられるように，子ども（ここでいう「子ども」とは，児童

福祉法にならって，満18歳に満たない者をいう。ただし，40歳未満までのポスト青年期の者までを対象にして，「子ども・若者」と呼称することもある）をはじめとするすべての人間は，幸福（または，ウェルビーイング）の実現に向けて，心身ともに健やかな育ちが保障され，生涯にわたって自己の人格を磨き，豊かな人生を送ることができなければならない。そしてそのためには，乳幼児期から，社会における様々な制度や組織，人々との豊かなかかわりのなかで，人間の生存と成長・発達，自立の権利が保障されていく必要がある。

　近年，保育，幼児教育，子ども家庭福祉の領域では，「子ども・子育て支援」をキーワードに，当事者の目線から子ども・若者の育ちや子育てを支援することの大切さが唱えられている。たとえば，内閣府「少子化社会対策大綱」（2015年）は，結婚，妊娠，子ども・子育てに温かい社会の実現をめざして，「結婚や子育てしやすい環境となるよう，社会全体を見直し，これまで以上に少子化対策の充実を図る」などの基本的な考え方に基づき，「子育て支援施策を一層充実させる」，「若い年齢での結婚・出産の希望が実現できる環境を整備する」，「男女の働き方改革を進める」などを重点課題として掲げている。

　こうしたなかにあって，「実効性のある少子化対策を進める上で重要なことは，地域が少子化対策の主役になるという視点を持ち，地域の実情に即した取組を進めていくこと」（同上，2015）が大切であるという考え方のもと，子ども・子育て支援の拠点・ネットワークづくりの観点から，地域における「ソーシャル・キャピタル」（大別して，「結束型」ソーシャル・キャピタル及び「接合型」ソーシャル・キャピタル。一般に「社会関係資本」と訳される）に対する関心が高まってきている。

　本書は，近年，社会福祉の領域において注目されつつある「ソーシャル・キャピタル」概念をキーワードとして，現代における子どもの「豊かな育ち」への支援（以下，「子ども育成支援」という）の現状と課題について学術的に考察し，新時代に向けての展望を切り拓こうとするものである。

　本書は，「現場から福祉の課題を考える」を主題に発行された牧田満知子・立花直樹編著『ソーシャル・キャピタルを活かした社会的孤立への支援——

ソーシャルワーク実践を通して』（2017年3月）の姉妹本として位置づけられているものである。その大きな特徴として，子ども・子育て研究の第一線で活躍する研究者が，日本及び海外における子ども育成支援の現状と課題について，最新のデータや事例を駆使しながら，「ソーシャル・キャピタル」という概念から理論的かつ実践的に考究している。また，子ども育成支援ネットワークの必要性と重要性について，地域における人間関係の構築という側面から，多角的かつ総合的に検討している。このように，「ソーシャル・キャピタル」という視点からの子ども育成支援の包括的検討という研究フレームワークに立つことで従前にない新たな知見が生まれ，保育，幼児教育，子ども家庭福祉の領域において，少しでも貢献するところがあれば幸いである。

　本書を通じ，ソーシャル・キャピタルを活かした子ども・子育て支援の理論と実践のさらなる広がりと深まりを期待したい。

2017年11月吉日

編著者を代表して　伊藤良高

現場から福祉の課題を考える

子どもの豊かな育ちを支えるソーシャル・キャピタル

――新時代の関係構築に向けた展望――

目　次

はじめに

第Ⅰ部　子ども・子育て支援の基礎・理論とソーシャル・キャピタル

第1章　子どもの権利の思想と展開……………………………………3
第1節　子どもの権利とは何か　3
第2節　子どもの権利保障の歴史的展開——日本と世界　6
第3節　子どもの権利保障をめぐる状況と課題　9
第4節　子どもの権利保障をより充実させていくための2つの提言　13

第2章　子どもの豊かな育ちとソーシャル・キャピタル…………19
第1節　子どもの育ちをめぐる状況　19
第2節　子どもの育ちをめぐる問題点と課題　22
第3節　子どもの育ちとソーシャル・キャピタル　25
第4節　子どもの豊かな育ちに向けて　28

第3章　保護者に対する支援とソーシャル・キャピタル…………33
第1節　保護者に対する支援とは何か　34
第2節　保護者に対する支援の現状と課題　38
第3節　ソーシャル・キャピタルの視点からみた今後の保護者への支援とは　42

第4章　子ども育成支援とカウンセラー…………………………47
第1節　カウンセリングとは何か　47
第2節　カウンセラーの社会的立場と現状　49
第3節　保育現場で求められるカウンセリングの社会的現状と課題　53
第4節　解決策の提示と提言　56

目　次

第**5**章　子ども育成支援とソーシャルワーカー ……………………………61

第1節　子どもへの育成支援推進のための基本的な考え方　61

第2節　子ども育成支援とソーシャルワーカー　67

第3節　子ども育成支援とソーシャルワーカーの事例から俯瞰する課題と支援　70

第4節　子ども育成支援のための新たなソーシャルワーカーの必要性　73

第Ⅱ部　子ども育成支援の実際とソーシャル・キャピタル

第**6**章　母子保健と子ども育成支援 ………………………………………79
　　　　　　──妊娠・出産の安心・安全と子どもの健康を守る環境整備

第1節　母子保健行政の歴史　79

第2節　母子保健の課題　82

第3節　「健やか親子21」と「健やか親子21（第2次）」　85

第4節　母子保健における地域支援の担い手について　91

第**7**章　子ども・子育て支援新制度と子ども育成支援 ………………97
　　　　　　──幼保一体化の展望と保育・幼児教育実践のゆくえ

第1節　子ども・子育て支援新制度と子ども育成支援　97

第2節　保育・幼児教育内容と制度それぞれの一体化　101

第3節　適切な保育・幼児教育の保障　104

第4節　保育ソーシャルワークと保育・幼児教育実践　107

第**8**章　児童虐待と子ども育成支援 ……………………………………113
　　　　　　──虐待の予防，早期発見のための社会的支援

第1節　児童虐待とは何か　113

第2節　児童虐待の現状　119

vii

第3節　児童虐待の事例から俯瞰する課題と支援　121

第4節　児童虐待を防止するための課題と支援について　126

第9章　社会的養護と子ども育成支援 …………………………………………133
　　　　　　——家庭的養護の推進と養育困難家庭に対する地域支援

第1節　施設養護の理論と実践　133

第2節　家庭的養護の推進について　137

第3節　児童養護施設における親子関係の再構築支援の現状と課題　140

第4節　施設における家庭支援・地域支援　143

第10章　障害のある子どもと子ども育成支援 ………………………149
　　　　　　——インクルーシブ保育・教育とインクルーシブ社会の構築

第1節　障害のある子どもへの支援の基本的な理念と権利保障　150

第2節　障害のある子どものインクルーシブ保育・教育とは何か　153

第3節　インクルーシブ保育の事例から俯瞰する課題と支援　156

第4節　インクルーシブ社会の構築に向けて　160

第11章　放課後等の子どもの生活と子ども育成支援 ……………165
　　　　　　——子どもの豊かな遊び・生活を実現する地域コミュニティの創造

第1節　放課後の子どもを取り巻く環境　165

第2節　放課後の子どもたちを取り巻く諸課題　168

第3節　放課後の子どもたちの生活と遊び　173

第4節　放課後の子どもたちの生活と遊びの保障　175

第12章　いじめへの対応と子ども育成支援 …………………………179
　　　　　　——いじめの防止，早期発見，対処のための関係者の連携

第1節　いじめとは　179

第2節　いじめが与える子どもや社会への影響　182

第3節　いじめの事例から俯瞰する課題と支援　187

第4節　いじめ防止に向けて　190

第**13**章　不登校と子ども育成支援……………………………195
　　　　　——地域における学校外機関・施設が取り組む多様な学習支援

第1節　不登校問題の概要とこれまでの対応　195

第2節　不登校事例による支援体制の検討　203

第3節　今後の不登校対応についての方向性　208

第**14**章　少年非行・矯正・更生保護と子ども育成支援…………211
　　　　　——非行・犯罪に陥った子どもと社会との絆を取り戻す支援

第1節　少年非行の現状　211

第2節　非行を促進する諸要因　212

第3節　非行少年を支援するうえでの課題　217

第4節　非行少年に対する支援の社会的意義　221

第**15**章　子どもの貧困と子ども育成支援………………………223
　　　　　——経済的・社会的・文化的剝奪に立ち向かう社会的包摂

第1節　わが国における子どもの貧困の実態　223

第2節　わが国の子どもの貧困を生み出す社会構造と問題の多重化　227

第3節　こども食堂の取り組みとソーシャル・キャピタル　231

第4節　こども食堂における取り組みと貧困問題解決の手がかり　236

第**16**章　外国にルーツをもつ子どもたちの育成支援……………241
　　　　　——教育機会と教育内容の差別待遇をなくすグローバル社会への転換

第1節　外国にルーツをもつ子どもの現状　241

第2節　外国にルーツをもつ子どもへの政府の対応　244

第3節　外国にルーツをもつ子どもの支援事例　250

第4節　外国にルーツをもつ子どもの支援の改善にむけて　252

第Ⅲ部　海外における子ども育成支援の展開とソーシャル・キャピタル

第**17**章　イギリスにおける子どもの権利と保育・教育……………259

第1節　子どもの人権・権利の歴史　259

第2節　近年のイギリス保育政策の変遷　262

第3節　イギリスの障害児教育と豊かな育ちをめぐって　265

第4節　イギリスの保育・教育制度　267

第5節　保育における親のかかわりとソーシャル・キャピタル　270

第**18**章　フランスにおける移民政策と子ども育成支援…………277

第1節　移民の増加　278

第2節　移民の文化的・宗教的衝突をめぐる1990年代の教育政策と判例　282

第3節　宗教的標章着用禁止法の成立と共和国の価値共有化の原則　285

第4節　フランスの教育行財政政策とソーシャル・キャピタル　288

第**19**章　スウェーデンの地域子育て支援…………………………295

第1節　すべての親子の生活基盤を支える公的支援　295

第2節　子育てを支える地域社会のかたちとソーシャル・キャピタル　301

第3節　地域での子育て支援活動の実際　304

第4節　日本への示唆　307

おわりに　313

索　引　315

第Ⅰ部
子ども・子育て支援の基礎・理論と
ソーシャル・キャピタル

第1章
子どもの権利の思想と展開

伊藤良高

　子ども・若者（以下，総称するときは「子ども」という）は，人権を享有する一個の人格的主体として，自分らしく個性豊かに成長・発達していくことが大切である。しかるに，現代日本における子どもの育ちは，果たしてこのようになっているのであろうか。残念ながら，その答えは否といわざるを得ない。なぜなら，乳幼児の遺棄や児童虐待，体罰，いじめ，貧困，性的搾取，外国にルーツをもつ子どもへの教育待遇差別など，子どもの人権侵害状況といえる事例は枚挙に暇がないからである。

　本章は，子どもの権利の思想と展開について，理論的かつ実践的に考察することを目的としている。具体的には，以下のようになろう。まず，子どもの権利とは何かについて，その意義と内容，特徴を明らかにする。次に，子どもの権利保障の歴史的展開について，近現代の日本と世界を概観する。そのうえで，子どもの権利保障をめぐる今日的な状況と課題について検討する。そして，最後に，子どもの権利保障をより充実させていくために，子ども育成支援及びソーシャル・キャピタルの視点から提言を行いたい。

第1節　子どもの権利とは何か

（1）子どもの権利の意義

　子どもは，父母，法定保護者（以下，「保護者」という）をはじめとするおとなからの特別の保護や配慮を必要とする存在であるとともに，1個の独立した人格と尊厳をもち，権利を享有し行使する主体として，社会における諸活動に積極的に参加していく存在である。人権論上におけるこうした子どもの捉え方

3

第Ⅰ部　子ども・子育て支援の基礎・理論とソーシャル・キャピタル

や位置づけは，1989年11月における「児童（子ども）の権利に関する条約」（以下，「子どもの権利条約」という）国連採択を契機として，日本を含め，全世界的に広がっている。

　日本において，「子どもの権利」（または，「子どもの人権（一般人権）」）に関する議論が盛んになされていったのは1970年代以降のことである。それは，一般に，「人間が人間らしく生きる権利を子どもという発達段階の人間に即してとらえた権利」（田村，1981：10）であるといってよいが，今日においてもなお，その視点や枠組，課題をめぐって多様な議論が展開されている（たとえば，戸波，2006：60-62，片山，2015：3-5）。このような意味において，子どもの権利は，形成ないし発展途上にある概念であるということができる。

　子どもの権利について，その代表的な論客の1人である堀尾輝久によれば，以下の3つの視点が考えられるという。すなわち，第1には，親子関係における子の権利である。第2には，「大人と子ども」関係における子どもの権利，そして，第3には，新しい世代としての子ども・青年の権利，である（堀尾，1984：84-91）。ここには，「子どももまた人間であり，人権の主体である，子どももまた一つの人格の主体として侵すことのできない尊厳をもっている」（同上，64）ということを第一の前提に，そのうえで，「発達の可能態としての子ども，大人とは違った存在としての子どもへの着眼は，子ども固有の権利への着眼とつながっていく」（同上，67）と捉えている点に特徴を見出すことができる。

　子どもの権利は，子どもが歴史的，社会的にどのように捉えられ，扱われてきたかということと密接不可分に結びついている。家永三郎第2次教科書訴訟第1審東京地裁判決（杉本判決。1970年7月[1]）は，「近代および現代においては，個人の尊厳が確立され，子どもにも当然その人格が尊重され，人権が保障されるべきであるが，子どもは未来における可能性を持つ存在であることを本質とするから，将来においてその人間性を十分に開花させるべく自ら学習し，事物を知り，これによって自らを成長させることが子どもの生来的権利であり，このような子どもの学習する権利を保障するために教育を授けることは国

第1章 子どもの権利の思想と展開

民的課題であるにほかならない」と述べているが，ここに記されているように，近代及び現代の社会にあっては，すべての人間の尊厳の確立が社会的スローガンとされるなかで，子どもについても同様に，その人格の尊重や人権の保障が唱えられるに至っている。また，近年では，国際法規範として，生命への固有の権利と発達の確保を出発点に，子どもの権利を包括的かつ具体的に保障しようとする動きが生まれている。

（2）子どもの権利の「内容」と「特徴」

　では，子どもの権利の「内容」と「特徴」とはいかなるものであろうか。すでに述べたように，視点や枠組などによって，その捉え方は異なっているが，ここでは，前出の堀尾の見解を踏まえながら，次のように捉えておきたい。

　まず，「内容」についてであるが，子どもの権利は，将来にわたって人間的に成長・発達する権利及びそれを実現していく学習する権利をコアとして捉えていくことが大切である。人間が人間らしく生きていくために欠かせない基本的人権は，子どもも含めすべての人間に共通する権利であるが，なかでも幸福追求ないし自己実現の権利はその中核をなすものとして位置づけられる。そして，いま，これを「発達的な視点」（堀尾，1984：92）から捉えなおすとすれば，子どもについて，「将来にわたって人間的に成長・発達する権利を含んで具体的にとらえる」（同上）ことが大切であり，それは，「それぞれの発達の段階にふさわしい環境のなかで教育を受けることをとおして，あるいは教育を求めることをとおして，自分自身の可能性を実現していく」（同上：96）ものと解される。

　そして，「特徴」についてであるが，子どもの権利は，ときとして，「実際に子どもが自らその権利を実現し，自分は権利の主体であると権利を自己主張するわけにはいかない特殊性がある」（同上：97-98）ということを承認しておく必要がある。なぜなら，子どもをめぐる状況（年齢，発達状況，生育・生活環境など）によって，「言葉としては子どもの権利あるいは青年の権利を認めると言いながら，実態において，せいぜい恩恵的に子どもを保護しているという関

5

第Ⅰ部　子ども・子育て支援の基礎・理論とソーシャル・キャピタル

係のなかで子どもの権利を保障しているということになりかね」（同上：98）ないからである。係る意味において，子どもに対する権利擁護や権利救済，利益代弁，自己形成支援などの仕組みや関係する人材・組織・機関のネットワークが必要不可欠となってくる。とりわけ，乳幼児期や学童期の子どもにあっては，保護者や保育者・教師，子育て支援関係者，地域住民など周りの様々な大人からの保護や支援が求められる。

　こうした視点や捉え方を前提として，子どもの権利条約は，「人間だれもが通過する子ども期の権利保障なくしては，成人してからの権利の実現も不十分にしかできない。同時に，子どもは自らの権利を認識・主張・実践することが完全にはできないからこそ，子ども期にふさわしい特別の権利保障が必要になる」（荒牧，2009：4）という考え方から，「子どもも独立した人格と尊厳を持ち，権利を享有し行使する主体として把握することを基礎に，権利を保障している」（同上：6）。また，他方では，「子どもが特別な保護を必要とする存在として，子どもの現実とニーズに対応した保護を受ける権利にかかわる規定を多く持っている」（同上：7）のである。子どもを人権享有・行使の主体として明確に位置づけ，それを基本として，子ども期固有の権利を総合的，統一的に保障しようとしている。

第2節　子どもの権利保障の歴史的展開——日本と世界

（1）近代における子どもの権利保障

　教育史研究の教えるところによれば，戦前期（明治期～昭和戦前期）の日本において，近代公教育制度成立時に公布された「学制布告書」（1872年8月）は，教育の目的として「身を脩め智を開き才芸を長する」という理想的人間像を描いたが，「四民平等や職業選択の自由を背景に，学問を通じて立身出世を目指す個人主義的・能力主義的な考え方を含んでいた」（小針，2014：20）ものであった。しかしながら，そこには，個人の尊厳に対する自覚は見られず，究極的には近代国家の形成に向けて国家に奉仕する人間像に収斂されていくこと

になった。そして，1890年10月に渙発された「教育ニ関スル勅語」では，天皇中心の仁義忠孝を理念とする国家思想にもとづき，その力点は「一旦緩急アレハ義勇公ニ奉シ以テ天壌無窮ノ皇運ヲ扶翼スヘシ」（「非常事態のときには大義に基づいて勇気を奮い国家のために尽くす」の意）というところに置かれた。学校では，修身教育などを通じて子どもたちに国家主義的な徳目が教えられ，天皇制国家体制にすべてを捧げる「忠良ノ臣民」の育成がめざされた。こうした超国家主義的，軍国主義的な人間像に個人の尊厳や人類愛の観念は存在せず，その帰結は「国民を不幸にし，他国民に犠牲を強い」（中谷，2009：18）るものでしかなかった。戦前期にあって，たとえば，自由民権運動における植木枝盛の「親子論」[(2)]や大正期における教員組合啓明会の「教育改造の四綱領」[(3)]，大正期以降における生江孝之，西山哲次，賀川豊彦，平塚らいてうによる子どもの権利の主張など注目すべき動きも一定見られたものの，「明治国家そして天皇制国家のもとでは，子どもの権利という観点が成立することは，非常に困難であった」（堀尾，1984：77）。

　欧米にあっては，18世紀におけるルソーに代表される「子どもの発見」という思想的できごとを契機として，子どもの個性や自主性，自発性を重視する子ども論が展開されていった。こうした思想にもとづき，ペスタロッチやフレーベルは，家庭に恵まれない子どもの保護育成や幼児教育の領域での新たな実践を展開した。しかし，現実的には，「そのような進んだ考え方，実践というのは，実は全体から見ると，ほんのごく一部にしか過ぎなかった」（中谷・小林・野口，2006：54）のである。19世紀後半から20世紀始めにかけて，子ども研究が進み，子どもを中心とする教育思想や教育実践が世界各国を風靡するようになった。「児童の世紀」「児童中心主義」「児童から」といったスローガンが唱えられ，アンリ・ワロンらによって子どもの権利論も深められていった。第1次世界大戦後，戦争によって多くの子どもが犠牲となったことに対する反省から，子どもの福祉に対する関心が急速に高まるなかで，1923年，国際セーブ・ザ・チルドレン連盟が「児童権利宣言」を起草し，翌24年には国際連盟がそれを受けて採択した（ジュネーブ宣言）。同宣言は，子どもの権利に関する最初の

第Ⅰ部　子ども・子育て支援の基礎・理論とソーシャル・キャピタル

国際的な宣言として，子どもの最善の利益の実現や危機に際しての最優先の救済を基本理念に，子どもの身体的・精神的な発達の保障や飢えた子ども・病気の子ども・障害のある子どもへの支援，あらゆる搾取からの保護，子どもの才能の育成などを提起したものであった。

（2）現代における子どもとその権利保障

　現代日本においては，日本国憲法（1946年11月）によって，子どもを含むすべての国民について，自由で平和で民主的な国家及び社会の下で自分らしく暮らせることが，人権として保障されている。すなわち，第13条は，「すべて国民は，……生命，自由及び幸福追求に対する国民の権利については，……最大の尊重を必要とする」と規定しているが，同条項は，「平和のうちに生存する権利」（前文）や「健康で文化的な……生活を営む権利」（第25条），「その能力に応じて，ひとしく教育を受ける権利」（第26条）などとともに，子どもを含むすべての国民の基本的人権条項となっている（中谷，2012：103）。なかでも，「教育を受ける権利」は，「未来における可能性を持つ存在」（杉本判決）としての子どもにとって，基底的かつ中核的なものとして位置づけられ，十全に保障されるべきものである。また，児童福祉法（1947年12月）や児童憲章（1951年5月）は，子どもの生命・生存・生活に関する権利を規定している。そこには，子どもの心身の成長及び人格の形成に向け，土台となる生育環境を整備していくことが不可欠であるという考え方が反映されている。近年では，同様のスタンスから，次世代育成支援対策推進法（2003年7月）や子ども・若者育成支援推進法（2009年7月），子どもの貧困対策の推進に関する法律（2013年6月）などが相次いで制定され，子どもの「包容（包摂）」をスローガンに，保育，教育，福祉，保健，医療，矯正，更生保護，雇用など総合的な子どもの人権保障が志向されている。

　世界にあっては，第2次世界大戦後における平和と民主主義を求める国際的な運動の高まりのなかで，国際連合憲章（1945年6月）や世界人権宣言（1948年12月）が出され，基本的人権，人間の尊厳及び価値を普遍的なものとして承

認した。特に後者においては，「すべて人は，教育を受ける権利を有する」（第
26条）と規定し，教育を基本的人権の１つとして位置づけたが，「そのことは
人権思想の歴史にとっても，教育思想の展開からみても，画期的なできごと」
（堀尾，1984：73）であった。国連は，1959年11月，「児童権利宣言」を採択し，
あらゆる差別の禁止や特別な保護，教育，保健的ケアに対する子どもの権利，
氏名及び国籍をもつ権利などについて規定した。その理念は，後にユネスコの
「子ども最優先」というスローガンに結実していくことになるが，「子どもたち
を保護することが目標とされて，子どもたちのエンパワーメント（能力育成）
にはほとんど重点が置かれなかった」（ユニセフ，2010）。その後，国際人権規
約（1966年12月）や女子差別撤廃条約（1979年12月）などを通じて，人権保障の
国際基準づくりが進められていくなかで，ポーランドのイニシアティブによ
り，1980年代末になってようやく「世界の子どもたちの権利章典」（荒牧，
2009：3）と称される子どもの権利条約が採択されることになった。2000年５
月以降，条約を補完するために，国連で３つの「選択議定書[(4)]」が作成されてお
り，これらの総体が子どもの権利条約を構成している。

第３節　子どもの権利保障をめぐる状況と課題

（１）子どもの権利保障をめぐる状況

　中谷彪らは，20世紀後半における世界の教育について，「憲法に「教育を受
ける権利」規定は設けられたけれども，その内実の保障が伴わず，学習の権利
や教育の機会均等原則は軽視されたままの時代であった」（中谷・小林・野口，
2006：75-76）と述べ，21世紀には「子どもたちの「教育を受ける権利」や「学
習の権利」の意味を常に問い続け，その意味の中味を豊かにしていくこと」
（同上：77）が求められると記している。ここでは，子どもの「教育を受ける
権利」（学習の権利）を豊かに保障していくことの大切さが説かれているが，現
代日本において，子どもの権利保障をめぐる状況はどのようになっているので
あろうか。

第Ⅰ部　子ども・子育て支援の基礎・理論とソーシャル・キャピタル

表1-1　ひとり親家庭の子どもの進学率

	ひとり親家庭	全世帯
高校等への進学率	93.9%	96.6%
大学等への進学率	23.9%	54.4%

資料：「全国母子家庭等調査」（平成23年度），「学校基本調査」（平成27年度）。
注：全世帯の高校等及び大学等進学について，通信制への進学者を除く。
出所：厚生労働省（2016）『平成28年版　子供・若者白書』。

　内閣府『平成28年版子供・若者白書』（2016年5月）は，子ども・若者の状況について，以下のように記している。すなわち，①児童のいる世帯のうち，ひとり親家庭の世帯の割合は上昇傾向。ひとり親家庭の平均所得は，他の世帯と比べて大きく下回っており，子どもの大学進学率が低い（表1-1）。②小学生・中学生に対する就学援助率は上昇を続けている。③全国の児童相談所における児童虐待に関する相談件数は，児童虐待防止法施行前の1999年度に比べ，2014年度には約7.6倍に増加（図1-1）。虐待者については，実母が半数以上を占める。④小学校におけるいじめの被害経験率は，おおむね40〜60％で推移している。いじめの認知件数は，ここ3年大きな変動はないが，小学校では高止まりの状態が続いている。警察が取り扱ったいじめに起因する事件の検挙・補導人員は，2014年，前年の60％程度まで減少した。⑤20歳未満の者が被害者となった刑法犯の認知件数は，この10年減少が続いている。年齢別に被害を受けた罪種の構成割合を見ると，6歳以上では窃盗がほとんどである一方，5歳以下では暴行・傷害が多い，⑥15〜39歳の若年無業者数は，ここ数年減少傾向が見られる。15〜34歳人口に占める若年無業者の割合は，2015年は2.1％。⑦小学生，中学生の不登校は，2013年・2014年と2年続けて前年より増加した。不登校になったきっかけと考えられる状況として，「不安など情緒的混乱」「無気力」などがあげられる。⑧高校中途退学者は，減少傾向が続いている。中退の事由としては，「学校生活・学業不適応」「進路変更」が多い。⑨刑法犯少年の検挙人員，触法少年（刑法）の補導人員，ぐ犯少年の補導人員は，この10年間いずれも減少傾向にある。軽犯罪法違反といった特別法犯少年の送致件数は，触法少年（特別法）の補導人員もここ3年減少している，⑩30歳未満の自殺者数は，このところ減少傾向にある。原因をみると，「うつ」などの健康問題が多く，19歳以下では学業や進

図1-1 児童相談所における児童虐待に関する相談対応件数の推移

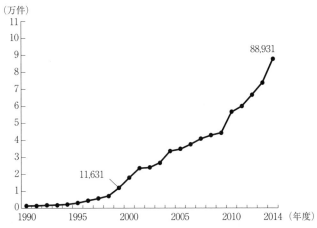

資料：厚生労働省「福祉行政報告例」。
注：2010年度の数値は，東日本大震災の影響により，福島県を除いて集計したもの。
出所：厚生労働省（2016）『平成28年版 子供・若者白書』。

路に関する悩みもあげられる。⑪出会い系サイトに起因して犯罪被害に遭った18歳未満の者が減少する一方，SNS（Social Networking Service）などのコミュニティサイトを起因として犯罪被害に遭う者の増加が続いている（図1-2）。出会い系サイトに比してコミュニティサイトでは，より低年齢の被害者が多い，などである（第2章第1節参照）。こうした状況に対し，同白書は，同年2月に策定された「子供・若者育成支援推進大綱」（以下，「大綱」という）にもとづき，新たな子ども・若者育成支援施策を展開していく必要性を唱えている。

（2）子どもの権利保障をめぐる課題

では，子どもの権利保障をめぐる課題とはいかなるものであろうか。上記「大綱」は，それ以前の大綱（「子ども・若者ビジョン」2010年7月。以下，「旧大綱」という）を見直したものであるが，「全ての子供・若者が健やかに成長し，全ての若者が持てる能力を生かし自立・活躍できる社会の実現」をスローガン

図1-2　出会い系サイト及びコミュニティサイトに起因する事犯の被害に
　　　　遭った18歳未満の者（被害者数）

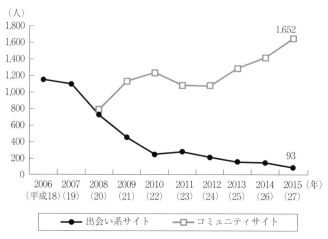

資料：警察庁「出会い系サイト及びコミュニティサイトに起因する事犯の現状と対策
　　　について」。
出所：厚生労働省（2016）『平成28年版　子供・若者白書』。

としている。「全ての子供・若者が，身近な愛情に包まれながら挑戦と試行錯誤を繰り返す中で，自尊感情や自己肯定感を育み，自己を確立し，社会との関わりを自覚し，社会的に自立した個人として健やかに成長するとともに，多様な他者と協働しながら明るい未来を切り拓く」という子ども・若者像のもと，子ども・若者育成支援について，「家庭を中心として，国及び地方公共団体，学校，企業，地域等が各々の役割を果たすとともに，相互に協力・連携し，社会全体で取り組むべき課題である。その際には，一人一人の子供・若者の立場に立って，児童の権利に関する条約等に示されている子供・若者の人権の尊重及び擁護の観点も踏まえ，生涯を見通した長期的視点及び発達段階についての適確な理解の下，最善の利益が考慮される必要がある」と述べている。そして，家庭については，社会全体で子育てを助け合う環境づくりや貧困の連鎖を断つための取り組み，児童虐待を防止するための取り組みなどを，地域社会については，地域における見守りや健全育成の機能を発揮させるため，地域住民

やNPO等が子ども・若者育成支援を支える共助の取り組みの促進を，情報通信環境については，違法・有害環境の拡散，ネット上のいじめ，ネット依存への対応を，また，雇用については，各学校段階を通じて社会的・職業的自立に必要な能力・態度を育てるキャリア教育，職業能力開発の機会の充実や円滑な就労支援と非正規雇用労働者の正社員転換・待遇改善等による若者の雇用安定化と所得向上を課題として掲げている。困難を抱えている子ども・若者について，生まれてから現在に至るまでの生育環境において様々な問題に直面している場合が多く，たとえば，貧困や児童虐待，いじめ，不登校，ニート等の問題は相互に影響し合い，複合性・複雑性を有しているということが意識されている点が特徴的である。

　旧大綱の下での子ども・若者育成支援施策の進捗状況について，関係府省などから，「法と大綱により子供・若者支援の理念と枠組みが整備されたが，その運用はなかなか進んでいないといわざるを得ない」，「生まれてから大人になるまで一貫した支援を行うという点で，いまだに大きな課題がある」（子ども・若者育成支援推進点検・評価会議，2014）といった問題点が指摘され，「次期大綱においては，例えば子供・若者の発達段階ごとに関係府省の施策やその関係を明らかにするなど，大人側，関係府省側の論理ではなく，子供・若者の視点，立場に立って施策が構造化されることが望ましい」ととりまとめられている。ここで示されている関係施策のネットワーク化や子ども・若者の視点，立場の重視それ自体は，大変意義のあることである。しかしながら，問題は，上記の取り組みが本当の意味で，子どもの権利保障，ひいては子どもの幸福実現につながるものとなっていくか否かである。

第4節　子どもの権利保障をより充実させていくための2つの提言

（1）子どもの権利保障と子ども育成支援の充実

　子どもの権利保障をより充実させていくためには，いかなる視点と取り組みが不可欠であろうか。以下では，2点，提言を行っておきたい。

第Ⅰ部　子ども・子育て支援の基礎・理論とソーシャル・キャピタル

　第1点は，子どもの権利保障に向けて，子ども育成支援の充実が求められるということである。近年，子ども育成支援の必要性と重要性が叫ばれてきているが，その理念と実践において，子どもの「幸福に生きる権利」や「心身ともに健やかに成長する権利」という観点から，総合的，継続的，体系的に捉えられ，展開されていく必要がある。これまで，特に2000年代以降，「青少年の健全育成」などをスローガンとして，子ども・若者を対象とする様々な施策が展開されてきたが，その基本理念として，「将来の一人前の大人への成長」すなわち，「社会的自立」が中心的概念となってきた（伊藤，2012：6）。そこでは，ニュアンスの違いはあるものの，「青少年が，心身ともに健康で，他者を思いやる心を持ち，挑戦と試行錯誤の過程を経つつ，自己を確立し，自らの可能性を発揮できる，社会的に自立した個人として成長し，他者や地域社会とともに生きていく」（青少年育成推進本部，2008）といったイメージが描かれてきた。しかしながら，現実的には，若年者雇用の不安定化を背景に，若者の「職業的自立」「経済的自立」という側面が前面に打ち出され，「実質的には就労に向けた支援策であり，ここでの自立という語に，就労・雇用を超えた包括的な含意は必ずしも十分ない」（樋口，2011：55）といわざるを得ないし，また，近年にあっては，急速な少子化に対処するための施策（少子化対策）とのかかわりから，子ども・若者が自らの心・身体の健康を維持することができるよう健康教育をするとともに，「とりわけ思春期の子ども・若者に対して，妊娠・出産・育児に関する教育を充実させる」（子ども・若者育成支援推進本部，2016：4）といった課題が提起されるなどしている。

　このような形ではなく，子ども・若者の最善の利益の考慮という側面から，1人ひとりの子ども・若者を取り巻く状況を踏まえ，子ども・若者とその家族のニーズに適切に対応していくことが求められるのである。その意味では，大綱が，子ども・若者に対し，年齢段階で途切れることなく継続した支援を行う「縦のネットワーク」及び教育，福祉，保健，医療，矯正，更生保護，雇用等の関係機関・団体の有機的な連携による「横のネットワーク」の機能化を提言していることは注目に値するといえよう。ただし，もはや衆目の事実である

が，そうした施策の展開にあたって，子ども・若者関係を含め，「我が国の家族関係社会支出の対 GDP 比が諸外国と比べて低い」（子ども・若者育成支援推進点検・評価会議，2014）という状況に大胆にメスを入れることなくしては，これまでと同様，絵に描いた餅に終わってしまうであろう。

（2）子どもの権利保障とソーシャル・キャピタルの視点

　第 2 点は，子どもの権利保障に向けて，ソーシャル・キャピタルという視点を取り入れていくことが大切であるということである。ここでいうソーシャル・キャピタルとは，地域における自生的あるいは自発的な「人と人のつながり」（たとえば，町内会・自治会や地域子ども会・子育てサークルなど）を指しているが（第 2 章第 3 節，第 4 節参照），子どもの権利保障の充実に向けた社会的な環境整備が不可欠である。

　近年，子どもの権利論をめぐって，子ども，保護者，保育者・教師，社会，国家の諸関係のあり方についての議論が展開されている。それは，保護者による虐待や保育者・教師による体罰などから子どもの権利をいかに救済するのかという観点から，たとえば，「子どもの権利の救済には，一般の権利救済に比べ，固有の配慮と制度構築が必要とされる。子どもは成長，発達を保障される立場にあり，保護者の監護権，教師の教育・評価・懲戒権が優先されがちな環境下にあるからである」（堀井，2014：69）といった主張が示されている。近年，いじめや体罰の社会問題化を背景として，いくつかの自治体では，子どもオンブズマン制度など子どもの人権侵害事件の解決や一般的提言，事実解明などを目的とした様々な仕組みづくりがなされてきている。こうした取り組みは，子どもの権利保障にとってきわめて有意義なものであり，今後は，一定の独立性や権限，専門性の確立などにおける改善・充実が求められる。また，近年，小・中学校等において，子ども家庭福祉専門職としてのスクールソーシャルワーカーが配置されつつあるが，子どもの権利保障という観点から，子ども・保護者・教師の関係構築への専門的な支援が期待される。

　他方では，子ども・若者の当事者性という観点から，大綱が記すごとく，

「大人の専門家・協力者ばかりではなく，世代という特性を踏まえ，当事者である子供・若者自身を活用していくことが重要である」（子ども・若者育成支援推進本部，2016）。すなわち，子ども・若者は単に育成支援される対象としてではなく，主体的・能動的な存在として，その権利保障にかかる取り組みに積極的に参加（画）していくことが大切である。そこでは，「当事者自治」をキーワードとして，子ども，保護者，保育者・教師，地域住民が，子どもの生育環境や学習環境の形成に相互に協力・共同（協働）する社会資源を構築していくことが求められる（伊藤，2012：7-8）。近年，子ども・若者育成支援の一環として，若年者のためのワンストップサービスセンターとしてのジョブカフェや，地域において若者の自立を支援する地域若者サポートセンターなどが設置されているが，インフォーマルなものも含め，いじめ，不登校，ひきこもりの支援などにおいて，若い世代や当事者・経験者による多様な支援活動が広がりつつある。子どもの権利保障に向けて，「子どもの，子どもによる，子どものため」のソーシャル・キャピタルの創造と豊かな実践が欠かせないのである。

注
(1) 東京教育大学教授（当時）であった家永三郎が自著の高等学校用社会科教科書『新日本史』に関する検定を不服として国または文部大臣を相手に提訴した第1次訴訟から第3次訴訟に及ぶ3つの訴訟（1965年12月1日～1997年8月29日）のうちの判決の1つ。「国家が教育内容に介入することは基本的には許されない」と述べ，「国民の教育の自由」を謳って，家永側の主張をほぼ全面的に認めたものとして注目を浴びた。
(2) 民権派の植木枝盛（1857～1892）は，子どもを親の付属物とみなし，子どもは親を養い，親に従うべきものといったそれまでの伝統的・儒教的親子関係を否定し，「親とは子を養育する為めのものなり」「子は子の為めの子にして親の為めの子にあらず」という近代市民社会的親子関係を提唱した（唐澤，2001）。
(3) 1920年に教員組合啓明会が発表した「教育改造の四綱領」は，その綱領の1つとしての「教育の機会均等」において，「教育を受くる権利—学習権—は人間権利の一部なり。従って教育は個人義務にあらずして社会義務なりとの精神に基づき教育の機会均等を徹底せしむべし」などと述べ，日本教育史上はじめて「学習権」の思想を掲げた。
(4) 3つの「選択議定書」とは，「児童の売買，児童買春及び児童ポルノに関する児童の権利に関する条約の選択議定書」（2002年1月発効），「武力紛争における児童の関与に関する児童の権利に関する条約の選択議定書」（2002年2月発効）及び「通報手続に関

する選択議定書」（2014年4月発効）を指している。

引用・参考文献

荒牧重人（2009）「子どもの権利条約の成立・内容・実施」喜多明人・森田明美・広沢明・荒牧重人編『［逐条解説］子どもの権利条約』日本評論社。

樋口明彦（2011）「若年者雇用政策の比較――日本・韓国・台湾における雇用と社会保障」樋口明彦・上村泰裕・平塚眞樹編著『若者問題と教育・雇用・社会保障　東アジアと周縁から考える』法政大学出版局。

堀井雅道（2014）「子どもの権利救済とオンブズマン制度」日本教育法学会編『教育法の現代的争点』法律文化社。

堀尾輝久（1984）『子どもを見なおす――子ども観の歴史と現在』岩波書店。

伊藤良高（2012）「子ども・若者政策の理念と展開」伊藤良高・永野典詞・大津尚志・中谷彪編『子ども・若者政策のフロンティア』晃洋書房。

唐澤富太郎編著（2001）『図説　教育人物事典――日本教育史のなかの教育者群像』ぎょうせい。

片山信吾（2015）「日本国憲法と国際教育法規範」井深雄二・大橋基博・中嶋哲彦・川口洋誉編著『テキスト　教育と教育行政』勁草書房。

小針誠（2014）「道徳教育の歴史①――戦前の日本」伊藤良高・冨江英俊・大津尚志・永野典詞・冨田晴生編『道徳教育のフロンティア』晃洋書房。

子ども・若者育成支援推進点検・評価会議（2014）「子ども・若者育成支援推進大綱（「子ども・若者ビジョン」）の総点検報告書――ライフサイクルを見通した重層的な支援の充実に向けて」。

子ども・若者育成支援推進本部（2016）「子供・若者育成支援推進大綱――全ての子供・若者が健やかに成長し，自立・活躍できる社会を目指して」。

中谷彪（2009）「教育基本法の人間像と幼児教育」伊藤良高・中谷彪・北野幸子編『幼児教育のフロンティア』晃洋書房。

中谷彪（2012）「子ども・若者の幸福と努力――「幸福に生きる権利」とかかわって」伊藤良高・永野典詞・大津尚志・中谷彪編『子ども・若者政策のフロンティア』晃洋書房。

中谷彪・小林靖子・野口祐子（2006）『西洋教育思想小史』晃洋書房。

青少年育成推進本部（2012）「青少年育成施策大綱」。

田村和之（1981）『保育所行政の法律問題』勁草書房。

戸波江二（2006）「教育法の基礎概念の批判的検討」戸波江二・西原博史編『子ども中心の教育法理論に向けて』エイデル研究所。

ユニセフ（2010）『世界子供白書特別版　2010　「子どもの権利条約」採択20周年記念』日本ユニセフ協会。

山田恵吾・藤田祐介・貝塚茂樹（2003）『学校教育とカリキュラム』文化書房博文社。

第2章
子どもの豊かな育ちとソーシャル・キャピタル

伊藤良高

　すべての子ども・若者（以下，総称するときは「子ども」という）は，心身ともに健やかに成長・発達するなかで，自己の人格を確立し，生涯にわたって生き生きと暮らしていくことができていかなければならない。そして，そのためには，1人ひとりの子どもを取り巻く家庭，園・学校，職域，地域その他社会のあらゆる構成員が，各々の役割を意識しつつ，相互に連携協力しながら，子どもの育ちを支えていくことが求められる。

　本章では，子どもの豊かな育ちとソーシャル・キャピタルについて，その現状と課題，展望について考察していくことにしたい。具体的には，子どもの育ちをめぐる状況は今どうなっているか，また，そこにおける問題点と課題は何かを明らかにしたうえで，子どもの豊かな育ちを支えるソーシャル・キャピタルはいかなるものであるか，どうあるべきかについて論じていきたい。

第1節　子どもの育ちをめぐる状況

（1）今，子どもの育ちは

　現代日本における子どもの育ちをめぐる状況はどうなっているのであろうか。ここでは，内閣府『平成27年版子供・若者白書』（2015年6月。以下，「内閣府白書」という）にもとづいて，今の子どもの育ちについていくつか確認しておきたい。

　まず，体力・運動能力については，小学生・高校生の体力・運動能力は緩やかな向上傾向にあるが，体力水準が高かった1985年頃と比較すると，依然として低い水準となっている。また，小学生と中学生の1〜2割はほとんど運動を

19

第Ⅰ部　子ども・子育て支援の基礎・理論とソーシャル・キャピタル

しておらず，20代の5～6割は運動習慣がない。学力面については，経済協力開発機構（OECD）の「生徒の学習到達度調査（PISA）」によると，学力の改善傾向がみられる。読解力，数学的リテラシー，科学的リテラシーのそれぞれについて，2012年には，それ以前と比べ平均得点が上昇し，OECD加盟国の順位をみると，読解力と科学的リテラシーは1位，数学的リテラシーは2位となっている。また，成績の下位層が減少し，上位層が増加している。

　学校に係る諸問題のうち，いじめについては，最も典型的ないじめ行為である「仲間はずれ・無視・陰口」の半年ごとの被害経験率（その期間に一度でも被害を受けたことのある児童の割合）を見ると，男女ともにおおむね半数程度の子どもが被害を経験している。被害経験の割合は経年的に一定程度を占めていることから，いじめは常に起こっているものと考えられる。学校により認知されたいじめは，2013年度は18万5,803件と，前年度の19万8,109件から若干減少している。しかし，警察が取り扱ったいじめに起因する事件の検挙・補導人員は，この数年で急増し，2013年には724人となっており，中学生が全体の70％強を占めている。不登校については，近年は全体として減少傾向で推移してきたが，2013年度は増加に転じている。小学校では2万4,175人（全体に占める割合0.36％），中学校では9万5,442人（同2.29％），高校では5万5,655人（同1.67％）となっている。学年別の構成割合を見ると，中学2年生と3年生で全体の40％強を占めている。校内暴力の発生件数は，中学校で2006年度以降急増した後，依然として高い水準にある。高校では減少している一方，小学校では増加が続いている。2013年度には，小学校で1万78件，中学校で3万6,869件，高校で7,280件となっている。

　刑法犯少年の検挙人員，触法少年（刑法）の補導人員，ぐ犯少年の補導人員は，いずれも減少傾向にある。2014年には，刑法犯少年の検挙人員は4万8,361人（14～19歳人口1,000人当たり6.8人），触法少年（刑法）の補導人員は1万1,846人となっている。軽犯罪法違反といった特別法犯少年の送致人員は2011年を境に大きく減少し，触法少年（特別法）も減少に転じている。

　子どもの相対的貧困率は，1990年代半ば頃からおおむね上昇傾向にあり，

2012年には16.3％となっている。これは，およそ，6人に1人の子どもが相対的貧困状態にあるということである。子どもがいる現役世帯の相対的貧困率は15.1％であり，そのうち，大人が1人の世帯の相対的貧困率が54.6％と，大人が2人以上いる世帯（10.7％）に比べて高くなっている。⁽¹⁾

（2）今，若者の育ちは

では，若者についてはどうであろうか。同じく，内閣府白書には，次のように述べられている。

まずは，労働について，失業率は2008年の世界金融危機後の契機の悪化により上昇に転じたものの，この数年は低下している。2014年には，15〜19歳が6.2％，20〜24歳が6.3％，25〜29歳が5.2％となっており，特に15〜19歳の改善が顕著である。しかし，いずれの年齢階層も全体と比較すると高い水準にある。高校（中等教育学校後期課程修了者を含む）や短期大学，大学の卒業者の就職率は，近年上昇しており，2014年にはそれぞれ，高校卒業者が17.5％，短期大学が75.2％，大学卒業者が69.8％となっている。同年3月の高校卒業者は105万人であり，そのうち，大学や短期大学に進学した者が53.9％，就職した者が17.5％である一方，進学も就職もしていない者が4.5％いる。大学学部卒業者は57万人であり，そのうち，大学院等進学者は11.1％，正規職員として就職した者が65.9％である一方，安定的な雇用に就いていない者（正規職員でない者，一時的な仕事に就いた者，進学も就職もしていない者の合計）が20％弱存在し，12.1％は進学も就職もしていない。

若年無業者（15〜34歳の非労働力人口のうち，家事も進学もしていない者）の数は，2014年は56万人で，前年より4万人減少している。15〜34歳人口に占める割合は長期的にみると緩やかな上昇傾向にあるが，2014年は2年連続で低下して2.1％となっている。年齢階級別にみると，15〜19歳が8万人，20〜24歳が14万人，25〜29歳が16万人，30〜34歳が18万人である。また，フリーター⁽²⁾はこの数年は横ばいで推移しており，2014年には170万人となっている。年齢階級別にみると，15〜24歳では減少傾向にあるものの，25〜34歳の年長フリーター

第Ⅰ部　子ども・子育て支援の基礎・理論とソーシャル・キャピタル

層は2009年以降増加傾向にある。フリーターの当該年齢人口に占める割合は2014年は6.8％である。特に，25〜34歳の年長フリーター層では上昇傾向が続いている。

　ひきこもりについては，内閣府が2010年2月に実施した「若者の意識に関する調査（ひきこもりに関する実態調査)」によると，「ふだんは家にいるが，近所のコンビニなどには出かける」「自室からは出るが，家からは出ない」「自室からほとんど出ない」に該当した者（「狭義のひきこもり」）が23万6,000人，「ふだんは家にいるが，自分の趣味に関する用事の時だけ外出する」（「準ひきこもり」）が46万人，「狭義のひきこもり」と「準ひきこもり」を合わせた広義のひきこもりは69万6,000万人と推計される。ひきこもりになったきっかけは，仕事や就職に関するものが多い。

第2節　子どもの育ちをめぐる問題点と課題

（1）子どもの育ちをめぐる問題点

　では，子どもの育ちにおける問題点とはいかなるものであろうか。内閣府白書は，上述のような子どもの育ちをめぐる状況について，「次代を担う子ども・若者育成支援は，我が国社会の発展に関わる重要課題であるが，ニート・ひきこもり・不登校・非行など子供・若者を巡る諸問題の深刻化が指摘されている」，「様々な困難を有するが故に特別な支援が必要な子供・若者がいる。その困難は，ニート，ひきこもり，不登校など社会生活を円滑に営む上での困難や，障害，虐待を始めとする犯罪被害，定住外国人であることなど多岐にわたっている」などと指摘し，それぞれに必要な支援を行っていくことの必要性・重要性を唱えている。中谷彪が，「子ども・若者にとって，現代だけが困難な時代であるということではなかろう。過去にさかのぼれば，想像を絶すると思われる時代が幾度もあったと想起されるからである」（中谷，2012：103)と述べているように，子どもの育ちをめぐる状況については，そのときどきの時代や社会，階層，集団のなかで多様なかたちで問われてきたし，また，それ

らのなかから，様々な問題点も指摘されてきた。

　政権担当者や政策立案者筋からのものをみてみれば，たとえば，2000年7月に出された文部科学省中央教育審議会「青少年の奉仕活動・体験活動の推進方策等について（答申）」は，「青少年の現状を見ると，多くの人や社会，自然などと直接触れ合う体験の機会が乏しくなっている。特に，情報化や科学技術の進展は，直接体験の機会を減少させている。……いじめ，暴力行為，引きこもりなど青少年をめぐり様々な問題が生じており，子どもたちの精神的な自立の遅れや社会性の不足などが見られる」と指摘している。また，2007年1月に発表された同「次代を担う自立した青少年の育成に向けて」は，「近年，学力調査の国際比較やフリーター・ニート数の推移を通じ，学習意欲や就労・勤労意欲の低い青少年が増えつつあるのではないかという懸念が生じている。また，学習や労働といった具体的な対象への意欲の減退だけでなく，成長の糧となる様々な試行錯誤に取り組もうとする意欲そのものが減退しているのではないかとも懸念されている」と指摘し，その背景として，青少年の自己肯定感の低さや「大人になりたくない」という現状への安住志向，慢性的な疲労感やあきらめ，集中力や耐性の欠如などをあげている。さらに，2014年4月に発表された同「（第2期）教育振興基本計画について」は，「我が国の子どもたちについては，東日本大震災時の積極的な支援活動に代表されるように，ボランティア活動に対する意識の向上などの優れた面が見られる一方で，生命尊重の心や自尊感情に乏しい，基本的な生活習慣の確立が不十分，規範意識の低下，人間関係を築く力や社会性の育成が不十分，社会参画に関する意識に課題があるなどの指摘がある」と述べている。このように，断片的に振り返ってみても，20世紀に入って以降，子どもの育ちをめぐる問題が従前以上に多様化，複雑化，困難化，さらに一部は長期化していることが指摘されるとともに，子どもの心身ともに健やかな育ちへの対応が大きな社会的問題となってきている。

（2）子どもの育ちをめぐる課題

　こうした子どもの育ちをめぐる問題の解決に向けて，課題としてあげられる

ことは何であろうか。そもそも、何が問題であり課題であるかは、それぞれの立場や視点、利害などによって大きく異なってくるものである。「政府は、教育を国民意識の統一と経済成長の有力な手段と考えるがゆえに、教育を強力な国家の政治的統制のもとにおき、長期的経済計画によってそのねらいを実現しようとしている」(教育制度検討委員会・梅根悟編、1974：108)。この指摘がなされたのは1970年代前半のことであるが、現代にあっても、その基本的な構図はほとんど変わっていないとみることができる。政府や経済界が教育のあり方に関心をもつことはある意味で当然であるともいえるが、子どもの育ちをめぐる問題点や課題は、独立した一個の発達主体・人格主体である子ども自身の立場や視点に立ったものでなければならないであろう。いわば、当事者主体というスタンスが求められるのである。

　では、子どもの立場や視点に立つことで、子どもの育ちをめぐる課題としていったい何が浮かびあがってくるのであろうか。ここでは、2点を指摘しておきたい。

　第1点は、子どもの「豊かな育ち」の保障という観点から、子ども育成支援の施策と実践が、総合的、包括的、体系的に取り組まれていく必要があるということである。当事者主体というスタンスを基本としつつ、子どもの豊かな育ちを支援することを第一義的に考え、子どもに最善のものを提供していくことが大切である。そのためには、子ども1人ひとりの置かれている状況や発達の必要に応じた支援を社会全体で重層的に実施していくことが求められる。しかしながら、実際には、「縦割り行政」などと呼ばれるような施策と実践における不整合や乖離がみられることも少なくないのが現況である。他方では、幼稚園・保育所の連携強化や一体化、小・中学校等におけるスクールソーシャルワーカー（SSW）の配置など、「教育と福祉のクロスオーバー（交錯）」と呼べる動きも進んできている。こうした取り組みに見るように、子ども育成支援におけるさらなる総合化、統合化が検討され、模索されていくことが望ましいといえよう。

　第2点は、子ども育成支援の施策と実践において、「若者育成支援」という

視点から，より持続的，継続的に展開していく必要があるということである。近年，子ども・若者をめぐる環境が悪化し，社会生活を円滑に営むうえでの困難を有する子ども・若者の問題が深刻な状況にあることが指摘されているが，「若者」（施策・実践によっては，40歳未満までのポスト青年期の者も対象とする）をキーワードに，子どもの「幸福に生きる権利」の実現への方途を模索していくことが大切である。「格差社会」の広がりのなかで，「子どもの貧困」に対する関心が高まってきているが，それは，子どもの現在の状況に影響を与えるのみならず，青年期・成人期へと長期にわたって固定化し，さらには次の世代へ引き継がれる可能性（いわゆる貧困の世代間連鎖）を含んでいることが指摘されている。こうしたなかにあって，「子どもの貧困」と「若者の貧困」は連続的・重層的な関係にあり，これらの貧困の克服を統一的に捉える視点と取り組みが緊急に求められている。

第3節　子どもの育ちとソーシャル・キャピタル

（1）子どもの育ちとソーシャル・キャピタル

　一般に，「ソーシャル・キャピタル」とは，「『社会関係資本』と訳され，具体的には『信頼，ネットワーク，規範』などを指す」（九州社会福祉研究会編，2013）などと説明されているが，「人と人，人とグループ，人と社会によって紡がれる関係性に着目する考え方」（牧田・立花，2017：20）であるといってよい。近年，社会福祉の領域においても注目されつつあるが，そこでは，「人間同士のつながりが目に見えない『財』を生み出している」（同上：22）と捉えられ，「人は自我に目覚め，他者の存在を知り，その関係性をつくり上げる方法を学んでいく」（同上：31）ことの大切さが唱えられている。形態的には，血縁・地縁など自生的な関係に基づく「結束型」ソーシャル・キャピタルと，共通する興味・関心・目的など自発的な関係を基本とする「結合型」ソーシャル・キャピタルとに大別される。以下では，子どもの育ちにおけるソーシャル・キャピタルの意義と役割について考えておきたい。

25

第Ⅰ部　子ども・子育て支援の基礎・理論とソーシャル・キャピタル

　子どもは，１人の人間として，独立した人格と尊厳をもち，権利を享有し行使する主体として捉えられる。そして，そのうえで，生命への固有の権利および生存と発達の確保を出発点として，子どもの権利を包括的に保障していくことが大切である。

　日本国憲法（以下，「憲法」という）は，第13条で，「すべて国民は，……生命，自由及び幸福追求に対する国民の権利については，……最大の尊重を必要とする」と規定しているが，子どもをはじめ，すべての人間は，平和で民主的な国家及び社会のもとで「幸福を追求する」「幸福に生きる」ことができていなければならない。この「幸福に生きる権利」は，憲法が保障する基本的人権の目標を示していると考えられるが，子どもにとって豊かな育ちということが，基底的かつ中核的なものとして十全に保障されることが大切である。ここでいう「豊かな育ち」とは，教育基本法（2006年12月公布）や国連・児童（子ども）の権利に関する条約（1989年12月国連総会で採択）などにおいて明記されている「人格の完成」，すなわち，人間諸特性・諸能力の全面的かつ調和的な発達を意味している。[3]

　こうした子どもの「幸福に生きる権利」を実現していくためには，保護者，保育者・教師，子ども家庭福祉施設・従事者，地域住民，事業主，国・地方公共団体など，子ども育成支援にかかわるすべての者・施設・機関が，それぞれの役割と責任を踏まえながら，相互に協働（連携・協力）し合っていくことが不可欠である。そのことは，「学校，家庭及び地域住民その他の関係者は，教育におけるそれぞれの役割と責任を自覚するとともに，相互の連携及び協力に努めるものとする」（教育基本法第13条），「子ども・若者育成支援において，家庭，学校，職域，地域その他の社会のあらゆる分野におけるすべての構成員が，各々の役割を果たすとともに，相互に協力しながら一体的に取り組むこと」（子ども・若者育成支援推進法第２条第４号）などと記されているところである。

　近年，職域においては，若年層のうつ病件数の増加や早期離職，コミュニケーション不足等の課題が深刻化しているとの指摘もあり，こうした問題につ

いて，子どもが自らの将来を考えていくうえで，「多様な年齢・立場の人や職業にかかわる様々な現場を通して，自己と社会についての多様な気づきや発見を経験させる」（文部科学省，2013）ことが期待されている。保育・幼児教育の領域にあっても，家庭，園，地域社会の協働の重要性と必要性が指摘されて久しいが，近年，家庭及び地域社会と連携した保育の展開・充実や保護者に対する子育ての支援（以下，「子育て支援」という）の方途の1つとして，様々な保育や子育て支援の役割・機能をもっているソーシャル・キャピタルの積極的な活用が提唱されている。

（2）子どもの育ちにかかわるソーシャル・キャピタルの課題

こうした子どもの育ちにかかわるソーシャル・キャピタルの現状と課題はどのようであろうか。ひと口に，「子どもの育ちにかかわるソーシャル・キャピタル」といっても，関係する団体・組織・人材（以下，「関係団体等」という）とその内容は，多岐にわたっている。

保育，幼児教育，子ども家庭福祉の領域で見れば，「結束型」としては，たとえば，家族・親戚や町内会，自治会，地域の商店，近隣の住民などを，また，「結合型」については，たとえば，地域子ども会や母親クラブ，子育てサークル，子育てサロン，子ども食堂などをあげることができる。このように，関係団体等の連携・協力の姿や実状，課題も地方や地域（校区など）により，各々きわめて多様である（詳細は，第Ⅱ部各章参照）。

文部科学省・中央教育審議会「第2期教育振興基本計画」（2014年4月）は，義務教育段階における現状と課題について，「家庭教育や地域での教育が困難になっている社会と指摘されている現在，学校教育の充実のみならずコミュニティの再構築を通じて，子どもの学びを支える必要がある」などと述べ，学校教育内外の多様な環境から学び，相互に支え合い，そして様々な課題の解決や新たな価値の創出を促す絆づくりと活力あるコミュニティの形成を図ることの大切さを唱えている。また，内閣府「少子化社会対策大綱——結婚，妊娠，子供・子育てに温かい社会の実現をめざして」（2015年3月。以下，「少子化社会対

策大綱」という）は，子育ての現状と課題について，「子育てへの不安が大きいことが，少子化の要因の一つであり，様々な不安や負担を和らげ，多胎児世帯も含め全ての子育て家庭が，安全かつ安心して子供を育てられる環境を整備することが重要である」と述べ，世代間の助け合いを図るための三世代同居・近居の促進など多様な主体による子や孫育てに係る支援の充実や，小児医療の充実や地域の安全を向上させる取り組みの必要性を提起している。

　こうした国の文書における指摘や提案を踏まえ，子どもの育ちに係るソーシャル・キャピタルをめぐる基本課題として，次のような点があげられるであろう。第1点は，子どもの「幸福に生きる権利」の保障をめざし，関係団体等のそれぞれが自身の基本的な役割・機能を明確に意識するとともに，お互いの役割・機能について十全に理解していることが必要不可欠であるということである。相互に関係し重なり合っている部分（いわゆる糊代）にあたるところをきちんと捉え，その部分をしっかりとつなぎ合わせていくことが大切である。そして，第2点は，関係団体等における協働のあり方について，最低限の共通理解が求められるということである。「連携」「協力」といっても，その具体的なイメージは必ずしも同一であるとは限らない。否，実際には同じ事業に携わっていながら，相反する考え方をもっていたりすることも少なくないのである。子ども観や保育・教育観，子育て支援観を共有しながら，共通理解の土壌を広げていくことが望まれるといえよう。

第4節　子どもの豊かな育ちに向けて

（1）子どもの豊かな育ちを保障するソーシャル・キャピタルの充実

　以下では，子どもの豊かな育ちに向けて，2点，提言を行いたい。

　第1点は，子どもの豊かな育ちを保障するために，さらなるソーシャル・キャピタルの充実が求められるということである。子ども育成支援において何よりも大切であることは，「すべての子どもを支援する」というスタンスに立ち，子どもとその保護者・家族がいかなる状況に置かれていようとも，1人ひ

とりの子どもの「幸福に生きる権利」を十全に保障していくということである。そのために，妊娠，出産の安心・安全をはじめ，子どものあそび，学習，生活，健康を守るための社会的・公共的なセーフティネットをつくりあげていくことが求められる。中谷彪は，こう指摘する。「子どもは，誕生後，その健やかな成長と発達が保障される権利（健やかに育成される権利）を有する。子どもの健やかな成長と発達のためには，その前提として教育的文化的に健全な生活，経済的に安定した生活，環境的に安全な生活等が保障されるとともに，愛情溢れる人的環境のもとで育てられることが不可欠である」（中谷，2011：4）。まさに，この言葉にある通り，「格差社会」の拡大とともに，「子どもの貧困」，「若者の貧困」の深刻化への対応が求められるなかにあって，保護者の経済力や家庭・地域社会の成育環境などによって，子どもの育ちにおいて，人生のスタートラインの段階から理不尽な格差（教育的，文化的，社会的）があるということであってはならないであろう。その意味で，すべての子どもの豊かな育ちをめざして，乳幼児期から，ナショナル・ミニマム（国としての，あるいは，全国共通のスタンダード）としての質の高い子ども育成支援が展開されていくような環境整備（ないし，環境醸成），とりわけソーシャル・キャピタルの充実が不可欠である。

　このことは，法制上も，児童福祉法第2条第3項の「国及び地方公共団体は，児童の保護者とともに，児童を心身ともに健やかに育成する責任を負う」や教育基本法第16条（教育行政）第2項の「国は，全国的な教育の機会均等と教育水準の維持向上を図るため，教育に関する施策を総合的に策定し，実施しなければならない」，また，同条第3項の「地方公共団体は，その地域における教育の振興を図るため，その実情に応じた教育に関する施策を策定し，実施しなければならない」などと定められているところである。子どもの豊かな育ちを保障するための環境整備において，国は最終的な責任を有するのであり，「主権者国民は，自らと次世代の子ども・若者の「幸福に生きる権利」の保障を国に対して要求して行かなければならない」（中谷，2012：104）のである。そして，そのうえで，当事者主体である子どもをはじめ，保護者や保育者・教

師，地域住民などの「参加（画）」による自治的な運営のもとで，地域の実情に即しつつ，ソーシャル・キャピタルの充実に向けた自主的・自律的な取り組みが展開されていくことが望ましいといえよう。

（2）乳幼児期からの切れ目のない子ども育成支援の実現

　第2点は，第1点と深くかかわるが，子どもの豊かな育ちを保障するために，乳幼児期からの切れ目のない子ども育成支援の実現が求められるということである。生涯にわたる人間形成において，子ども期・青年期における人間形成は，個人にとってかけがえのない人生の一部であり，人格の基礎が形成される未来（おとな）への準備期間である。しかしながら，これまでの子どもの育ちを対象とした施策や実践が，乳幼児期からの切れ目のない一貫した形で展開されてきたとは必ずしもいえず，子どもの「幸福に生きる権利」の保障という観点から，その保護者・家族も含めて，ライフサイクル全体を展望して支援していくことが不可欠である。

　前述の「少子化社会対策大綱」は，結婚，妊娠，子ども・子育てに温かい社会の実現をめざし，その基本的な考え方として，「結婚，妊娠・出産，子育ての各段階に応じた切れ目のない取組と地域・企業など社会全体の取組を両輪として，きめ細かく対応する」ことを掲げている。そして，きめ細かな少子化対策の推進に向け，たとえば「妊娠・出産」について，「産休中の負担の軽減や産後ケアの充実を始め，「子育て世代包括支援センター」の整備などにより，切れ目のない支援体制を構築していく」ことなどを具体的な施策として提示している。

　ここでの「子育て世代包括支援センター」とは，妊娠期から子育て期にわたるまでの様々なニーズに対して総合的相談支援を展開するワンストップ拠点を指しており，地域の実績を踏まえながら全国展開をめざすことが目標とされている。2016年6月の母子保健法一部改正により，「母子健康包括支援センター」（第22条）として法定化されたが，既存の事業や関係機関等とのネットワークを構築するなかで，必要に応じ，新たなソーシャル・キャピタルの開発を行っ

第2章　子どもの豊かな育ちとソーシャル・キャピタル

ていくことなどが期待される。

　そもそも，子ども育成支援は，生涯にわたる人間形成・人間発達という視点から，「国民一人一人が，自己の人格を磨き，豊かな人生を送ることができるよう，その生涯にわたって，あらゆる機会に，あらゆる場所において学習することができ」（教育基本法第3条）ていなければならないといえよう。かかる意味あいにおいて，家庭教育，学校教育，社会教育のそれぞれが，さらに連携的・協力的につながり，結びついていくことが必要である。それは，学校教育とともに，家庭教育や社会教育が大いに尊重され，振興されていかねばならないということでもあるが，すべての子どもの豊かな育ちをめざして，ソーシャル・キャピタルを有機的に結びつけ，あそび，学び，生活，健康をコアにした地域コミュニティの形成に向けた取り組みが求められるところである。

注
(1)　厚生労働省「平成28年度国民生活基礎調査」によれば，「子どもの貧困率」（17歳以下）は13.9％（対2012年2.4ポイント減）となっており，子どもの約7人に1人が貧困状態に置かれている。「子どもがいる現役世帯」（世帯主が18歳以上65歳未満で子どもがいる世帯）の世帯員についてみると，12.9％（対2012年2.2ポイント減）となっており，そのうち「大人が1人」の世帯員では50.8％（対2012年3.8ポイント減），「大人が2人以上」の世帯員では10.7％（対2012年1.7ポイント減）となっている。
(2)　15～34歳で，男性は卒業者，女性は卒業者で未婚の者のうち，①雇用者のうち勤め先における呼称が「パート」か「アルバイト」である者，②完全失業者のうち探している仕事の形態が「パート・アルバイト」の者，③非労働力人口で家事も進学もしていない「その他」の者のうち，就業内定しておらず，希望する仕事の形態が「パート・アルバイト」の者。
(3)　文部省「教育基本法制定の要旨」（文部省訓令。1947年5月3日）は，「人格の完成とは，個人の価値と尊厳との認識に基き，人間の具えるあらゆる能力を，できる限り，しかも調和的に発展せしめることである」と述べている。

引用・参考文献
荒牧重人（2009）「子どもの権利条約の成立・内容・実施」喜多明人・森田明美・広沢明・荒牧重人編『逐条解説　子どもの権利条約』日本評論社。
伊藤良高（2011）「保育ソーシャルワークと関係機関との連携」伊藤良高・永野典詞・中谷彪編『保育ソーシャルワークのフロンティア』晃洋書房。

第Ⅰ部　子ども・子育て支援の基礎・理論とソーシャル・キャピタル

伊藤良高（2012）「子どもの健やかな育ちと子ども・子育て支援」伊藤良高・伊藤美佳子
　　『子どもの幸せと親の幸せ——未来を紡ぐ保育・子育てのエッセンス』晃洋書房。
伊藤良高（2013）「子ども・若者の育ちと教育の課題」伊藤良高・中谷彪編『教育と教師
　　のフロンティア』晃洋書房。
伊藤良高（2015）「親と子の「幸福」と子ども家庭福祉」伊藤良高・永野典詞・三好明夫・
　　下坂剛編『新版　子ども家庭福祉のフロンティア』晃洋書房。
伊藤良高（2016）「人間形成と保育・教育——心身の健やかな発達を考える」伊藤良高・
　　下坂剛編『人間の形成と心理のフロンティア』晃洋書房。
厚生労働省（2017）「平成28年度国民生活基礎調査」。
教育制度検討委員会・梅根悟編（1974）『日本の教育改革を求めて』勁草書房。
九州社会福祉研究会編（2013）『21世紀の現代社会福祉用語辞典』学文社。
中谷彪（2011）「子どもの育ちと親・教師の責任」伊藤良高・永野典詞・中谷彪編『保育
　　ソーシャルワークのフロンティア』晃洋書房。
中谷彪（2012）「子ども・若者の幸福と努力——「幸福に生きる権利」とかかわって」伊
　　藤良高・永野典詞・大津尚志・中谷彪編『子ども・若者政策のフロンティア』晃洋書房。
牧田満知子・立花直樹（2017）『現場から福祉の課題を考える　ソーシャル・キャピタル
　　を活かした社会的孤立への支援——ソーシャルワーク実践を通して』ミネルヴァ書房。
文部科学省（2013）「今後の青少年の体験活動の推進について（答申）」。

第3章

保護者に対する支援とソーシャル・キャピタル

香﨑智郁代

　子育てを取り巻く社会環境が変化してきていることが言われて久しい。少子化や核家族化の進展に伴い，地域のつながりが希薄化していることも多く指摘されるところである。

　元来，子どもは地縁，血縁のなかで育まれてきた。それと同時に保護者である母親，父親もそのつながりのなかで子育ての悩みや不安を解消してきたといってよいであろう。しかし，明治期の近代化は「男は仕事，女は家事・育児」という性的分業意識を生みだし，それに伴って父親が育児へ参加する機会は減少してきた。そして現代においては，母親が誰にも相談できず，1人で子育てを担うという孤立化から育児不安や児童虐待などが引き起こされている。さらには，地域という枠組みのなかにおいて，異年齢の子どもたちと触れ合いながら育まれてきた子どもの社会性が失われつつあることも問題視されてきている。そのようななか，近年，地域のつながりを指す「ソーシャル・キャピタル（社会関係資本）」の概念が注目されている。

　本章では，子ども，特に未就学の子どもを持つ保護者（以下，「保護者」という）に焦点をあて，保護者に対する支援の現状と課題を踏まえ，ソーシャル・キャピタルの視点から今後の展望を図りたい。なお，ソーシャル・キャピタルの定義は諸説あるが，本章ではパットナムの「調整された諸活動を活発にすることによって社会の効率性を改善できる，信頼，規範，ネットワークといった社会組織の特徴」（パットナム／河田，2001：206-207）とし，論を進めたい。

第Ⅰ部　子ども・子育て支援の基礎・理論とソーシャル・キャピタル

第1節　保護者に対する支援とは何か

　この節ではまず保護者の置かれている現状とこれまでの取り組みとして実施されてきた施策についてみていく。

（1）保護者に対する支援が求められる背景

　「保護者支援」や「子育て支援」など，保護者や家族などを援助するという概念が誕生したのは1990年代とされる。その背景には1989年の1.57ショックに代表される少子化と核家族化の進展があった。日本では，1950年代頃まで3世代以上が同居する大家族が主であった。祖父母や兄弟姉妹，さらには叔父，叔母など多くの家族構成員がおり，家族全員が助け合い支え合って生活し，子育てを行っていた。しかし，農業から重化学工業へと産業構造の変化に伴い人口が都市に集中していくなかで，家族形態にも変化が生じてきた。すなわち，都市郊外に住む夫婦と子どものみの核家族化の増加と家族単位の小規模化である。核家族の増加に伴って父親は外で働き，母親は家で子育てをする，という専業主婦が増加していくこととなった。そして，父親は仕事でほとんど家事・育児に参加することができず，家庭における子育てを一手に引き受けざる得ない母親が周囲に相談できる人もおらず，孤立感を深めてしまうことが社会問題化され始めたのである。

　2010年には，積極的に育児に参加する男性のことを指す「イクメン」という言葉が流行し，父親の育児参加に注目が集まってきた。しかし，実際には2011年総務省の調査によると，6歳未満の子どもをもつわが国の父親の家事・育児参加時間は1日あたり67分であり，なかでも育児参加時間は37分と先進諸国のなかでも群を抜いて短い時間となっている。このように短時間だと，母親は育児のなかで孤立感を深めていくこともあるだろう。また2015年度の調査によると，父親の育児休暇取得率は過去最高といわれる数値が2.65％と1割にも満たない低い数値を示している。そして，2013年の厚生労働省による調査では夫の

34

家事・育児時間が長いほど，第2子以降の出生割合が高いことが示されており，父親の家事・育児への参加は母親の孤立化だけでなく，少子化にも影響を与えていることがわかる。

孤立感を深める原因のもう1つに，地域からソーシャル・キャピタルが喪失してきたことがある。先述したように，ソーシャル・キャピタルとは，社会性の効率性を改善する信頼，規範，ネットワークを指す。これをより具体的に言えば，「顔を見れば挨拶する，困っている人がいたら手を貸す，ちょっとした見守りをする」といった事柄となるであろう。古くからの慣用句にあるように，「向こう3軒両隣」「袖触れ合うも多少の縁」といったことがソーシャル・キャピタルとして地域の関係性を守るセーフティネットの役割を果たしていた時代が，今や子どもや子育て家庭を保育所等，特定の限られた場へと囲い込む社会へと進んできているのである。

もちろん，この専業主婦の孤立化，少子化は都市部に限ったことではない。過疎地域においては，すでに少子高齢化，家族の小規模化が進んでいるところも多く，いずれ消滅する可能性も指摘されている。また，ある過疎地域においては「近所に同年代の子どもをもつ母親がいない」，「市の中心部から離れているので，育児サークルや育児の講習会等への参加が困難」といった声が多く聞かれており，都市部においても過疎地域においても子育ての悩みについて周囲に相談できる人がいない，という現状がうかがえる。この子育ての不安や悩みは母親の育児不安をもたらし，さらには児童虐待を引きおこす一要因であることがかねてより指摘もされていることから，都市部，過疎地に限らずわが国全体として，保護者をいかに支えていくかという取り組みが求められている。

（2）保護者に対する支援に関する施策の流れ

保護者が抱える不安や悩みを解消していく取り組みとして求められるようになったのが「保護者に対する支援」である。これと同様の意味をもつ言葉として，「保護者支援」や「子育て支援」がある。具体的内容については，その立ち位置やスタンスによって大きく異なるが，そこには役所や保育所，幼稚園，

第Ⅰ部　子ども・子育て支援の基礎・理論とソーシャル・キャピタル

認定こども園，地域子育て支援センター，児童館，病院などの医療機関など様々な機関や専門職，市民などがかかわっている。

　なかでも保護者にとって一番身近な機関としては保育所の存在があげられるだろう。保育所は，そもそも「保育に欠ける」子どもを保育するための場であった。しかし，少子化の進行とともにそれまで家庭や地域社会で担ってきた養育・教育機能が弱体化し，また変質してきたことによって，それを補完する機能が重要視され始めた。それと同時に一部の保育所が一時的，緊急的な保育需要を充足させる保育センター的な役割を実践するようになってきたこともあり，老親の介護や児童の保育，健全育成といった家庭のもつ様々な機能を支援していくとともに，従来家庭が果たしてきたこれらの機能を家庭とともに地域社会，とりわけ保育所等の施設が支えていくという方向性が示されてきたのである。

　それまでにも保育所はその設置数から地域に最も身近な児童福祉施設であり，地域の特性に応じた事業が実施されていた。しかし，主として措置児童とその保護者を対象とし，地域のニーズに十分応じられていない状況があった。それに対して，1988年厚生省（当時）により設置された「これからの家庭と子育てに関する懇談会」報告書のなかで，「子どもを取り巻く環境の『縮小化と希薄化』が進行し」，「家庭や地域社会の養育機能が弱体化し，子育てはますます孤立化したものとなってきている」と述べられるなど，「保育所等住民の身近に設置されている施設に地域の福祉センター的機能を付与し」，「地域の実態に応じ様々な利用者の要望を充たせる複合的な役割・機能をもった地域の福祉センターという形での拠点づくりを推進する必要がある」と提言され，それまでの保育所のあり方を整備し，保育需要の多様化に対応していくことが求められるようになった。

　1994年には「今後の子育て支援のための施策の基本的方向について」（エンゼルプラン）により，「子育て支援」が国の施策として明確に打ち出され，保育所に保護者が気軽に集い互いの不安や悩みを相談できる場として，「地域子育て支援センター」を設置していくことになる。この地域子育て支援センター

は，設置数を増やし，現状においては地域子育て支援拠点事業として実施されている。その後，1999年には「重点的に推進すべき少子化対策の具体的実施計画について」（新エンゼルプラン）が策定された。新エンゼルプランでは「在宅児も含めた子育て支援」が施策に明記され，在宅子育て家庭が支援の対象として考えられるようになった。さらに，2002年の「少子化対策プラスワン」[(2)]において，専業主婦だけではなく，ひとり親家庭も含めたすべての子育て家庭への支援が施策の対象となり，「地域における子育て支援」が提言されるなど，その後，時代の要求に対応する流れで，保育所には保育所に子どもを通わせる保護者への支援と同時に，そうでない保護者，つまりすべての子育て家庭への支援が求められるようになってきたのである。

　また，2003年には少子化社会対策基本法ならびに次世代育成支援対策推進法，および児童福祉法の一部を改正する法律が制定された。児童福祉法の一部を改正する法律においては，すべての子育て家庭を視野に入れた子育て支援の強化を図り，市町村の責務とすることが明確化されるなど，これまでその多くを保育所の自助努力に頼ってきた子育て支援を自治体が中心となり実施していくことが明示された。

　さらに2008年に改訂された保育所保育指針では，「保護者に対する支援」（第6章）が記され，保育所における保護者に対する支援，及び地域の保護者等に対する子育て支援が明確化された。保育所保育指針解説書によると，改訂の背景には「家庭や地域において人や自然と関わる経験が少なくなったり，子どもにふさわしい生活時間や生活リズムがつくれないことなど子どもの生活が変化する一方で，不安や悩みを抱える保護者が増加し，養育力の低下や児童虐待の増加」があることが述べられるなど，保護者の置かれている深刻な現状が指摘されていた。このような背景を踏まえ，先の指針のなかでは保育所は子どもの保育だけでなく保護者への支援及び指導という役割を担うことが示されたのである。[(3)]

　その後2010年には，社会全体で子どもと子育てを支えるため，「子どもが主人公（チルドレンファースト）」，「『少子化対策』から『子ども・子育て支援』

第Ⅰ部　子ども・子育て支援の基礎・理論とソーシャル・キャピタル

へ」,「生活と仕事と子育ての調和」の3つの視点を掲げた「子ども・子育てビジョン」が閣議決定された。そして2012年には,「子ども・子育て支援法」,「就学前の子どもに関する教育,保育等の総合的な提供の推進に関する法律の一部を改正する法律」及び「子ども・子育て支援法及び就学前の子どもに関する教育,保育等の総合的な提供の推進に関する法律の一部を改正する法律の施行に伴う関係法律の整備等に関する法律」の子ども・子育て関連3法が成立し,2015年4月より地域の実状に応じた子育て支援として,地域子ども・子育て支援事業や仕事と子育ての両立を支援する仕事・子育て両立支援事業等など保護者に対する支援を多角的に進めていく,子ども・子育て支援新制度がスタートした。

　それでは,次項においては様々な事業のなかでも特に,子育て中の保護者を支える事業としてあげられる「地域子ども・子育て支援事業」について具体的にみていくこととする。

第2節　保護者に対する支援の現状と課題

（1）地域子ども・子育て支援事業の現状

　「地域子ども・子育て支援事業」とは,子ども・子育て支援法第59条を法的根拠とした子ども・子育て家庭が対象の事業である。利用者支援事業,地域子育て支援拠点事業,妊婦健康診査,乳児家庭全戸訪問事業（こんにちは赤ちゃん事業）,養育支援訪問事業,子どもを守る地域ネットワーク機能強化事業,子育て短期支援事業,子育て援助活動支援事業（ファミリー・サポート・センター事業）,一時預かり事業,延長保育事業,病児保育事業,放課後児童健全育成事業（放課後児童クラブ）,実費徴収に係る補足給付を行う事業,多様な事業者の参入促進・能力活用事業の13の事業がある。なかでも保護者の悩みや不安の解消を目的とした事業としてあげられるのが,地域子育て支援拠点事業,乳児家庭全戸訪問事業並びに,養育支援訪問事業である。

　①　地域子育て支援拠点事業

第**3**章　保護者に対する支援とソーシャル・キャピタル

　地域子育て支援拠点事業とは，先述した地域子育て支援センター事業から端を発している。その実施要綱によると「……地域において子育て親子の交流等を促進する子育て支援拠点の設置を推進することにより，地域の子育て支援機能の充実を図り，子育ての不安感等を緩和し，子どもの健やかな育ちを支援することを目的」とした事業であり，その主体は主に市町村[4]となっている。そして基本事業として，子育て親子の交流の場の提供と交流の促進，子育て等に関する相談，援助，地域の子育て関連情報の提供，そして子育て及び子育て支援に関する講習等を実施することとされている。この事業は，一般型と連携型[5]という２つの形態に分かれており，一般型においては，地域の子育て支援活動の展開を図るための取り組みや出張ひろばの実施，地域支援の活動が加算対象となっている。この地域支援の活動とは，高齢者や地域学生等，多様な世代との連携や地域ボランティア，子育てサークル等との連携，そして，家庭に訪問するなどして地域とのつながりを継続的にもたせるといった取り組みのことである。これらはすなわち，地域で失われつつあるソーシャル・キャピタルを再生していく取り組みであり，地域子育て支援拠点事業にその中核的な役割を果たすことが期待されていると考えることができよう。

　実際，数々の先行研究より地域子育て支援拠点事業の効果が示されているところである。たとえば，母親の育児不安の解消における地域子育て支援拠点事業の効果についてアンケート調査より検証した岡本総子（2015）は，子育て支援拠点事業利用者が母親の育児不安の軽減に効果をあげてきていること，また，「仲間づくり」，「地域の人との関係づくり」という，母親が多様な「人」とのつながりをつくることを援助する地域子育て支援拠点事業の取り組みが，母親の孤立感を軽減し，育児不安の軽減にもつながっていくことを明らかにしている（岡本，2015：12）。また同様に中谷奈津子も地域子育て支援拠点事業の利用により，母親の育児負担の軽減や育児情報の取得と活用，また仲間づくりを行っていることを述べている（中谷，2014：325）。このようにその事業には一定の効果があることがわかる。しかし，一方でその効果を問う声もある。たとえば，香﨑智郁代（2012：21）は支援の場を利用する保護者がいる一方で，

そのような場所を利用しない保護者の存在も指摘している。では，利用しない保護者に対しての効果的な支援方法とはどのようなものであろうか。その1つとして担当者自らが保護者のもとへ訪れるアウトリーチがある。次に述べる乳児家庭全戸訪問事業や養育支援訪問事業はこれにあたるであろう。

② 乳児家庭全戸訪問事業

乳児家庭全戸訪問事業であるが，これは原則として生後4か月を迎えるまでの，すべての乳児のいる家庭を対象とし，その家庭を訪問し，様々な不安や悩みを聞き，子育て支援に関する必要な情報提供や支援が必要な家庭に対しては適切なサービス提供に結びつけることによって地域のなかで子どもが健やかに育成できる環境整備を図ることが目的とされる事業である。この事業を通じ，乳児のいる家庭と地域社会をつなぐ最初の機会とし，その訪問結果によって支援が必要と判断された家庭については，適宜，関係者によるケース会議を実施しながら育児支援家庭訪問事業をはじめとした適切なサービスの提供につなげることとなっている。精神的にも身体的にも不安定になりやすい産前産後の子育て初期に専門職員がそれぞれの家庭に出向くというこの取り組みは，周囲に相談できる人がいない母親にとって貴重な機会であり，虐待防止対策としても国際的に注目を浴びる主要なものとなってきている。実施状況をみると全国1,742市町村のうち1,660市町村（95.3%）で実施されており，すべての自治体において全戸訪問ができているとはいえないまでも，安定して事業が実施されつつあることがうかがえる。

③ 養育支援訪問事業

養育支援訪問事業とは，乳児家庭全戸訪問事業の実施結果や妊娠・出産・育児期を通して関係機関からの連絡・通告等によって養育支援が特に必要と判断された家庭の児童及びその養育者を対象として実施される事業であり，養育に関する指導や助言等を行うことにより，当該家庭の適切な養育の実施を確保することを目的とするものである。これは虐待リスクのある家庭を把握し，早い段階で集中的に支援を行うことによって，虐待に至ることを防ぐ1.5次予防として機能されることが期待されたものである。厚生労働省の調査によると，そ

の実施状況は全国1,742市町村のうち，1,225か所（70.3％）となっており，その課題として「訪問者の人材確保」が702か所（59.0％）となっており，その実施にはいくつかの課題がみえる。次項においてそれぞれの課題についてみていくこととする。

（2）地域子ども・子育て支援事業の課題

ここでは，地域子ども・子育て支援事業のなかでも先述した地域子育て支援拠点事業，乳児家庭全戸訪問事業，養育支援訪問事業の課題について2つ指摘したい。

まず第1点は，それぞれの事業に従事する職員の専門性を明らかにしていくことである。たとえば，地域子育て支援拠点事業における職員の要件は，育児，保育に関する相談指導等について相当の知識・経験を有する者となっており，必ずしも関係機関との連携やネットワーク形成のあり方等についての知識や技術が求められているものではない。確かに保護者の相談や悩み等に対応するにあたって育児や保育に関する知識が必要であることはいうまでもないが，それと同時に関係機関との連携やネットワーク，地域づくりの知識や技術も必要であろう[6]。これは乳児家庭全戸訪問事業並びに，養育支援訪問事業においても同様のことがいえる。乳児家庭全戸訪問事業における訪問者は，「保健師，助産師，看護師の他，保育士，母子保健推進員，愛育班員，児童委員，母親クラブ，子育て経験者等」から幅広く登用されることになっているが，小野らは乳児家庭全戸訪問事業についての実態調査から，訪問を担当する職員が十分でなく，訪問に必要とされる専門知識を身につける研修内容や期間が不十分であることを指摘している（小野・木村・平田，2015：110）。特に，家庭を訪問していく際には対象者が訪問拒否をしたり，専門職が対応しても対応が困難である事例があったりと対応に苦慮しているケースがあることが報告され，課題とされている。自ら支援機関を利用しない保護者はこちらから出向いてもその支援を拒否する場合も多く，適切な支援に結びつけることが難しい。支援に結び付けていくためには必要な専門性は何なのか明らかにしていくことが重要なので

第Ⅰ部　子ども・子育て支援の基礎・理論とソーシャル・キャピタル

はないだろうか。

　そして2点目は，先述した専門性を高めていく研修プログラムの必要性である。地域子育て支援拠点事業においては，地域における子育てや親育てを支援していくこともめざされており，その制度を実施していく人材の専門性を強化していくことが明記されているもののその内容は未だ明らかになっていない。また，乳児家庭全戸訪問事業においては，基礎研修があり，いくつかの自治体あるいは団体の提供するプログラムが紹介されている。しかし，現任研修においては，どのような研修内容をどのような方法で行っているかについてはまだまだ検討が進んでいないと思われる。今後どのような内容が必要とされるのかについての検討が望まれよう。

第3節　ソーシャル・キャピタルの視点からみた
今後の保護者への支援とは

　最後にソーシャル・キャピタルの視点から保護者に対する支援について今後の展望を図りたい。

　本章では，保護者への支援の現状として地域子ども・子育て支援事業，とりわけ地域子育て支援拠点事業，乳児家庭全戸訪問事業，養育支援訪問事業を取り上げた。そのいずれの事業においても担当職員は子ども，子育て家庭に対して悩みながらも誠実に向き合っているというのが現実であろう。しかし，管轄が異なることで互いのネットワークがとれなかったり，情報共有ができにくかったりと，地域でのつながりだけでなく，その関係機関同士の連携も取りにくい状況にある。そのような問題に対して，2015年4月，高齢者における地域包括支援センター[8]とよく似た機能をもつ，いわゆる「子育て世代包括支援センター」（法律上の名称は「母子健康包括支援センター」）が整備され，妊娠期から子育て期にわたる様々なニーズに対して総合的相談支援を提供するワンストップ拠点となった。すなわち，そこに赴くと子育てにかかわる諸問題を解決することができるという場所である。これは，フィンランドの子育て支援制度である「ネウボラ」を念頭においた制度である。「ネウボラ」とはフィンランド語

42

で「アドバイスを受ける場」という意味であり，妊娠期から出産，小学校に入学する6歳まで切れ目なく子育て全般に関するサービスや支援，アドバイスを実施する場所となっている。保健師や助産師，医師や社会福祉士などの専門職が集まり，連携することで家族を中心とした支援やサービスを実施するようになっている。また，ネウボラに常駐する保健師がずっと担当していくため子どもに何らかの問題や保護者の育児不安，虐待，貧困等の課題があった場合も深刻化する前に適切な支援へとつなげる役割を担っている。日本においても，各自治体で独自に「和光版ネウボラ」「浦安版ネウボラ」「名張版ネウボラ」などとして実施され始め，全国から注目を集めているところである。日本の場合は誰がどのようにその職を担っていくのか，その人材はどのように育成していくのか，まだまだ多くの検討事項が残っている。

　子育て世代包括支援センターを創設したことにより，ソーシャル・キャピタルという地域の信頼やネットワークづくりがすぐにも可能となるとは考えにくい。しかし，家族や知人といった小さな枠組みから，隣近所，町内，区内，地域に住む人たちへと少しずつその枠組みを広げ，自分はこの地域に住んでいる，という気持ちをそれぞれが持てるような地域づくりがソーシャル・キャピタルの醸成，ひいては，母親の育児不安の軽減につながってくると考えられる。ソーシャル・キャピタルの醸成のために，日本版ネウボラがその要となってそこにある人，物，事をつなげていく役割を果たしていくことができうるか，今後の動向を見守っていきたい。

注
(1)　育児不安とは，子どもの現状や育児のやり方など子育てについて自信がもてず，感じる不安な感情のことであり，そこから引き起こされるストレス状態も含むとされる。
(2)　「少子化対策プラスワン」では，それまで施策の中心とされていた「子育てと仕事の両立支援」に加え，男性の働き方の見直し，社会保障における次世代支援，子どもの社会性の向上や自立の促進など4つの柱に沿って対策がたてられ推進された。
(3)　2017年告示の保育所保育指針においては，先述した「保護者に対する支援」（第6章）が削除され，新たに設けられた「子育て支援」（第4章）のなかで，保育所を利用している保護者への子育て支援とともに地域の保護者等に対する子育て支援を実施していくこ

第Ⅰ部　子ども・子育て支援の基礎・理論とソーシャル・キャピタル

とが求められている。

(4)　市町村以外に特別区及び一部事務組合も含んでおり，市町村が認めた者への委託が可能とされている。

(5)　一般型は開催場所を公共施設，空き店舗，公民館，保育所等の児童福祉施設，小児科医院等の医療施設などの子育て親子が集う場として適した場所とし，連携型は児童館等の児童福祉施設等で実施することとされている。

(6)　筆者は担当者へのインタビュー調査から地域子育て支援拠点事業担当職員には保育及び，ソーシャルワークの知識や技術が必要であるとして，保育ソーシャルワークの力量が必要であることを指摘した。

(7)　乳児家庭全戸訪問事業，養育支援訪問事業のいずれのガイドラインおいても「実際の訪問における問題解決のための技術向上研修」と「事例検討などの応用的研修」が研修として実施されており，現任研修として捉えられる。そのなかで，子どもの発達，子どもの虐待，家庭訪問でよくある質問や心配・困り事，地域の子育て支援の情報などのトピックが取り上げられている。

(8)　地域包括支援センターとは，地域において高齢者の生活を支援する拠点として設置された機関である。高齢者本人だけでなくその家族や地域住民がもつ課題に対して，様々な機関と連携し解決へと導く役割をもっている。社会福祉士，保健師，主任ケアマネージャー等が配置されている。

引用・参考文献

木村容子（2014）「子育て家庭のための家庭訪問型ソーシャルワーク実践モデルの枠組みと構成要素——文献レビューから」『日本社会事業大学研究紀要』60，107-122。

香﨑智郁代（2012）「子育て支援施設非利用者の現状と支援の課題に関する一考察——非利用者を対象にしたアンケートを参考に」『社会関係研究』18（1），19-45。

香﨑智郁代（2014）「地域子育て支援拠点事業（センター型）における地域支援活動の現状と課題に関する一考察」『人間関係学研究』，19（2），3-13。

厚生労働省ホームページ「養育支援訪問事業ガイドライン」（http://www.mhlw.go.jp/bunya/kodomo/kosodate08/03.html，2017.3.20）。

厚生労働省ホームページ「養育支援訪問事業の実施状況について」（http://www.mhlw.go.jp/file/04-Houdouhappyou-11901000Koyoukintoujidoukateikyoku-Soumuka/0000075230.pdf，2017.3.20）。

益邑千草ら（2013）「乳児家庭全戸訪問事業（こんにちは赤ちゃん事業）」における訪問拒否等対応困難事例への支援体制に関する研究」『乳児家庭全戸訪問事業における訪問拒否等対応困難事例への対応の手引き』平成24年度厚生労働科学研究費補助金（成育疾患克服等次世代育成基盤研究事業）。

望月由妃子・田中笑子・篠原亮次ら（2014）「養育者の育児不安および育児環境と虐待との関連　保育園における研究」『公衆衛生誌』61（6），263-274。

中谷奈津子（2014）「地域子育て支援拠点事業利用による母親の変化——支援者の母親規

範意識と母親のエンパワメントに着目して」『保育学研究』52（3），319-331。

岡本聡子（2015）「母親の育児不安解消における地域子育て支援拠点事業の効果——利用者アンケートを通じた測定と検証」『創造都市研究』1-12。

小野セレスタ摩耶・木村容子・平田祐子（2015）「乳児家庭全戸訪問事業の実態調査——自治体担当者がみる実施状況と意識」『Human welfare』HW 7（1），99-113。

Putnum, R.D.（1993）"Making democracy work：Civic traditional in modern Italy, Princeton University Press."（＝2001，河田潤一訳『哲学する民主主義——伝統と改革の市民的構造』NTT 出版）。

齋藤克子（佳津子）（2007）「子育て支援施策の変遷——1990年以降の子育て支援施策を中心として」『現代社会研究科論集』（1）65-77。

榊原智子（2016）「妊娠期から切れ目のない支援と「日本版ネウボラ」」『発達』146，ミネルヴァ書房。

佐藤拓代（2008）「虐待予防と親支援——保健所からのレポート」津崎哲郎・橋本和明編『最前線レポート　児童虐待のいま——連携システムの構築に向けて』ミネルヴァ書房。

第4章
子ども育成支援とカウンセラー

下坂　剛

カウンセリングは，支援対象者の行動を適応的な方向に変えることが目的である。その理論は千差万別であるが，支援対象者に役立つならば様々な理論や技法を自由に使いこなせる必要がある。職業としてのカウンセラーは，長きにわたりその職業的地位の大半を民間資格である臨床心理士が担ってきたが，国家資格「公認心理師」の国家試験が2018年に実施される見通しとなっていることから，国家資格化によって学校や病院などでカウンセラーの社会的地位が向上することが期待されている。一方，保育現場でのカウンセリングへのニーズは高く，子どもの見守りが必要な点からいっても，保育者がカウンセリングと社会福祉の双方を学ぶ必要性は高い。本章では，母親と子どもの問題を扱った2つの事例を提示し，夫婦間コミュニケーションと発達障害に関する親の障害受容の問題について解説する。最後に，社会的つながりを構築するという意味において，子どもの貧困問題やSNS（Social Networking Service）を取り巻く社会的現状から，カウンセリングがもつ意義について考察を加えている。

第1節　カウンセリングとは何か

（1）カウンセリングの定義

國分康孝は，カウンセリングを「言語的および非言語的コミュニケーションを通して，相手の行動の変容を援助する人間関係である」と定義している（國分，1981：5）。彼のカウンセリング理論によれば，カウンセラーもある程度の積極的アドバイスはすべきであり，その意味で「教師もカウンセラーたれ」というのである。人生を語れないカウンセラーは真のカウンセラーではないとい

第Ⅰ部　子ども・子育て支援の基礎・理論とソーシャル・キャピタル

えるのではないか。これは好みの問題かもしれないし，筆者自身が教師である
ためこうした価値観に共鳴するのかもしれないが，カウンセリングにもいろい
ろな立場があって，1つの価値観にとらわれてはならないと考える。カウンセ
リングでは，悩みを相談する人を「クライエント（＝来談者）」と呼ぶが，こ
れは治療対象を「ペイシャント（＝患者）」と呼ぶ精神医学とは異なる支援モ
デルであることを想定した専門用語である。カウンセリングでは，相手を「治
す」のではなく「育てる」という点を強調しているが，これは教育や保育にお
ける子ども育成支援と，カウンセリングが共通してもちうる人間観であるとい
えよう。[1]

　本章ではカウンセリング理論のなかでも積極的にカウンセラーが自己開示す
る姿勢について中心に述べていきたい。カウンセリングの理論は，ロジャーズ
による自己理論，フロイトによる精神分析理論，行動主義や認知行動理論など
多種多彩である。人の心は目に見えないがゆえに，そのアプローチの仕方であ
るカウンセリング理論もまた千差万別である。しかし1つだけいえる重要なこ
とは，クライエントとの信頼関係は何よりも優先されるということである。こ
れは何もカウンセリングに限ったことではなく，親子関係や保育者と子ども，
教師と生徒関係など，上下関係ができやすい関係のなかには必ず必要な条件で
ある。

（2）子育て支援とカウンセリング

　子育て支援にかかわるカウンセリングについても述べておきたい。いうまで
もなく，子ども育成支援のなかでも，乳幼児期にかかわる中心は保育所を中心
とした保育現場にある。そして，そこで求められるものに「保育カウンセリン
グ」がある。保育カウンセリングについて杉原一昭は「乳幼児の発達上の問題
解決と発達促進にかかわる援助的な働きかけである」と定義している（杉原，
2007：1）。ここでのカウンセリングの対象は，子ども自身はもちろん，その
保護者も対象となる。富田久枝は，保育カウンセリングを「『保育』という乳
幼児期の発達を促進し，援助する営みのなかで行われるカウンセリングの総

称」と定義する（富田，2009：9）。双方ともに，乳幼児における「発達」の観点を重視し，その道筋を意識したうえで，必要に応じて援助していくことが保育カウンセリングであると述べている。

　乳幼児における「発達」についても数多くの理論がある。発達心理学の領域でいえば，古くから子どもの成長発達を左右するのは「遺伝なのか」，それとも「環境なのか」という議論が続いてきた。そして，シュテルンの輻輳説にみられるように，現在では「遺伝も環境も」子どもの成長発達には不可欠であるとの見方が定着している。また，人間の一生を複数の段階に分けて捉え，それぞれの時期に固有の課題があるとみなす考え方が主流である。この発達段階論には，ハヴィガーストの発達課題理論，ピアジェの発達段階理論，エリクソンの漸成発達理論などがある。特に乳幼児でいえば，子どもたちの認知能力と移動運動能力の成長は重要である。これらの変化は，親や保育者にとって子どもとかかわる際に考慮せねばならない点だからである。たとえばピアジェは遊びの変化を通して子どもの成長を説明している。遊びは子どもの成長発達において最も重要な要素なのだが，大人はこれを軽視しやすい。子どもと親の遊びを通じたかかわりが，その後の子どもの社会性の発達を促進する点は重要である。カウンセリングでは遊戯療法（プレイ・セラピィ）と呼ばれる技法が確立され，遊びを通じたコミュニケーションが重視されている。その意味で保育者にとっての子どもといかに遊べるかという能力は，カウンセリングの立場からも重視される。

第2節　カウンセラーの社会的立場と現状

（1）職業としてのカウンセラー

　日本の保育現場におけるカウンセラーをどのように担保するかは十分な議論が進んでいない（下坂，2014：147-149）。民間資格としての「保育カウンセラー」はあるが，これは同じく民間資格である臨床心理士などの心理系民間資格もまた，その果たすべき社会的役割の大きさからいって大差ないといわざる

第Ⅰ部　子ども・子育て支援の基礎・理論とソーシャル・キャピタル

図4-1　全国のスクールカウンセラーの配置状況

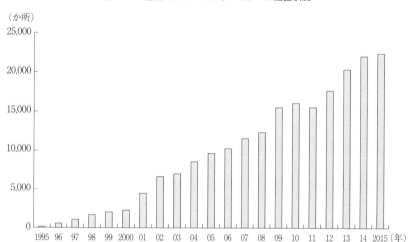

注：2015年は配置計画。
出所：文部科学省（2015）「学校における教育相談に関する資料」（教育相談等に関する調査研究協力者会議（第1回），参考資料1，2015.12.17）をもとに筆者作成。

を得ないだろう。小学校以上の子どもに対するカウンセリングは，文部科学省が設置しているスクールカウンセラー（以下，SCという）制度がある。文部科学省は，「スクールカウンセラー等活用実施要領」で，「公立の小学校，中学校，義務教育学校，高等学校，中等教育学校，特別支援学校及び地方公共団体が設置する児童生徒の教育相談を受ける機関に児童生徒の臨床心理に関して高度に専門的な知識・経験を有するスクールカウンセラー又はスクールカウンセラーに準ずる者を配置する」としている。

　図4-1に示すように，スクールカウンセラーの配置状況は最新のデータで，制度が開始された1995年が154校，2015年（配置計画）が2万2,373校となっており，20年間でかなり増加しているといえる。2015年では小学校が53％（1万1,810校），中学校が38％（8,510校）であり，合わせて90％を占める。その他は，高等学校や中等教育学校，特別支援学校，教育委員会等であり，80～90％を小学校と中学校が占める割合は変わらない状況にある。[3]

第4章 子ども育成支援とカウンセラー

　文部科学省は，2015年12月の中央教育審議会で「チームとしての学校の在り方と今後の改善方策について」という答申をまとめた。いわゆる「チーム学校」の提言である。その概要では，子どもたちを取り巻く社会的課題の複雑化・多様化に伴い，心理や福祉等の専門性が求められ，学校と家庭，地域との連携・協働によって，ともに子どもの成長を支えていく体制を作ることが必要と述べられている。ソーシャル・キャピタルの理論でも，「保護者と学校とのつながり（保護者―学校ソーシャル・キャピタル）」，すなわち，保護者と教師の信頼関係，及び保護者による支援的・協力的態度の醸成は，子どもの学力向上に対して間接的な影響を及ぼす」との指摘がある（露口，2016：16）。

　また，同様の答申においてスクールカウンセラーについて言及されており，今後の改善方策として，「国は，スクールカウンセラーを学校等において必要とされる標準的な職として，職務内容等を法令上，明確化することを検討する。……（中略）……国は，将来的には学校教育法等において正規の職員として規定するとともに，公立義務教育諸学校の学級編成及び教職員定数の標準に関する法律において教職員定数として算定し，国庫負担の対象とすることを検討する」と示されている。今後，スクールカウンセラーが正規職員として安定した社会的地位のもと専門的役割が果たせるよう，答申で示された改善方策を速やかに検討・実現されることが望まれる。

（2）カウンセラーの国家資格化

　一方，2017年に公認心理師法（2015年9月16日公布，法律第68号，2017年9月15日施行）が施行され，保育現場に限らず，学校現場も含めて，2018年から厚生労働省，文部科学省共管で，国家資格である「公認心理師」の認定が開始される。同法第2条には，公認心理師を「保健医療，福祉，教育その他の分野において，心理学に関する専門的知識及び技術をもって，次に掲げる行為を行うことを業とする者をいう。1　心理に関する支援を要する者の心理状態を観察し，その結果を分析すること。2　心理に関する支援を要する者に対し，その心理に関する相談に応じ，助言，指導その他の援助を行うこと。3　心理に関

第Ⅰ部　子ども・子育て支援の基礎・理論とソーシャル・キャピタル

する支援を要する者の関係者に対し，その相談に応じ，助言，指導その他の援助を行うこと。4　心の健康に関する知識の普及を図るための教育及び情報の提供を行うこと」と明記されている。

　また同じく同法によれば，公認心理師の国家資格を受験するには，4年制大学の公認心理師養成校を卒業したうえで，2つのルートがある。1つは公認心理師養成大学院修士課程を修了すること，もう1つは2年間の実務経験（心理業務であることが必要）を積むこと，である。公認心理師法施行規則（2017年9月15日，文部科学省・厚生労働省令第3号）には，この実務経験が認められる26の施設が明記されている。順に，①学校，②裁判所，③保健所又は市町村保健センター，④障害児通所支援事業若しくは障害児相談支援事業を行う施設，児童福祉法施設又は児童相談所，⑤病院又は診療所，⑥精神保健福祉センター，⑦救護施設又は更生施設，⑧福祉に関する事務所又は市町村社会福祉協議会，⑨婦人相談所又は婦人保護施設，⑩知的障害者更生相談所，⑪広域障害者職業センター，地域障害者職業センター又は障害者就業・生活支援センター，⑫老人福祉施設，⑬無業青少年の職業生活における自立を支援するための施設，⑭労働者に対する健康教育及び健康相談その他労働者の健康の保持増進を図るため必要な措置を講ずる施設，⑮更生保護施設，⑯介護療養型医療施設又は介護老人保健施設若しくは地域包括支援センター，⑰刑務所，拘置所，少年院，少年鑑別所，婦人補導院若しくは入国者収容所又は地方更生保護委員会若しくは保護観察所，⑱国立児童自立支援施設，⑲ホームレス自立支援事業を行う施設，⑳独立行政法人国立重度知的障害者総合施設のぞみの園，㉑発達障害者支援センター，㉒障害福祉サービス業，一般相談支援事業若しくは特定相談支援事業を行う施設，基幹相談支援センター，障害者支援施設，地域活動支援センター又は福祉ホーム，㉓認定こども園，㉔子ども・若者総合相談センター，㉕地域型保育事業を行う施設，㉖これら施設に準ずる施設として文部科学大臣及び厚生労働大臣が認める施設，である。

　大学院まで進学するルートでいえば，公認心理師を取得するには6年間の修学が必要であり，「公認心理師法施行規則第3条第3項の規定に基づき文部科

学大臣及び厚生労働大臣が別に定める施設を定める件」（2017年9月15日，文部科学省・厚生労働省告示第5号）では，大学，大学院ともに上記で掲げる26施設のうち②の裁判所と⑬無業青少年の職業生活における自立を支援するための施設を除く24施設での実習を義務付けられている。なお文部科学省・厚生労働省による通知「公認心理師法第7条第1号及び第2号に規定する公認心理師となるために必要な科目の確認について」（2017年9月15日）によれば，実習については，大学では主に施設の見学で80時間以上，大学院ではケースを担当した上で450時間以上と規定されている。臨床心理士の養成は卒業学部は問われず，指定大学院2年間のみでの養成であったが，学部4年間での養成が必須となったことで，より心理学の基礎的専門知識をもった心理職の養成がめざされているといえる。

第3節　保育現場で求められるカウンセリングの社会的現状と課題

（1）子育て支援と父親の育児関与

　図4-2は，北野幸子が示した子育ての責任に関する保護者と社会の関係性を図式化したものである（北野・立石，2006：220）。民法上は子どもをもつ保護者に責任はある。しかし地域や行政，民間にも子育て支援の責任がある。こうした社会をめざすことが成熟した社会を実現することにつながる。

　一方，児童虐待について，加害者の60％以上が母親である現状の背景には，父親に比べて子育てを一身に任されやすい母親の窮状があるという指摘がある（川崎，2006：64-65）。では，男性の育児参加をどうするか。政府はイクメンプロジェクトを推し進めているが，男性への実効性はどの程度あるだろうか。一部のNPOが取り組む父親としての力を育てていく取り組みもあるが，[4]果たして男性が育児参加をし，同時に政府がいうように女性も男性並みに働くことを派手にPRすることが，この国の子育て支援の推進にどこまで寄与していくだろうか。男性が育児関与するには，制度面の改革も重要だが，男性自身のキャリア，つまり働き方や生き方を見直すことも求められる。すなわち，「家事や

第Ⅰ部　子ども・子育て支援の基礎・理論とソーシャル・キャピタル

図4-2　子育ての責任

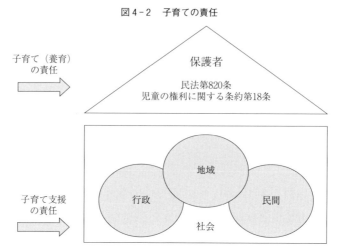

出所：北野幸子・立石弘明編（2006）『子育て支援のすすめ——施設・家庭・地域をむすぶ』ミネルヴァ書房，220。

育児が男性にとっても父親として成長するための意義ある活動」（下坂，2016：77-79）であることを，実証的なデータから示していく必要があるだろう。

　一方で子育て支援は，ソーシャル・キャピタルの機能が最も重要なものの1つである。ベビーシッターや保育所におけるサービスの多くは有料であり，それは重要である。しかし，子育ては24時間続くため，有料なサービスだけですべてがフォローできるわけではない。親以外の子育てに必要な人材の確保も益々難しくなっている。子育て支援は，女性が子育てを自ら希望し，それでも必要に応じて働くことを希望する場合に，可能な範囲で利用できるものであるべきである。男性も育児関与すべきだが，育児休業制度をはじめとして，生活に不安を感じることなく利用しやすい制度を確立していく必要がある。

（2）人との絆が求められる状況でのカウンセリング的課題

　まずは保育所での取り組みとして親の会の運営におけるこころの支援を一例として取り上げる。富田久枝の提案は，新学期や学期途中，1年のしめくくり

に開催される保護者を集めた会で，グループワークを取り入れようというものである（富田，2008：132-135）。ここでのグループワークとは，たとえば國分康孝が提唱する構成的グループ・エンカウンター（Structured Group Encounter：SGE）のような，心理学的理論が基盤にある合理的な手法である。[5] SGE は実存主義の立場に立ち，10〜20分程度の様々なエクササイズを参加者[6]に実践してもらい，こころとこころのふれあいや，人間関係における気づきを得るための体験的学習方法である。筆者もこの SGE は数回の研修会による自己学習を経たうえで，所属先の教職員での集まりや，授業時には学生に何度も実施したが，非常に参加者の満足度は高くなるし，その後の人間関係もよい。こうした手法を保護者会の場にもち込んで，人間関係の円滑化や，会が終わった後の保護者同士の社会的ネットワークの強化を狙うのは有効な戦略であるといえるだろう。

　カウンセリングというと 1 対 1 の相談活動が主となるが，グループをリーダーとして引っ張って，人間関係を円滑にするグループワークのファシリテーター（進行役）もカウンセラーが身につけるべき重要な能力の 1 つである。しかしながら，日本のカウンセリング教育では全般的にこの領域でかなり遅れている。グループワークによる体験的学びは，いわゆる「サイコ・エデュケーション（Psycho-Education）」であり，人との付き合い方（ソーシャル・スキル）を学んで，無用な悩みの種を事前に減らす予防的カウンセリングの意義がある。つまり「転ばぬ先の杖」を学ぶのである。学校教師や保育士は子どもたちをリードしたり保護者集団と時には対話あるいは対峙する役割を担うのだから，こうした学習はかなり面白いし役に立つと強調したい。

　グループワークは人と人との絆を促進するが，これは深刻な問題を抱える家庭を支援するうえでのセーフティネットとしても有効である。赤石千衣子は「ひとり親家庭」について，「ひとり親の貧困率の高さなどからわかるのは，親族支援があり，本人の就労状況も良好というような恵まれたひとり親はわずかであることだ。さらに，一見たくさんのメニューがある支援施策は，利用率や周知度も低く，ひとり親家庭の窮状を救う機能を十分果たせずにいる」と述べ

第Ⅰ部　子ども・子育て支援の基礎・理論とソーシャル・キャピタル

図4-3　見守り体制の変化

	就学前			就学後
主	◎保育所・幼稚園 市区町村児童相談担当課 児童相談所 地域保健センター 児童委員・主任児童委員	⇒	主	◎小学校 学童保育 市区町村児童相談担当課 児童相談所 児童委員・主任児童委員
従	小学校 警察　その他		従	保育所・幼稚園 警察　その他

注：◎は中心的見守り機関。
出所：國本翠（2007）「保育カウンセリングにおける連携」富田久枝・杉原一昭編『保育カウンセリング
　　　への招待』北大路書房，196を一部改変。

ている（赤石，2014：202-203）。シングルマザーをどう支援するかは，保育現場でも難しい課題の1つであろう。

　國本翠は，虐待を受けた子どもへの連携方法として，図4-3に示す見守り体制の強化を提案している（國本，2007：195-196）。就学前後で，「主」に子どもを見守る関係者と，「従」として見守る関係者を設定し，互いに情報交換しながら地域でリスクを抱える家庭の子どもを見守って行こうというモデルである。保育所の負担は増すかもしれないが，小学校との連携を密にすることで子ども自身の育ちを継続的に支援することができるし，社会福祉的資源の活用も視野に入れることは，結果的に保育所にもプラスになる。

第4節　解決策の提示と提言

（1）子どもの貧困とカウンセリング

　本書の中心的テーマであるソーシャル・キャピタルを，稲葉陽二は，「心の外部性を伴った信頼・規範・ネットワーク」だと定義する（稲葉，2011：27）。外部性とは「個人や企業などの経済主体の行動が市場を通じないで影響を与えるものであり，便益を与えるものを外部経済，損害を与えるものを外部不経済と呼ぶ」とする。金を払いサービスを得る。そこを超えたところに外部性があ

り，それがソーシャル・キャピタルの本質であるとする。

　お金が介在しない善意は人を癒す。もしくは人への信頼感を生む。カウンセリングはもともと宗教で行われていた悩み相談がルーツであるという（河合，1998：92）。いわば人のこころを癒す行為であるが，これはカウンセラーのみが行っている行為ではない。母が子をあやすとき，カウンセリングは成立している。教会だけでなくお寺で信徒が僧侶に懺悔や相談をするとき，そこでもカウンセリングは成立している。人が人の悩みを聴き，真心をもって聴き耳を立て，できる限りの慰めや励ましの言葉をかけること，それがカウンセリングの原点である。

　一方で，真心だけでカウンセリングがうまくいくのではなく，しっかりとした技術の裏打ちが必要になる。具体的には，「アサーション・トレーニング[7]」など，対人コミュニケーションに関する様々な理論や技法を習得していくことも必要となる。筆者のカウンセリングにおける考え方は折衷主義であり，特定の技法に偏るのではなく，目の前のクライエントに役立つことなら何でも自ら習得し，利用していくべきだという立場である。カウンセラーでなくとも保育者がカウンセリングや対人援助を学んでいく際にも，できればこうした姿勢が望ましいし，それは保育者としての人と接するうえでの引き出しが増えることにつながり，結局は対人支援者としての自分自身の力になっていく。

　近年，日本の子どもの貧困が問題とされ，厚生労働省の「平成28年度国民生活基礎調査」によれば，7人に1人の子どもが貧困状態にあるという。いわゆる格差問題を映し出している子どもの「相対的貧困」の問題は，子育て支援にかかわる人々にとって重要なテーマの1つである。世界的な潮流をみても，人々はグローバル化に伴う格差の拡大をよしとしていない。カウンセリングの領域は，どうしても1対1の対人支援場面に議論が偏り，社会福祉的な問題を踏まえた議論が十分行われていない傾向にある。しかし目の前の母親の相談を聴くことばかりでなく，母子家庭の支援制度に伴うソーシャルワーク的な支援を行うことは非常に重要である。カウンセラーは社会福祉的な領域を他の専門職に任せてしまうのではなく，自らも知識を身につけ，必要に応じてアドバイ

第Ⅰ部　子ども・子育て支援の基礎・理論とソーシャル・キャピタル

スできることが求められる。人と人とのつながりを意識したカウンセリングを行うことは，カウンセラーの視点に奥行きをもたせ，よりクライエントが求める対人支援を可能とするだろう。

（2）現代社会においてカウンセリングが果たす役割

　社会的つながりという点でいえば，若者世代を中心にSNSの利用状況はかなり高くなっている。スマートフォンによるインターネットの普及に伴い，普段のコミュニケーションはメールからライン（LINE）に変わり，ツイッターやフェイスブックを利用する人々もかなり多くなった。元々の知人だけでなく，不特定多数の人と知り合いになる機会も増え，育児など共通の関心をもつ人同士がつながることも多い。一方で，教育現場では思春期の子どもたちを中心に，ラインによるいじめや，出会い系サイト利用によって犯罪に巻き込まれるケースも報告されている。SNSによる人間関係の広がりは急速に不特定多数の人まで広がっていくため，社会的常識が身についていない若者世代への啓蒙活動が追い付いていない状況にある。

　SNSの普及は，私たちの「人とつながりたい」という欲求と，現実の人間関係に満足できない欲求不満感の両方が現れていると考える。また，情報伝達が早くなったことは，メールやライン（LINE）でメッセージなどを送るとすぐに返信がないと不安になる（たとえば「既読無視」）というように，人々の「焦り」を非常に強めている面がある。それは保育や教育現場において，子どもの育ちを見守るうえでは障害となる感覚である。さらに，子どもたちや若い大人の多くがバーチャルなゲームに多くの時間を割いている。ネットでなくリアルな遊び場面や人間関係は傷つくことも多いし，時間と手間がかかる。しかし，リアルのかかわりでなければ得られない満足感があることも，もう一度考え直していくべき段階にきている。

　以上，私たちの社会の現状について，貧困とSNSという2つのキーワードで振り返ってみたが，社会的つながりを補完する方法には，様々なアプローチが考えられる。その1つの方法が本章のカウンセリングによる視点であるが，

カウンセリングは万能ではなく，むしろソーシャル・ワークをはじめとした社会福祉的視点を合わせつつ，支援を行っていくことが非常に重要である。

注

(1) カウンセリングには様々な理論があり，すでに他書でまとめている（下坂，2011：34-40）。

(2) 公益社団法人全国私立保育園連盟による資格であり，一定の講座受講により認定される。詳細は次の HP「保育カウンセラー養成講座」（http://www.zenshihoren.or.jp/kensyu/counselor.html，2017.5.10）。

(3) スクールカウンセラー事業は，文部科学省において1995年から2000年まではスクールカウンセラー活用調査研究委託事業，2001年からはスクールカウンセラー活用補助事業となっている。

(4) たとえば次の資料を参照のこと。NPO 法人ファザリング・ジャパン（2013）『新しいパパの教科書』学研教育出版。

(5) SGE については以下を文献を参照のこと。國分康孝（1981）『エンカウンター——心とこころのふれあい』誠信書房。片野智治（2003）『構成的グループ・エンカウンター』駿河台出版社。

(6) 実存主義の立場とは，哲学的アプローチの1つであり，体験的学習に価値を置こうとする考え方である。詳細は以下を参照のこと。國分康孝（1981）『カウンセリングの理論』誠信書房，177-209。

(7) アサーション・トレーニングは，いわば自分と相手の主張の妥協点を探る方法である。発祥はアメリカの人種差別撤廃，女性解放運動であるが，対人支援に携わる場合には重要な視点である。次の文献を参照のこと。平木典子（2009）『アサーション・トレーニング——さわやかな〈自己表現〉のために』金子書房。

引用・参考文献

赤石千衣子（2014）『ひとり親家庭』岩波書店。

稲葉陽二（2011）『ソーシャル・キャピタル入門——孤立から絆へ』中央公論新社。

河合隼雄（1998）『河合隼雄のカウンセリング入門——実技指導をとおして』創元社。

川崎二三彦（2006）『児童虐待——現場からの提言』岩波書店。

北野幸子（2006）「これからの子育て支援」北野幸子・立石宏明編『子育て支援のすすめ——施設・家庭・地域をむすぶ』ミネルヴァ書房。

國分康孝（1981）『カウンセリングの理論』誠信書房。

國本翠（2007）「保育カウンセリングにおける連携」富田久枝・杉原一昭編『保育カウンセリングへの招待』北大路書房。

文部科学省「スクールカウンセラー等活用事業実施要領」（2009.3.31；2016.7.8；2017.4.1.一部改正）。

第Ⅰ部　子ども・子育て支援の基礎・理論とソーシャル・キャピタル

文部科学省「学校における教育相談に関する資料」（教育相談等に関する調査研究協力者
　会議（第 1 回），参考資料 1 ）（http://www.mext.go.jp/b_menu/shingi/chousa/shotou/
　120/gijiroku/__icsFiles/afieldfile/2016/02/12/1366025_07_1.pdf, 2017. 10. 16）。
文部科学省「チームとしての学校の在り方と今後の改善方策について（答申）」（中央教育
　審議会第104回総会）http://www.mext.go.jp/b_menu/shingi/chukyo/chukyo0/toushin/
　__icsFiles/afieldfile/2016/02/05/1365657_00.pdf, 2017. 10. 16）。
文部科学省・厚生労働省「公認心理師法第 7 条第 1 号及び第 2 号に規定する公認心理師と
　なるために必要な科目の確認について」（http://www.mhlw.go.jp/file/06-Seisakujouhou-
　12200000-Shakaiengokyokushougaihokenfukushibu/0000179118.pdf, 2017. 10. 05）。
下坂剛（2011）「保育ソーシャルワークとカウンセリング」伊藤良高・永野典詞・中谷彪
　編『保育ソーシャルワークのフロンティア』晃洋書房。
下坂剛（2014）「保育カウンセリングと保育ソーシャルワーク」日本保育ソーシャルワー
　ク学会編『保育ソーシャルワークの世界理論と実践』晃洋書房。
下坂剛（2016）「父親の育児参加と人格的成長」伊藤良高・下坂剛編『人間の形成と心理
　のフロンティア』晃洋書房。
杉原一昭（2007）「保育カウンセリングとは」富田久枝・杉原一昭編『保育カウンセリン
　グへの招待』北大路書房。
富田久枝（2008）「親の会の運営」石川洋子編『子育て支援カウンセリング──幼稚園・
　保育所で行う保護者の心のサポート』図書文化社。
富田久枝（2009）「保育とカウンセリング」富田久枝編『保育カウンセリングの原理』ナ
　カニシヤ出版。
露口健司（2016）「子どもの学力・学習意欲」露口健司編『ソーシャル・キャピタルと教
　育──「つながり」づくりにおける学校の役割』ミネルヴァ書房。

第5章
子ども育成支援とソーシャルワーカー

三好明夫

　少子・高齢社会の進展する現代にあって社会情勢は大きく変化を続けている。核家族化の進展，過疎過密の拡大，とどまることのない都市化，産業化に加えて，いじめなどの行為はエスカレートして事件につながることが多い。さらに凶悪化する犯罪の被害者，加害者の低年齢化は顕著化のスピードを上げている。

　次代を担う子どもたちの健全な成長は不可欠であり，子どもの親等の家族はもちろん，地域社会全体でも，たとえ，子どもたちの育ってきた環境やもち得る能力に違いがあったとしても，それは当然のこととして受け入れて大切に育み，愛情をもって向き合っていく必要がある。子どもたちが家族や地域社会に豊かに育まれていくことで，自己肯定感や自尊感情をもち得て自身のアイデンティティを構築して成長していくことができる。個人優先ではなく家族を大切に生き，社会とともに生きることを意識しながら歩むことができれば失われつつある地域社会での共生や協働にも自信や積極性が生まれ，豊かな未来が拓けるのではないかと考える。

第1節　子どもへの育成支援推進のための基本的な考え方

(1) 子ども育成支援と地域社会の協働と連携の必要性

　内閣府の『子供・若者育成支援推進大綱』「はじめに」において「子供・若者の育成支援は，家庭を中心として，国及び地方公共団体，学校，企業，地域等が各々の役割を果たすとともに，相互に協力・連携し，社会全体で取り組むべき課題である。その際には，ひとりの子供・若者の立場に立って，児童の権

第 I 部　子ども・子育て支援の基礎・理論とソーシャル・キャピタル

利に関する条約等に示されている子供・若者の人権の尊重及び擁護の観点も踏まえ，生涯を見通した長期的視点及び発達段階についての適確な理解の下，最善の利益が考慮される必要がある」と示している。子どもの育成支援の全国民的規模での実施と人権尊重と養護の観点を重視した長期的かつ発達段階での支援が必要である。

　だが，現状では，模範，モデルとなれる大人（家族含む）が十分に子どもたちの健全な成長に向けて関与しているとは言い難い状況があるともいえる。未来ある子どもたちの自律と自立の向上は日本の将来に大きな影響を与えると考えるが，模範，モデルとなれる大人（家族含む）が少ない，または，放置や無責任が蔓延していくことになれば，子どもたちは肉体的な成長を遂げたとしても「生きがい（生きる喜び）」や「働きがい（働く喜び）」も低下したままで向上していくことはないのではないか。意志や意欲が高まらないのであれば，未来の前途は多難どころか「未来子ども丸の沈没」も言い過ぎではなくなると考える。それは日本社会の再浮上のない沈没でもある。

　地域社会全体での協働，協和，協同活動の展開は「ソーシャル・キャピタル」としての子ども育成支援の構築をも意味していると考える。

　さらに，模範，モデルとなれる親，家族また地域社会の理解と協力が十分ではない場合においても，子どもたちの正しい健全育成は待ったなしの危急の課題として向き合って行くことが望まれる。ここに支援者としてソーシャルワーカーの存在を見出してみたい。

　そこで，本章では子ども育成支援について，ソーシャルワークを駆使するソーシャルワーカーの関与や内容，課題を中心に，豊かな子ども育成支援に対するソーシャルワーカーの必要性について論じていくこととする。

（2）子どもへの育成支援の基本的な考え方と課題

　前掲の内閣府の『子供・若者育成支援推進大綱』「はじめに」において，「子どもたちの家族，家庭環境は様々であることから状況をしっかりと把握したうえで個々，個別に子どもおよび親に対する適切な対応が必要となる」と示して

おり，具体的に4つの現状と課題が提示されている。

1つは家庭をめぐる現状と課題である。「三世代世帯が減少する一方，ひとり親世帯が増加するなど，家庭内において子育てを学び，助け合うことが難しくなり，親が不安や負担を抱えやすくなっている現状にあり，社会全体で子育てを助け合う環境づくりが必要である」，まさに子どもへの支援は親への支援とも重なるということを示している。親が子育てを続けていくなかでの心身の負担や経済的な不安とその実現化に対して社会全体で助け合う必要があることを提案していると考える。

2つは地域社会をめぐる現状と課題である。「地域社会は，家庭や学校とは異なる人間関係や様々な体験の提供を通じて，子供の健やかな成長に重要な役割を有している。しかしながら，近所付き合いをする人数が減少傾向にあるほか，町内会・自治会に参加していない人の割合が増加傾向にあるなど，地域におけるつながりの希薄化が懸念されている」。隣近所は，日頃から交流をすることのない他人ばかりだが，子育て支援において隣近所に気軽に相談できたり，支援を手助けしてくれる地域の支えがあればどれほど安心，安全に生活していくことができるだろうか。このことに意識と行動を向けていく必要があることを提言していると考える。

3つは情報通信環境をめぐる現状と課題である。「急速なスマートフォンの普及，新たな情報通信サービスの出現等，子供・若者を取り巻く情報通信環境は常に変化し続けている。特に，インターネットの急速な普及は，子供・若者の知識やコミュニケーションの空間を格段に拡げる可能性をもたらす一方で，違法・有害情報の拡散やコミュニティサイトに起因する事犯の被害児童数の増加等，負の影響をもたらす両刃の剣ともなっている」。ネットのなかでのいじめやいじめからの事件化も深刻化を増している。ネット依存やネット中毒の出現は，スマートフォンなどの情報通信機材の提供が低年齢化していけば，親による確認の目も届きにくくなり，親もたとえばスマートフォンを買い与えることで日常の親子の関係を弱めてしまってはならないことを提言していると考える。SNSの普及は社会に利便をもたらす一方，親子の対面時での相談や助言

第Ⅰ部　子ども・子育て支援の基礎・理論とソーシャル・キャピタル

などの会話を激減させ子どもの人格形成に影響を与えるとともに，親子関係が希薄でも生活に不便を感じない環境をつくってしまったともいえるのではないか。

　4つは雇用をめぐる現状と課題である。「若者が自立し社会で活躍するためには，就業し，経済的基盤を築くことが必要である。経営環境のグローバル化・情報化等による経済社会構造の変化に伴い，より高度な能力を有する人材が求められている（後略）」，雇用の課題は子ども世代よりも年齢が高い若者世代での課題とされるだろうが，就業を意識する若者世代からの支援では遅すぎる。低年齢化での生きる喜びや仲間と助け合うことの必要，親や兄弟を大切にすることなどの学び体験が必要であり，こうした意識と行動が高度な能力を有する人材の土台となるべきだと考える。

（3）子ども育成支援の基本的な方針

　以上を踏まえながら重点的に取り組まねばならないとする課題が示されている。

①　全ての子供・若者の健やかな育成においては「基本的な生活習慣について，乳幼児期に家庭を中心に形成されるように支援するとともに，学力の向上，体力の向上，情報通信技術の適切な利用を含むコミュニケーション能力の育成，規範意識や思いやりの心の涵養に取り組む」とある。生活習慣の基本は乳幼児期の親や保育所での形成支援が重要である。正しい生活習慣が身につけば豊かな人間性につながる。豊かな人間性は，他者を敬い，誠心に支援の手を差し伸べることができるばかりか社会での連携が必要な場合のリーダーとしての活躍も期待できるのではないか。

②　困難を有する子供・若者やその家族の支援においては「子供が生まれてから大人になるまでのライフサイクルを見通し，国及び地方公共団体の機関はもとより，家庭，学校，地域が一体となって，社会生活を円滑に営む上での困難を有する子供・若者の支援を重層的に行うため，法第19条第1項に基づく子ども・若者支援地域協議会の地方公共団体における整備を推

進する」とある。困難の種類は様々であり，複雑多様化している。経済的な問題からの貧困に対しては親への支援策が必要となる。地域社会の様々な社会資源が有機的な連携のもと重層的な支援を行う必要があることは言うまでもないが，社会資源のなかでネットワークやコーディネートを存分に発揮していくことができる人材の確保が同時に不可欠であることを忘れてはならない。また，協議会等での待つ姿勢から訪問型のアウトリーチの必要も近年必要度を増しているが，訪問型であれば抱える問題がさらに複雑化している可能性が高いので，対応と支援が実現するための専門性が求められることになるので専門職としての人材が必要である。

③　子供・若者の成長のための社会環境の整備においては「全ての就学児童が放課後等を安全に安心して過ごし，地域住民の参画を得て体験・交流活動を行う活動拠点の充実を図る。また，子供・若者が，家庭や学校とは異なる対人関係の中で社会性や豊かな人間性を育むことができるよう，地域等における各種の体験・交流活動の機会の充実を図る」とある。前述のSNS に代表されるようにインターネットの発展ではバーチャルな世界観が蔓延し，たとえばゲームなどに夢中となり，家から出ることがなくなり，引きこもったり閉じこもりとなる。親，家族との会話も減少し，場合によっては親，家族からの指摘を受けると，逆ぎれして家庭内暴力に向かうことも予想される。

　　また，ワーク・ライフ・バランスの見直しや充実も不可欠な課題であるが，親，家族が子どもたちと家庭で十分に意見交換などの交流がもてるようにすること，家庭内暴力も起こってから支援するのではなく，予防していく対応も必要であり，このことで子どもたちが街に出る，社会との交流を当り前の日常生活の一部と考えるための方策が必要である。

④　子供・若者の成長を支える担い手の養成においては「子育て経験者，様々な経験を有する高齢者等による子供・若者育成支援に係る活動への参加を促す取組を進めるとともに，NPO，企業等の参画を促進し，官公民の連携による地域における共助機能の充実を図る」とある。上述の重点課

第Ⅰ部　子ども・子育て支援の基礎・理論とソーシャル・キャピタル

題に向き合うためには，課題解決が成され，子どもたちの健全育成が実現
していくことが不可欠である。制度を作っても機関や団体を作っても，課
題解決が成されなければ絵に描いた餅である。ここに，専門性をもつ人材
の確保が必要となり研修や研鑽，各種教育プログラムも用意されていかね
ばならない。ここでは子ども育成支援に特化をしたソーシャルワーカーが
必要となる。

⑤　創造的な未来を切り拓く子供・若者の応援においては「グローバル化が
進行する社会に必要とされるチャレンジ精神，英語等の語学力，コミュニ
ケーション能力，日本人としてのアイデンティティ等を培う教育を推進す
る。また，科学技術人材を育成するために，理数好きな子供の裾野を拡
げ，子供の才能を見出し伸ばす施策を充実する。さらに，情報通信技術の
進化に適応し活用する人材，国際的に活躍する次世代の競技者，新進芸術
家等の育成を図る」とある。創造的な未来づくりには，たとえば，乳幼児
期からのトレーニングも前述の正しい生活習慣の獲得と合わせて早すぎる
ということはないだろう。

　ただ，こうした将来有望な子どもたちを育成することは，親家族や地域住民
の理解や支援だけで実現するものではなく，自治体や関連企業，大学，短大等
の保育，幼児教育機関はいうにおよばず，たとえば実際に保育児童が通う保育
所も連携の輪に加わってよいのではないか。保育所のなかに連携や協働の力も
もち得て相談援助が可能なソーシャルワーカーがいたとしたら課題の解決に向
けてよりスムーズにスピーディーに進んでいくのではないか。また，学校現場
にソーシャルワーカーがいたとしたら様々な機関を利用した課題解決につなが
るのではないか。これらが子どもがかかわる現場にソーシャルワーカーが必要
な理由である。

第**5**章　子ども育成支援とソーシャルワーカー

第2節　子ども育成支援とソーシャルワーカー

（1）ソーシャルワーカーの現状と課題

　乳幼児期の子ども育成支援の中核を担うのは保育士であろう。子ども育成支援の専門家である保育士になぜソーシャルワークの知識，技術が必要となってきたのであろうか。たとえば，保育士養成課程の改正が2003年に行われ，社会福祉援助技術演習が必修となったことからも，保育士にソーシャルワークの専門機能の習得を求めていく必要が発生してきたと考える。ソーシャルワーク機能の必要は，親からの虐待，多問題家族，貧困家庭などの問題が背景にあると考える。

　だが，2010年には同上指定基準の新養成課程として，これまでの「保育の本質・目的の理解に関する科目」についての「社会福祉援助技術（演習2単位）」が，新課程では「保育の本質・目的の理解に関する科目」の「相談援助（演習1単位）」と「保育の内容・方法に関する科目」の「保育相談支援（演習1単位）」に分割された。保護者支援や地域資源の活用や関係機関との連携協力も盛り込まれ，新養成課程において，幅広く細やかなソーシャルワーク技術の習得を求めていくこととになった。

　ソーシャルワークとは社会福祉援助技術また対人援助技術とされ，この担い手であるソーシャルワーカーは疾病や障害，貧困や高齢などにより日常生活が脅かされている本人や家族の抱える問題や不安に対してその軽減や予防を行う福祉専門職であるといえる。ソーシャルワーカーはこうした対人援助を専門に行う職の総称であったが，現在は「社会福祉士」や「精神保健福祉士」という国家資格取得者をソーシャルワーカーとする傾向がある。

　わが国においてソーシャルワークの担い手となる専門職としてのソーシャルワーカーは国家資格としての社会福祉士と精神保健福祉士が存在する。たとえば，社会福祉士の業務内容は多岐に渡っており「高齢者支援」「障害者支援」「生活保護」「児童支援」「母子・父子支援」「医療（患者）支援」「司法支援」

67

第Ⅰ部　子ども・子育て支援の基礎・理論とソーシャル・キャピタル

などである。ここでは児童福祉施設での現場実習を行うことができる社会福祉士に言及しておく。たとえば社会福祉士の養成カリキュラムの指定科目においては座学系の社会福祉援助技術が計12単位に加えて社会福祉援助技術演習が5単位の設定となっている。前述の保育士の相談演習Ⅰ，Ⅱ（演習計2単位）とは大きくかけ離れている。

　ソーシャルワークの担い手である社会福祉士とは何者なのか。

　社会福祉士及び介護福祉士法第2条によれば社会福祉士は，「相談援助」を業とする者と規定されている。また，職能団体として活動している日本社会福祉士会が示す「社会福祉士の倫理綱領」の前文には「われわれ社会福祉士は，すべての人が人間としての尊厳を有し，価値ある存在であり，平等であることを深く認識する。われわれは平和を擁護し，人権と社会正義の原理に則り，サービス利用者本位の質の高い福祉サービスの開発と提供に努めることによって，社会福祉の推進とサービス利用者の自己実現をめざす専門職であることを言明する（後略）」とソーシャルワーカーである社会福祉士の存在意義と役割が明記されている。だが，ソーシャルワークの担い手としての専門性が期待されながらも社会福祉士は「名称独占」資格であり，社会福祉士の資格がなくても相談援助の業務が行えてしまう。

（2）子ども育成支援のソーシャルワーカー

　保育士は，1999年4月の児童福祉法施行令の改正により「保母，保父」の名称から「保育士」という名称に変更され，また，2003年11月の児童福祉法改正によって国家資格となったが，この資格がなければ業務を行ってはならないという業務独占資格ではなく，名称独占資格としての規定であった。

　名称独占資格とはいえ，社会福祉士と違って保育所を中心にほとんどの児童福祉施設では保育士資格を所持していることが採用の条件とされている場合が多い。

　ソーシャルワーカーである社会福祉士の資格取得のための指定施設をみると，児童福祉法に規定される児童福祉施設の多くで現場実習が可能だが，保育

第5章　子ども育成支援とソーシャルワーカー

所での現場実習は指定されていない。実習指導者の資格をもつ社会福祉士が在籍していないことが最たる理由と考えられるが，他の児童福祉施設では保育士実習と社会福祉士実習が可能であり，実際の業務においてもこの両者が連携しながら児童の支援や保護者対応にあたっている場面があり，チームケアの推進においても不可欠な専門職である。

　互いに名称独占資格であるにもかかわらず，保育所等での採用では保育士資格が，ほぼ必須であるにもかかわらず，相談員などの相談援助職の採用では必ずしも社会福祉士の資格は必須とはされていない現状がある。

　全国保育士会の倫理綱領では，「すべての子どもは，豊かな愛情のなかで心身ともに健やかに育てられ，自ら伸びていく無限の可能性を持っています。私たちは，子どもが現在（いま）を幸せに生活し，未来（あす）を生きる力を育てる保育の仕事に誇りと責任をもって，自らの人間性と専門性の向上に努め，一人ひとりの子どもを心から尊重し，次のことを行います。私たちは，子どもの育ちを支えます。私たちは，保護者の子育てを支えます。私たちは，子どもと子育てにやさしい社会をつくります」と明示され，さらに，1，子どもの最善の利益の尊重，2，子どもの発達保障，3，保護者との協力，4，プライバシーの保護，5，チームワークと自己評価，6，利用者の代弁，7，地域の子育て支援，8，専門職としての責務の8つの倫理責任が明示されている。

　8つの倫理責任などの内容を吟味すると，保育士がソーシャルワークの知識や技術を駆使して保護者支援や地域連携連帯の調整役としても存在していく必要があると解する。

　保育児童及び保護者に対する支援が保育ソーシャルワーカーであるとすれば，保育児童の支援からさらに継続支援が必要な小学生，中学生及び高校生への支援はスクールソーシャルワーカーが担うことになる。

　ここでスクールソーシャルワーカーについて概観する。文部科学省がスクールソーシャルワーカー活用事業実施要領等（平成28年4月1日一部改正）において，スクールソーシャルワーカーの選考つまりスクールソーシャルワーカーとなれる者として，原則，「社会福祉士や精神保健福祉士等の福祉に関する専門

69

第Ⅰ部　子ども・子育て支援の基礎・理論とソーシャル・キャピタル

的な資格を有する者から，実施主体が選考し，スクールソーシャルワーカーとして認めた者とする」としており，スクールソーシャルワーカーは2016（平成28）年度予算においてこれまでの配置人数の2,247人から3,047人に拡充し，スーパーバイザーの配置や連絡協議会の開催・研修を通じた質向上の取り組みの支援を併せて実施することとしている。事業の趣旨は「いじめ，不登校，暴力行為，児童虐待など生徒指導上の課題に対応するため，教育分野に関する知識に加えて，社会福祉等の専門的な知識・技術を用いて，児童生徒の置かれた様々な環境に働き掛けて支援を行う，スクールソーシャルワーカーを教育委員会・学校等に配置し，教育相談体制を整備する」とされており，スクールソーシャルワーカーを中心に必要な社会資源のネットワーキングにより，児童生徒が抱える様々な課題に対してそれを解決するための環境改善の働きかけを行うものである。ただし，配置の内訳は小中学校が大半で一部に高校へ配置されるが保育所または幼稚園への配置は行われていない。

　小学校就学直前または入学後すぐにスクールソーシャルワーカーに困難状況が増幅された問題を投げかけることは双方にとって得策ではないと考える。保育所等での保育児童の抱える問題に向き合い，課題を解決し，または課題を軽減したのちにスクールソーシャルワーカーとの連携協働が行えれば一貫した支援が実現することができる。

第3節　子ども育成支援とソーシャルワーカーの事例から俯瞰する課題と支援

（1）子ども育成支援とソーシャルワーカーの家族支援の取り組み事例

　ソーシャルワーク実践における対象は，福祉問題を抱える当事者（家族）がそこから離脱しようとする努力をもってしてもなお解決の糸口が見つからない場合であり，個人と環境との交互作用の不均衡，個人の社会生活機能不全，社会との関係の不調和などがある。

　母親（26歳）とA子（女児4歳）は，母子家庭での生活を送っている。A子は保育所に通っているが，送迎は近隣に住む母方祖母に依頼していた。その祖

母が体調を崩して寝込んでしまった。祖母の体調の心配もあるがＡ子を保育所に連れて行かねばならないものの，この日は勤務している会社で月に一度の全体会議があり，母親は準備と当日の司会進行を任されており休むことはできない。Ａ子の病気などで休むことが多かったので上司の目線もきつく，これ以上休んでしまうことはできないと悩んでいる。

　この事例では，母親側から考えると，Ａ子の保育所，母親の勤務先，祖母の体調不良との関係性で葛藤が生じている。Ａ子の保育所の送迎は必須であるが，母親も仕事を休むことを躊躇せざるをえない状況がうかがえる。さらに祖母の体調不良への支援も怠ることはできない。

　この状況が継続してしまうことは母親の心身疲労だけではなくＡ子にも精神的な不安感が生じて，保育所に行きたくなくなることも考えられる。こうした場合には，保育ソーシャルワーカーによってまず，母親を支援する方策の検討と提示が必要であり，保育所の原則家族の送迎は譲れないとするだけではなく，保育所においてはソーシャルワークの知識と技術を活用した相談援助を行い，そのニーズに合わせたフォーマルの各種支援策（児童や母子を支援する法律や制度，行政サービスなど）やインフォーマルな社会資源（児童や母子を支援するための民間の団体や個人，たとえばボランティアなど）の説明と助言が行われることで解決の道が開かれた。母親はこれらを活用することで起こっている問題の除去が行え，エンパワメント（自立性の復活）につながった。ソーシャルワーク機能を駆使できる保育ソーシャルワーカーが保育所にいたことで，この家族の危機回避が可能となったのである。

（2）子ども育成支援とソーシャルワーカーの総合支援の取り組み事例

　ソーシャルワーク実践で対象の当事者に向き合って福祉問題のアセスメント（課題分析，事前評価）を行うと，いくつもの複合的なニーズの訴えを聴くことが少なくない。優先順位を当事者の意見を受け止めて確認して支援につなげることもあるだろうが，優先順位がつけられない危急の問題や，複合するニーズを総合的に支援していくことも必要となる。

71

第Ⅰ部　子ども・子育て支援の基礎・理論とソーシャル・キャピタル

　B子（女児5歳）は発達障害と児童相談所で診断を受けた。地域の保育所に通ってはいるが，注意の欠陥や多動で乱暴行為を他児に行うこともあり，保育所から連絡が入ることもたびたびで，そのたびに母親は他児の親に謝っている。また，家庭内でも父親が単身赴任ということもあり，母親が中心の支援だが，B子の突発的な行動に対処しきれず，B子の弟（2歳）もまだ幼く目が離せない状態でストレスが溜まっている。ある日，母親は保育ソーシャルワーカーに「どうして私だけこんな苦労をするのでしょうか。この子の行動に振り回されていることもしんどいし，保育所の他の子どもさんに対する行動で親に詫び続けることにも疲れました。父親も単身赴任でかかわってくれることは無理なので，これ以上はもう無理です。障害を抱える子どもたち専用の施設か何かに入れた方がよいのではないかと思うんです」と訴えた。

　この事例では，母親側から考えると，B子の発達障害，B子の保育所，B子の担当保育士，B子の弟，他児の親，児童相談所，父親の関与での関係性で強い不安や悩みを抱えており，これを放置することになれば，母親のストレスは増大し，B子に対する虐待やB子の弟へのネグレクトも考えられるし，父親との関係も揺らいでいくかもしれない。抱える問題が多すぎて1人では解決できないことは明白である。何よりSOSの発信を受けた保育ソーシャルワーカーの責務は大きく，具体的にどのような支援が可能となるのかが重要であり，ここにソーシャルワーク機能が必要とされる。これほどまでの複合的なニーズには保育領域だけの支援では不十分であることはいうまでもない。保育を包括した福祉，医療，保健，教育，あるいは経済的な状況も確認したうえでの社会保障を複合的に支援提供していくことができる保育ソーシャルワーカーの専門性の発揮である。前述の保育所，児童相談所，専門医療機関とのネットワーキングや保育士（園長など管理者含む），ケースワーカー，医療ソーシャルワーカーなどの専門職とのコーディネーターの役割を担い，たとえば，地域の子育て支援ボランティアなど，民間団体やグループ，個人のインフォーマルな社会資源への介入と協働によりトータルサポートを実施する際のリーダーとしての役割も担いながら，家庭を孤立させず地域全体で包括的に支援することを実現する

第5章　子ども育成支援とソーシャルワーカー

ことができた。

第4節　子ども育成支援のための新たなソーシャルワーカーの必要性

（1）子ども育成支援のための新たなソーシャルワーカーの必要

　伊藤良高ら（2011）は，「今日，保育施設におけるソーシャルワーク機能の発揮や保育者の専門性としてのソーシャルワーク能力の形成が課題となるなかで，保育とソーシャルワークの学際的領域である保育ソーシャルワークの関心が高まっている」と指摘している。

　子ども育成支援のための新たなソーシャルワーカーが必要なためにソーシャル・キャピタルの視点から指摘する。

　今こそ取り組まねばならない子どもの健全育成への努力は未来の豊かなわが国の礎となるはずである。子どもを取り巻く環境の生活問題は多様化，複雑化しており，貧困，心身状態の悪化，行動障害，社会的孤立，社会的排除，援助の拒否などの多問題家族の様相が増加しており，これらが保育ソーシャルワーカーが必要とされる要因である。

　ソーシャルワーカーとは，社会福祉学を基盤としたソーシャルワークを実践する専門職であり，一般には国家資格の社会福祉士が専門職であるとされる。ソーシャルワーカーとしての専門性を構成する土台としては，①価値（専門職の価値と倫理），②知識（専門的知識），③スキル（専門的な技術・技能）があり，これらの調和や連動が重要なことはいうまでもない。

　保育士は，子どもに直接向き合う保育実践には長けている。たとえばソーシャルワーク実践のなかにあるグループワーク（集団援助技術）が考えられる。レクリエーションと称されることもあるだろう。子どもたちにとって，グループのなかで認められて受け入れられることでの承認経験の成長は不可欠である。グループとして支え助け合う意識や行動の醸成による人間理解，グループを通じてのコミュニケーション（ルールやマナー含む）を高めることでの人間関係づくりなどは重要であり，グループダイナミクス（集団力動）として展開

73

第Ⅰ部　子ども・子育て支援の基礎・理論とソーシャル・キャピタル

される。

　子ども育成支援のための新たなソーシャルワーカーとしての保育ソーシャルワーカーの役割として考えられるのは,「連絡・連携・調整・協働」をキーワードとした社会環境への展開である。たとえば前述の多問題家族の支援を考えるとコミュニティワーク（地域援助技術）が必要となるが,多問題家族の問題の軽減除去に向けて地域社会での調査,実証や地域社会との交流促進や対話,協力や連携の必要性のために自らが中心となってソーシャルアクション（社会活動）を行い,地域社会の誤解や無理解を除去し,支援のために必要な関係機関の多職種連携のリーダーとして機能する必要がある。そのためには,保育ソーシャルワーカーが勤務する事業所内での支援体制のチーム作りが必要であり,そのための研修や教育も必要となる。関係機関とのネットワーキングも不可欠である。福祉事務所,児童相談所,医療機関等の専門機関との情報共有や行動の連携である。さらには保育児童が抱える問題の環境への働きかけにおいては児童の家族,児童の友人,児童の友人の家族,児童が関係している地域の社会資源（物,人）に対してのソーシャルワークが重要であり,この援助によって児童虐待,就学援助,貧困への支援,いじめや不登校等の課題の解決に地域社会全体を有機的に巻き込みながら展開していく必要がある。つまり子ども育成支援の問題に対しては保育ソーシャルワーカーがキーパーソンとなるが,問題を地域社会全体の課題として,地域住民が自分たちの課題でもあるということを認識し,主体的に問題解決に立ち向かうことができるシステムづくりが必要となる。このことは地域住民間での連携や協働の必要性も示しており,そのためには互助,共助を意識した関係性が不可欠である。

（2）子ども育成支援とのためのソーシャルワーカーの充実に向けた課題

　最後に子ども育成支援のためのソーシャルワーカーの充実に向けての2つの課題を以下に述べる。

　伊藤ら（2011：14）は保育ソーシャルワークをめぐる課題として「保育ソーシャルワークを担う主体は誰か,あるいはどこか,その対象を設定するという

第**5**章　子ども育成支援とソーシャルワーカー

ことである。これまで見てきたように，保育ソーシャルワークの主体論をめ
ぐっては，保育士を想定するケースが多いが，視点や論点の違いにより所
（園）長や主任保育士，ソーシャルワーカー，ファミリーソーシャルワーカー
を想定するものもある。また保育士としての場合も，社会福祉士資格を併有す
る者，と限定する議論も見られる」とし，保育ソーシャルワークの必要性に鑑
み，保育現場でソーシャルワーク機能を実践する担い手が必要となっている状
況を語っている。

　ひとつは，上述の伊藤のいう担い手は誰なのかということについてである。
確かにソーシャルワークの専門性を具備した社会福祉士が担うことが理想的で
あろう。だが，たとえば保育所に社会福祉士を雇用することが実際に可能なの
か。はたまた保育所に勤務する現役の保育士が社会福祉士の資格を取得するた
めに養成校（通信課程が想定される）に約 2 年学びながら，日々の保育実践の
質を低下させることなく両立させていくことが十分に可能なのであろうか。

　ソーシャルワーク機能を具備した保育ソーシャルワーカーが効果的な活躍を
行うこと，また関係機関や関連する専門職との連携が有機的に行えれば，子ど
もたちの豊かな未来の到来の実現も夢ではなかろう。保育児童の抱える問題を
支援することにおいては当該児童が小，中，高校と発達成長していく段階にお
いても連続的，継続的な支援体制が必要となっていくが，ここにスクールソー
シャルワーカーとの連携と協働の必要を強く提起しておきたい。保育，小，
中，高校と長期間の支援システムの構築である。子どもたちの生活の危機が叫
ばれる今日にあっては，豊かな人間性と感受性をもち得た保育士が保育ソー
シャルワークの学びを実践で活かしていくことがどれほど行えるのか，そのた
めの人材育成や研修内容の精査と相まって解決すべき課題として提起しておき
たい。

引用・参考文献
伊藤良高・永野典詞・中谷彪編（2011）『保育ソーシャルワークのフロンティア』晃洋書
　房。

第Ⅰ部　子ども・子育て支援の基礎・理論とソーシャル・キャピタル

伊藤良高・永野典詞・三好明夫編（2015）『新版　子ども家庭福祉のフロンティア』晃洋書房。

岩間伸之・白澤政和・福山和女編著（2010）『ソーシャルワークの理論と方法Ⅰ』ミネルヴァ書房。

桐野由美子編（2006）『保育者のための社会福祉援助技術』樹村房。

公益社団法人日本社会福祉士会『社会福祉士倫理綱領』（http://www.jacsw.or.jp/，2016. 11. 25）。

厚生労働省「指定保育士養成施設の指定及び運営の基準について」（http://www.hoyokyo.or.jp/nursing_hyk/reference/26-3s2-2.pdf，2017, 11, 10）。

文部科学省「参考　スクールソーシャルワーカー活用事業実施要領等」（http://www.mext.go.jp/a_menu/shotou/seitoshidou/__icsFiles/afieldfile/2016/10/13/1378055_05.pdf，2017. 5. 25）。

内閣府「平成28年版　子供・若者白書（全体版）」（http://www8.cao.go.jp/youth/whitepaper/h28honpen/index.html，2016. 11. 25）。

内閣府「子供・若者育成支援推進大綱——全ての子供・若者が健やかに成長し，自立・活躍できる社会を目指して（平成28年2月9日子ども・若者育成支援推進本部決定）」（http://www8.cao.go.jp/youth/whitepaper/h28honpen/sanko_02.html，2016. 11. 15）。

日本保育ソーシャルワーク学会編（2014）『保育ソーシャルワークの世界——理論と実践』晃洋書房。

日本保育ソーシャルワーク学会『初級保育ソーシャルワーカー及び中級保育ソーシャルワーカー』認定，登録に係る申請手続について（https：//jarccre.jimdo.com/，2016. 12. 10）。

大橋謙策・白澤政和・米本秀仁編著（2010）『相談援助の基盤と専門職』ミネルヴァ書房。

社会福祉法人　全国社会福祉協議会全国保育協議会　全国保育士会「全国保育士会倫理綱領」（http://www.zenhokyo.gr.jp/hoikusi/rinri.htm，2016. 11. 26）。

社会福祉士養成講座編集委員会（2015）『相談援助の基盤と専門職（第3版）』中央法規出版。

社会福祉士養成講座編集委員会（2015）『相談援助の理論と方法Ⅰ（第3版）』中央法規出版。

社会福祉士養成講座編集委員会（2015）『相談援助の理論と方法Ⅱ（第3版）』中央法規出版。

山縣文治・岡田忠克編（2016）『よくわかる社会福祉（第11版）』ミネルヴァ書房。

第Ⅱ部
子ども育成支援の実際とソーシャル・キャピタル

第6章

母子保健と子ども育成支援

――妊婦・出産の安心・安全と子どもの健康を守る環境整備――

宮﨑由紀子

　わが国の母子保健は，乳児死亡率をいかに低下させるかを目標に始まった。この章では，まずは，母子保健の歴史と現状を概説していく。そのうえで，健やか親子21の取り組みから見えてきた，母子保健の課題について明らかにする。次に母子保健を支える人々についてその現状と課題について述べる。最後に，母子保健におけるソーシャル・キャピタルの醸成における課題と展望について述べる。

第1節　母子保健行政の歴史

(1) 母子保健の近代の歩み

　平山宗宏（2001）は，母子保健の歴史を次のように分け解説している。

　①明治時代・教育と伝染病対策の基礎づくりの時代，②乳幼児死亡率低下への手探りの時代，③軍国時代の始まりから戦時中，④戦後の混乱・GHQ 指導の時代，⑤母子医療進歩の時代，⑥母子保健法による時代・地域格差のなくなる時代，⑦きめ細かい母子保健サービスの時代，⑧少子化と市町村の時代，21世紀への準備の時代，⑨21世紀に向けての展望，と9つの時代にわけている。

　①から③に当たる，第2次世界大戦前は，乳児死亡率を下げるために，乳幼児健康相談事業の設置をはじめ，昭和初期までに小児保健所の設立を行っている。1934年は，明仁天皇のご生誕を記念して母子愛育会が設立され，農村を中心に保健活動が愛育班のボランティアを中心に始められた。1938年には厚生省（当時）が設置され社会局に保護，福利，児童，職業の各課が設けられた。1942年には，妊産婦手帳規定実施や，女学校に保健科設置が設けられた。

79

第Ⅱ部　子ども育成支援の実際とソーシャル・キャピタル

④から⑤では，児童福祉法が制定（1947年）され，同法の下で母子手帳の配布，妊産婦や乳幼児の健康診査・保健指導，未熟児医療，施設内分娩の推進が行われた。

（2）母子保健法の制定以降

先の時代区分の⑥から⑦にあたる母子保健法の公布（1965年）以降，わが国の母子保健の目的が，大きく変わった。これまでの，児童の健全な育成を図るための母子保健に加え（同法第3条），母性の保護と尊重（同法第2条），母性ならびに乳幼児の健康の保持・促進（同法第3条），乳幼児の保護者らが進んで妊娠，出産または育児についての正しい理解を深め，その健康の保持を努力する（同法第4条）という母子保健の理念が明らかにされた。同時に，国及び地方公共団体の責務（同法第5条）にて明確化し，さらに地域格差をなくすために都道府県児童福祉審議会，市町村児童福祉審議会の役割（同法第7条，8条）についても明記した。母子保健法の施行以降は，対策面では，種々の事業が進められ，健康診査の徹底，医療費の拡大等の充実が図られた。母子保健の事業は，思春期から結婚・妊婦・出産・新生児期・乳幼児期という母子の継続したサービスの提供ができるようになっている。そのサービス内容は，①健康診断等，②保健指導，③医療援護等，④医療対策の4つに大別され，国庫補助事業，一般財源による事業等にわかれ，国と地方公共団体の責任の下実施されている。事業の推進とともに，関連法規の整備とともに進められてきた。

母子保健の充実に伴い，乳幼児死亡率（出生1000人対）は，1918年の188.6を最高に，1940年90.0，1950年60.1，1960年30.7，1970年13.1，1976年9.3，と激減しており，2016年には2.0となった（厚生労働省，2017）。また，死因別にみると，乳幼児死亡原因であった肺炎・腸炎などの感染症疾患は，医学の進歩や各種環境の向上により数が減少した。

（3）新たな母子保健

前述のように，母子保健に関する法律の制定とそれに伴う母子保健事業の充

第6章　母子保健と子ども育成支援

実により，乳児死亡率の低下による指標は著しく改善した。しかし，少子化，核家族化の進行や都市化，女性の社会進出によって，子どもを産み育てる環境が大きく変化し新たな課題が生まれそれに対する対策が求められるようになった。これが先の時代区分の⑧から⑨にあたる部分である。

　中央児童福祉審議会母子保健対策部会の「新しい時代の母子保健を考える研究会」(1989年) の報告書では，新しい母子保健を取り巻く問題として，核家族化や地域社会の連携の希薄化などが育児にかかわる親，特に母親の孤立化を招き，育児不安を起こしていることや，幼児の対人関係が希薄になることにより社会性や情緒面の発達に影響を与えるおそれがあること，女性の社会進出による人生価値観の多様化（晩婚・晩産）により，育児に対する価値観の多様性に対するニーズの変化があげられている。その問題に対応するため，①心の健康を重視，②家庭や職場を含めた地域ぐるみの母子保健，③住民の自主グループやボランティア活動の支援，④相談事業や検診事後指導の重視，⑤健康に関する諸科学の進歩への対応の5項目を基本的考え方として提言した。この提言により，新生児死亡率の減少等をめざす医療中心の母子保健のあり方が，住民により身近な母子保健サービスを提供する方向へと転換していった。そのため，同報告では，「第一次的な健康診査や保健指導など基礎的な事業については市町村を，また，専門医等による経過観察指導や難病対策，未熟児対策など専門性や高度な技術を要する事業については保健所を実施主体とすることが望ましい」とされている。そのため，各市町村において「市町村母子保健計画」を策定し，基本的サービスである，①母子保健手帳の交付，②健康診査（妊産婦，乳幼児，3歳児検診，1歳6か月児）③訪問指導（妊産婦，新生児）が行われるようになった。また，都道府県では，従来実施していた健康診査，訪問指導を市町村事業としたため，新たな役割として，①市町村の連絡調整・指導・助言，②専門的サービス（未熟児訪問指導，養育医療，障害児の療育指導，慢性疾患児の療育指導）がある。

　母子に関する福祉関係のあり方は，①保護から自立支援，②供給者主体から利用者主体，③集権から分権，④公から規制緩和へと進むなかで，少子化対策

81

第Ⅱ部　子ども育成支援の実際とソーシャル・キャピタル

が加わり，「家族を中心に子育てをする」から「社会において子育てをする」子育ての社会化を促進するための母子保健事業に変化してきた。

第2節　母子保健の課題

（1）新たな局面での母子保健の課題

　児童虐待の児童相談所への相談件数も激増している。「子ども虐待による死亡事例等の検証結果等について　第13次報告」によると，第13次報告の対象期間である2015年4月から2016年3月までの1年間に厚生労働省が把握した子どもの虐待により死亡した事例は，心中以外の虐待死事例では52人，心中による虐待死事例は32人であり，総数は84人であった。生後間もない身元不明の子どもの遺棄事例が3人，死産児の遺棄事例が4人，虐待により死亡か否かの判断が出来なかった不明の事例が2人あった。特に，死亡時点における子どもの年齢について，2014年度に把握した心中以外の虐待死事例では，「0歳」が30人（57.7％）で最も多く，3歳未満は37人（71.2％）と70％を超える状況であった。また，同年度の心中による虐待死事例では，3歳未満は計8人（25.0％）と20％程度に留まっている。また，主たる加害者としては，心中以外の虐待死事例では，「実母」が26人（50.0％）と最も多く，次いで「実父」が12人（23.1％）であった。特に児童の年齢を3歳未満と3歳以上に分けてみると，3歳未満では，「実母」が23人（63.9％）であった。同様に心中による虐待死事例の加害者は，「実母」が29人（90.6％），次いで「実父」が3人（9.4％）となっている。子どもの年齢別にみた主たる加害者は，日齢0日児事例4件の加害者はすべて「実母」であり，「1か月〜1歳未満」児の事例では，「実母」が9人（52.9％）と「実母」による虐待死の割合の多さが吐出している。その動機について，同報告では，心中以外の虐待死事例では，「保護を怠ったことによる死亡」が，6人（11.5％）で，他「しつけのつもり」「こどもの存在の拒否・否定」「泣き止まないことにいらだったため」が5人（9.6％）であった。心中による虐待死事例の動機としては，「保護者自身の精神疾患・精神不安」

第6章　母子保健と子ども育成支援

が13人（40.6％）であり，次いで「育児不安や育児負担感」が11人（34.4％）であった。

　虐待死は，同報告の第12次報告と比較しても，心中以外が8人，心中5人と増加している。加害者も実母が多いことや，被虐待児の年齢が低いことからも，動機は育児不安や負担感であると考えられる。虐待は，極端な例ではあるが，子育て家庭に対して地域の実情に応じた地域による途切れのない子育て支援が必要である。その中でも「実母による低年齢児の虐待死」が多いことは，出産前後の心身のケアや妊産婦の孤立感の解消が必要となっていることが理解できる。

　子育て家庭の育児環境問題に対して，その環境に対する地域事情に基づいた妊娠期からの途切れのない支援方法をどうするべきかが，新たな母子保健の課題としてあげられている。

（2）少子化社会への取り組みについて（母子保健関連）

　1994年に総合的子育て支援対策「今後の子育て支援のための施策の基本的報告について（エンゼルプラン）」が策定された。重点的に推進すべき具体的実施計画として1999年に「重点的に推進すべき少子化対策の具体的実施計画について（新エンゼルプラン）」が作成され，乳幼児一時預かり事業，不妊相談センターや周産期医療ネットワークの整備が盛り込まれ，保育関係だけではなく，少子化対策への幅を，雇用，母子保健，相談，教育等の事業も加えたものとした。

　2003年には，「少子化社会対策大綱」が制定された。この大綱では，子どもが健康に育つ社会，子どもを生み育てることに喜びを感じることのできる社会への転換を喫緊の課題として取り組んだ。特に子育て家庭が安心と喜びをもって子育てに当たることができるように社会全体で応援することの基本的な考えに立ち，「3つの視点」，「4つの重点課題」，「28の具体的行動」を示した。

　2006年には，「新しい少子化対策について」が決定され，「家族の日」，「家族の週間」の制定などによる家族・地域のきずなの再生や社会全体の意識改革を

83

第Ⅱ部　子ども育成支援の実際とソーシャル・キャピタル

図るための国民運動の推進がなされた。子どもの成長に応じて子育て支援の
ニーズが変化することに着目し，妊娠・出産から高校・大学生期に至るまでの
年齢進行ごとの子育て支援策を掲げた。

　2010年には，「少子化社会対策大綱（子ども・子育てビジョン）」が策定され
た。この大綱では，「生命と育ちを大切にする」，「困っている声に応える」，
「生活を支える」を示し，「目標とすべき社会への政策４つ」，「12の主要施策」
が行われた。母子保健としては，目標とすべき社会施策として，「妊娠，出
産，子育ての希望が実現できる社会へ」が関連，主要施策として「安心して妊
娠・出産ができるように」，「子どもの健康と安全を守り，安心して医療にかか
れるよう」があげられる。

　2013年には，「少子化危機突破のための緊急対策」が取りまとめられた。こ
の対策により，これまで少子化対策として取り組んできた「子育て支援」，「働
き方改革」をより一層強化するとともに，「結婚・妊娠・出産支援」を新たな
対策の柱として打ち出すことになった。結婚・妊娠・出産・育児の切れ目ない
支援の総合的な政策の充実・強化をめざす。緊急対策を着実に実施するため，
2013年８月から「少子化危機突破タスクフォース（第２期）」が発足し，地域
の実情に応じた結婚・妊娠・出産・育児の切れ目ない支援の重要性が盛り込ま
れた。

　2015年には，「新たな少子化社会対策大綱」が閣議決定された。５つの重点
課題が設けられた。従来の少子化対策の枠組みを超えて，新たに結婚支援，子
育て支援施策の一層の充実，若い年齢での結婚・出産の希望の実現，多子世帯
への一層の配慮，男女の働き方改革，地域の実情に即した取組強化があげられ
ている。母子保健では，きめ細かな少子化対策の推進として，妊娠期から子育
て期にわたるまでの総合的な相談支援を提供するワンステップ拠点としての
「母子健康包括支援センター（以下，「子育て世代包括支援センター」という）」の
整備や，産後ケアの充実として「産後ケアガイドライン」の策定を検討してい
る。また，妊娠や出産に関する医学的・科学的に正しい知識の教育として，教
材への記載と教職員の研修が盛り込まれた。

同年には，「子ども・子育て支援新制度」も施行され，地域の実情に応じた子育て支援として地域子ども・子育て支援事業を展開している。地域のニーズに対応した子育て支援の充実として，利用者支援事業がある。

利用者支援事業とは，子育て家庭や妊産婦が，教育・保育施設や地域子ども・子育て支援事業，保健・医療・福祉等の関係機関を円滑に利用できるよう，身近な場所での相談や情報提供，助言等必要な支援をする（利用者支援）とともに，関係機関との連絡調整，連携・協働の体制づくり等を行うこと（地域連携）を目的としている。事業主体は，市町村であり，市町村が認めた者への業務委託を行うことができる。3つの事業類型をもち，基本型は利用者支援と地域連携が行われ，特定型は利用者支援いわゆる保育コンシュルジュが行われている。

母子保健型では，保健師等の専門職がすべての妊産婦等を対象に，利用者支援として，妊娠期から子育て期に渡るまでの母子保健や育児に関する妊産婦等からの様々な相談に応じ，その状況を継続的に把握し，支援を必要とする者が利用できる母子保健サービス等の情報提供を行っている。と同時に，地域連携として，関係機関と協力して支援プランの策定などを行っている。主に市町村保健センター等で実施しており，職員配置としては，母子保健に関する専門職を有する保健師，助産師等を1人以上配置することが求められている。

少子化対策・子育て支援と母子保健の関係は，社会全体で「子ども・子育て支援」を行う考えのもと，母子保健から「安心して妊娠・出産・子育てができる環境」を社会が作っていく必要があることを示していると考えられる。

第3節　「健やか親子21」と「健やか親子21（第2次）」

（1）「健やか親子21」の概要

「健やか親子21」は，これまでの母子保健の取り組みの成果を踏まえ，残された課題と新たな課題を整理し，21世紀の母子保健の主要な取り組みを提示するビジョンであると当時に，それぞれの課題について取り組みの目標を設定

第Ⅱ部　子ども育成支援の実際とソーシャル・キャピタル

し，関係者，関係機関・団体が一体となって推進する国民運動計画として，「健康日本21」の一翼を担うもので，対象期間を2001年から10年間としたものである。基本的視点として，①20世紀中に達成した母子保健の水準を低下させないための努力，②20世紀中に達成しなかった課題の早期の克服，③20世紀終盤に顕在化し，21世紀にさらに深刻化することが予想される新たな課題への対応，④新たな価値尺度や国際的な動向を踏まえた斬新な発想や手法による取り組むべき課題の探求があげられた。基本的視点を踏まえ，21世紀に取り組むべき主要な4つの課題として，課題1の思春期の保健対策の強化と健康教育の推進，課題2の妊娠・出産に関する安全性と快適さの確保と不妊への支援，課題3の小児保健医療水準を維持・向上させるための環境整備，課題4の子どもの心の安らかな発達の促進と育児不安の軽減，が提言され，その課題のもとに設定された69の指標の74項目が設定された。推進方策としては，国民運動であることを念頭に，①関係者，関係期間・団体が寄与しうる取り組みの内容の明確化と自主的活動の推進，②各団体の活動の連絡調整等を行う「健やか親子21」推進協議会の設置，③計画期間と達成すべき具体的課題を明確にした目標設定が実施された。国民運動として「健やか親子21」を実施することは，1人ひとりの国民はもとより保健・医療・福祉・教育・労働などの関係者，関係機関・団体がそれぞれの立場から寄与することが不可欠であることを明確にしている。

（2）「健やか親子21」最終評価について

　ここでは，2013年11月に発表された『「健やか親子21」最終評価報告書』をもとに，2001年からの取り組みについて振り返る。

　最終評価の目的は，策定時や2回の中間評価（平成18年，平成22年）に設定された目標について，達成状況や関連する取り組みの状況を評価することと，社会の状況（少子高齢化），母子保健事業の市町村への移譲といった制度の変更によって，2015年以降の「健やか親子21（第2次）」に反映させることである。

　取り組み時に，69の指標の74項目が設定され，評価を以下の「改善した（目

第**6**章　母子保健と子ども育成支援

表6-1　最終評価における課題別の指標の達成状況

	課題1	課題2	課題3	課題4	項目計
改善した（目標達成）	4	7	8	1	20（27.0%）
改善した（目標未達）	9	6	16	9	40（54.1%）
変わらない	1	1	1	5	8（10.8%）
悪くなっている	1	0	1	0	2（2.7%）
評価できない	1	0	0	3	4（5.4%）
計	16	14	26	18	74（100%）

出所：厚生労働省（2013）「『健やか親子21』最終評価報告書（平成25年11月）」16。

表6-2　最終評価における指標の種類別達成状況

	保健水準の指標	住民自らの行動の指標	行政・関係団体等の取組の指標	項目計
改善した（目標達成）	8	3	9	20（27.0%）
改善した（目標未達）	6	18	16	40（54.1%）
変わらない	3	2	3	8（10.8%）
悪くなっている	2	0	0	2（2.7%）
評価できない	1	0	3	4（5.4%）
計	20	23	31	74（100%）

出所：表6-1と同様。

標を達成した）」「改善した（目標が達成していないが改善した）」「変わらない」「悪くなっている」「評価できない」と5段階評価に示した。また，評価を，課題1から課題4別に指標の達成状況（表6-1）を示すとともに，資料の種類別達成状況（表6-2）を示した。

　①　課題1：思春期の保健対策の強化と健康教育の推進についての評価

　「悪くなっている」と評価されたのは，「十代の自殺率」であり，どの年代においても上昇し，特に15～19歳の自殺率の上昇が大きかった。人工妊娠中絶及び性感染症については，減少傾向にある。喫煙・飲酒，薬物乱用防止教育について，喫煙は，健康増進法（2003年施行）に受動喫煙防止政策を位置付け学校の敷地内禁煙が推進されたことや，購入に際してタスポ導入，年齢確認の実

施，たばこ税の引き上げが影響し，着実に減少してきている。「思春期保健対策に取り組んでいる地方公共団体の割合」は取り組みを行っていない地方公共団体が4割以上存在することが明らかになった。食育，生活習慣，体格については，朝食を欠食する子どもの割合として，男子の1〜6歳と女子の7歳以上で悪くなった。保護者の朝食状況や生活習慣，本人の生活習慣やダイエット指向がどのような関係があるかを明らかにする必要がある。

　②　課題2：妊娠・出産に関する安全性と快適さの確保と不妊への支援についての評価

　妊娠・出産に関する安全性については，「妊娠11週以下での妊娠届出率」「母性健康管理指導事項連絡カードを知っている就労している妊婦の割合」「助産師数」は改善傾向が示された。また，「周産期医療ネットワークの整備」はすべての都道府県で達成され，「正常分娩緊急時対応のためのガイドラインの作成」も行われた。しかし，「産婦人科医師数」については達成できていないことと，地域偏在，施設偏在の是正が必要である。

　妊娠・出産に関する快適さの確保については，おおむね改善しているが，施設等のハード面だけではなくスタッフの対応，家族や職場の理解など人とのかかわりのありようが満足度につながっていくことがわかり今後注目する必要がある。

　不妊への支援については，患者が不妊治療を受ける際に専門家によるカウンセリングが受けられる機会は改善している。しかし，相談のニーズが増えている中，不妊専門相談センターの設置が目標を達成し，相談員の質の確保，相談システムの工夫（電話相談・メール相談等）が必要と指摘された。

　③　課題3：小児保健医療水準を維持・向上させるための環境整備について

　周産期から乳幼児期の保健水準については，「新生児死亡率，乳児死亡率」「不慮の事故による死亡率」「むし歯のない3歳児の割合」は目標を達成した。小児医療等の提供については，「初期，二次，三次の小児救急医療体制が整備されている都道府県の割合」は，100％である。しかし，住民の身近で整備される市町村単位や二次医療圏単位でみたときは，小児科医の疲弊や財政負担を

第**6**章　母子保健と子ども育成支援

考えると小児緊急医療体制を確実に整備することの難しさを抱える結果となった。

また，「小児人口に対する小児科医・新生児科医師・児童精神科医師の数」は改善したが，都道府県間における医師数には差がみられた。

④　課題4：子どもの心の安らかな発達の促進と育児不安の軽減について

前述したように21世紀前後に注目された比較的新しい課題に対する評価である。育児不安の軽減に向けた「育児支援に重点を置いた乳児健康診査を行っている自治体の割合」，虐待予防の視点での「乳児健診未受診児など生後4か月までに全乳児の状況把握に取り組んでいる市町村の割合」は改善し市町村自治体としての取り組み姿勢の改善は評価できる。住民行動の指標としては，「育児に参加する父親の割合」「子どもと一緒に遊ぶ父親の割合」「出産後1ヶ月児の母乳育児の割合」には改善がみられた。

育児不安対策のなかで，相談相手について，「夫婦間で相談」「祖父母」「友人」と回答した割合が増加し，全体に占める割合は少ないが，「かかりつけの医師」「保健師や助産師」「保育士や幼稚園教諭」も増加した。相談相手に「インターネット」との回答が増加した。匿名の相談だけではなく，友人同士のソーシャルネットワークも広がっていた。

児童虐待対策の評価では，残念ながら改善を示す指標において減少傾向はみられなかった。児童虐待相談件数の増加については，児童虐待防止法の通告義務の範囲が虐待を受けたと思われる場合も対象となるように拡大されたことや，各種の広報・啓発による児童虐待についての社会的関心の高まりもあるが，経済状況や育児不安からの被虐待児そのものが増加している可能性も否定できない。

以上，4つの課題について最終評価報告がなされたが，10年間の「健やか親子21」の最終評価報告書のなかで，指標の目標達成できなかったものに加え，新たな課題も確認された。

89

第Ⅱ部　子ども育成支援の実際とソーシャル・キャピタル

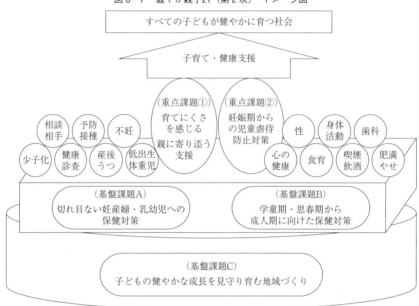

図6-1　健やか親子21（第2次）　イメージ図

出所：厚生労働省ホームページ「健やか親子21（第2次）について検討報告書」（http://www.mhlw.go.jp/stf/houdou/000044868.html，2017.5.20）を一部改変。

（3）「健やか親子21（第2次）」

「すべての子どもが健やかに育つ社会」の10年後の実現にむけて，3つの基盤課題，「基盤課題A　切れ目ない妊産婦・乳幼児への保健対策」「基盤課題B　学童期・思春期から成人期に向けた保健対策」「基盤課題C　子どもの健やかな成長を見守り育む地域づくり」を掲げている。基盤課題Aと基盤課題Bについては，「健やか親子21」で掲げていた課題についての施策や取り組みの確実な実施や更なる充実を目指した課題となっている。基盤課題Cについては，基盤課題Aと基盤課題Bを広くした支える環境づくりをめざす課題として設定した（図6-1，表6-3）。

第6章 母子保健と子ども育成支援

表6-3 「健やか親子21（第2次）」における課題の概要

課題名		課題の説明
基盤課題A	切れ目ない妊産婦・乳幼児への保健対策	妊娠・出産・育児期における母子保健対策の充実に取り組むとともに，各事業間や関連機関間の有機的な連携体制の強化や，情報の利活用，母子保健事業の評価・分析体制の構築を図ることにより，切れ目ない支援体制の構築を目指す。
基盤課題B	学童期・思春期から成人期に向けた保健対策	児童生徒自らが，心身の健康に関心を持ち，より良い将来を生きるため，健康の維持・向上に取り組めるよう，多分野の協働による健康教育の推進と次世代の健康を支える社会の実現を目指す。
基盤課題C	子どもの健やかな成長を見守り育む地域づくり	社会全体で子どもの健やかな成長を見守り，子育て世代の親を孤立させないよう支えていく地域づくりを目指す。具体的には，国や地方公共団体による子育て支援施策の拡充に限らず，地域にある様々な資源（NPOや民間団体，母子愛育会や母子保健推進員等）との連携や役割分担の明確化が挙げられる。
重点課題①	育てにくさを感じる親に寄り添う支援	親子が発信する様々な育てにくさ^(※)のサインを受け止め，丁寧に向き合い，子育てに寄り添う支援の充実を図ることを重点課題の一つとする。（※）育てにくさとは：子育てに関わる者が感じる育児上の困難感で，その背景として，子どもの要因，親の要因，親子関係に関する要因，支援状況を含めた環境に関する要因など多面的な要素を含む。育てにくさの概念は広く，一部には発達障害等が原因となっている場合がある。
重点課題②	妊娠期からの児童虐待防止対策	児童虐待を防止するための対策として，①発生予防には，妊娠届出時など妊娠期から関わることが重要であること，②早期発見・早期対応には，新生児訪問等の母子保健事業と関係機関の連携強化が必要であることから重点課題の一つとする。

出所：図6-1と同様。

第4節　母子保健における地域支援の担い手について

　「健やか親子21（第2次）」の基盤課題Cについては，「子どもの健やかな成長を見守り育む地域づくり」ということで，ソーシャルキャピタルの醸成によりこの地域で子育てをしたい親を増やすことが目標となる。つまり，地域での子育て支援の社会資源を増やすことが大切である。

　具体的には，「育てにくさを感じる親に寄り添う支援」「妊婦期における孤立を防ぐ」ことが大切である。その為の，社会資源とは，人・場所・資金と考え

第Ⅱ部　子ども育成支援の実際とソーシャル・キャピタル

る。この節では，社会資源としての人に着目し，その役割について考える。

（1）母子保健推進員

　母子保健推進員は，1968年に制度化された。中谷良美（2008：2-5）は，「母子保健推進は，地域住民と行政のパイプ役として，あるいは住民にとって身近な相談者として活動する行政育成型の住民ボランティアである」と示している。母子保健推進員は，住民相互のサポートとして，子育てに関心のある人材を地域より広く登用した。その活動は，地域に生まれたすべての乳児のいる家庭を訪問することをめざした「こんにちは赤ちゃん事業（乳幼児全戸家庭訪問事業）」を中心としていた。筆者も，当初，住居地域Aの母子保健推進員として，登録した経験をもつ。広報誌での募集があり，簡単な履歴書を添え，市より委託された社会福祉協議会での乳児や妊婦の様子について研修を受けた。A市では，未熟児や，初産，多子については，保健師が訪問することとなっていた。比較的，母子関係の良好と見られる家庭への訪問を主に行っていた。しかし，個人情報保護の観点から，地域住民である母子保健推進員に家族構成等の情報を公開することの難しさを抱える。また，母子保健推進員として登録しても，元の職の専門性（保育士，栄養士，教員，看護師）を生かせない，主体性がない，訪問件数が一定でない（月に2件）等の問題がある。

（2）NPO・子育てサークル・ファミリーサポート

　NPOは，虐待防止全国ネットワークのような大きなNPOの組織から，同じ目的をもった集団に近くより住民に近い存在として，同じ住民同士との視点に立ち地域保健活動を行っているNPOも存在している。岐阜県大垣市では，「もうすぐパパママ教室」として，これから子育てをする保護者に子育ての心構え等の講義を行っている。

　子育てサークルは，様々なかたちで存在しているが，地域子育て支援事業において発生したものから，幼稚園や保育所，こども園，母親学級等の同じ子育てをしている母親の集まりから発生している。幼稚園や保育園の空き教室を使

い自由に集まれるサロンを開催しているところもある。しかし，キーパーソンが，子どもの学年が上がりサークルから離れると活動が停滞することもあり，安定した運営に対して不安があることもある。

ファミリーサポートは，乳幼児や小学生等の児童を有する子育て中の労働者や主婦等を会員として，児童の預かりの援助を受けることを希望する者と当該援助を行うことを希望する者との相互援助活動である。相互援助活動の例としては，①保育施設までの送迎を行う，②保育施設の開始前や終了後または学校の放課後，子どもを預かる，③保護者の病気や急用等の場合に子どもを預かる，④冠婚葬祭や他の子どもの学校行事の際に子どもを預かる，⑤病児・病後児の預かり，早朝・夜間等の緊急預かり対応などがある。会員同士の支え合いであり，地域住民が事前登録制ではあるが直接個人的に支え合う事業である。

（3）保健師

地域の保健活動は，「地域保健対策推進に関する基本的な指針」が，2012年に改正され，「地域における保健師の保健活動について」が2013年に厚生労働省から示され，自治体の保健師活動においてソーシャル・キャピタルを活用した自助及び共助の支援の展開が求められている。母子保健においては，2014年度に「妊娠・出産包括支援モデル事業」を実施し，総合的な相談支援を提供する拠点として，「子育て世代包括支援センター」を立ち上げ，2020年度末までに全国展開をめざすこととなった。

保健師は，医学的な妊娠や，子どもの疾病予防に対する専門的知識は勿論，家庭や地域環境の多様性を踏まえた支援ができる知識と技術の涵養を身に付ける必要がある。そのため，保健師教育は，2008年改正保健師指定規則により，公衆衛生看護関連科目28単位以上，公衆衛生看護実習として5単位が明記された。眞崎直子ら（2015）は，ソーシャル・キャピタルの醸成をめざし，公衆衛生看護学演習・実習（地域ケア実習）として，日本赤十字広島看護大学と大学がある地域との包括協定を結び，地域住民と学生が直接触れ合うことからの健康課題を共に学ぶ実習に取り組んでいる。演習・実習構成は，①事前学習とし

第Ⅱ部　子ども育成支援の実際とソーシャル・キャピタル

ての地域実態を把握するため既存資料の収集，②地区踏査・地区マップの作製，③地域住民への聞き取り調査（フォーカスグループインタビュー），④家庭訪問，⑤地域資源を活用としての実習・発表，⑥学生，住民，行政とのワークショップ，⑦実習からの学び，となっている。この学びの成果を，眞崎直子らは，「学生が，個人の感情や不安に接することができ，集団の意識や不安と多角的にみようとする実践力を養う体験ができた。多様な地域課題があり，同じ地区でも地域格差があること，それに対する集団の取り組みや対応として，住民相互に関係性を維持し，活動されていることを伺えた」とし，また，学生の意識や態度に関する変化として，「地域への関心を持ったことと，持たねばならないことの重要性を知った。その後のボランティアや地域行事への参加を考える機会にもつながった」と分析している。

（4）母子保健におけるソーシャル・キャピタル醸成のために

　ソーシャル・キャピタルの要素は，信頼，お互いさまという互酬性，ネットワークの3要素であるといえる。

　信頼は，相手を信用するに値する人との認識をもつこととすれば，簡単に形成されるものではない。母子保健においては，新生児が母親に対しての信頼関係が一番大切になると考える。自分で動くことのできない新生児は，母親が子どもに向ける信頼関係，言い換えれば愛着関係が大切になる。育児不安に悩む母親をなくすためにも，不安な母親に寄り添うケアが必要である。あたたかいケアを身近な人，地域住民から受容することで，信頼関係を築き，わが子への愛着行動がみられると考える。信頼関係を築ける母子は，他の母子への関係性を築く可能性もうまれる。このことは，互酬性やネットワークをつくり，地域の活性化につながると考える。

　最後に，母子保健における保健師のソーシャル・キャピタルの課題について2点示す。

　1点目は，コーディネーターとしての保健師の専門性についてである。保健師は，母子の健康に対する専門知識をもっており，地域における，母親サーク

ルなどの支え合いの仲間づくりを支援するとともに，母子保健推進員や愛育委員などの仲間づくりを支援する人材育成もしてきた。しかし，母子保健における関係者は，保健分野だけではなく，保育，教育，療育，医療，経済など多様である。関係機関の事業内容を理解し組み合わせるコーディネートの技術を習得する必要があると思われる。

　2点目は，ソーシャル・キャピタルの醸成を図るための，統括的な役割を担う保健師の配置が求められる。その理由としては，一般の保健師に対し，個別事例に埋没するのではなく，地域のキーパーソンとの面識をもつことや，意見交換をする場をつくり，協動できる活動ができるよう，助言指導することが重要になる。スーパービジョンにおける，スーパーバイザーの存在としての統括的な役割を担う保健師である。

　母子保健におけるソーシャル・キャピタルの醸成のためには，「協働」が必要であり，母子を中心にした地域の人々が支え合うつながりつくりが保健師にとり重要になる。

引用・参考文献

地域保健対策におけるソーシャルキャピタルの活用の在り方に関する研究班（2015）「住民組織活動を通じたソーシャル・キャピタル醸成・活用にかかる手引き」（http://www.jpha.or.jp，2017. 5. 20）。

平山宗宏（2001）「解説レポート　我が国の母子保健　20世紀の回顧と21世紀の展望」愛育ネット（http://www.aiikunet.jp，2017. 5. 20）。

本田光，當山裕子，宇座美代子（2012）『母子保健推進員とのパートナーシップを構築する保健師の技術――人口6万人規模の自治体における母子保健活動の実践を通して』日本看護科学会誌，32巻1号。

公益財団法人母子衛生研究会（2016）「わが国の母子保健　平成28年」母子保健事業団。

厚生労働省（2014）「住民組織活動を通じたソーシャル・キャピタルの醸成・活用の現状と課題　報告書」。

厚生労働省（2017）「平成28年（2016）人口動態統計（確定数）の概況」。

厚生労働省（2017）「子ども虐待による死亡事例等の検証結果等について（第13次報告）」。

眞崎直子編（2015）『公衆衛生看護学演習・実習（地域ケア実習）――ソーシャルキャピタルの醸成を目指して』クオリティケア。

中谷良美（2008）「母子保健の理念・歴史的変遷」松田正己『標準保健師講座3　対象別地域看護活動（第2版）』医学書院。

第7章

子ども・子育て支援新制度と子ども育成支援
——幼保一体化の展望と保育・幼児教育実践のゆくえ——

塩野谷斉

本章では，子ども・子育て支援新制度における子ども育成支援について概観し，2015年の新制度登場以前にもわが国の保育界にその内容に重なる真摯な取り組みの蓄積があったことを指摘する。そして，新制度が子ども育成にかかわる政策を一体化しようとすることにかかわって，歴史的に見て，保育・幼児教育内容の面ではすでに一体化が進み，そのうえで制度的な一体化が行われようとしている流れを確認する。

そして，新制度は様々な施設種の違いを含むものであり，保育・幼児教育現場の環境の格差を肯定して，実践上の問題となり得ることを論じる。しかし，その背景には対応が急がれる待機児童問題があることを指摘する。とはいえ，乳幼児期からそのような差別的な子育ち環境の相違があってはならず，そのために行われるべき保育・幼児教育実践について考察する。その際，ソーシャル・キャピタルの重要性と保育ソーシャルワークの意義が極めて大きいことを論ずる。

第1節　子ども・子育て支援新制度と子ども育成支援

(1) 子ども・子育て支援新制度の概要

まず本制度は，「「量」と「質」の面から子育てを社会全体で」支えるものとされる。そのための財源は，「消費税率引き上げによる増収分」であり，「もっとも身近な市町村が中心となって」地域の子育て家庭の状況や，子育て支援へのニーズをしっかり把握し，5年間を計画期間とする「市町村子ども・子育て支援事業計画」をつく」り，一方，「都道府県や国は，こうした市町村の取り

組みを制度面，財政面から支え」る（内閣府・文部科学省・厚生労働省，2016）。

　具体的な教育・保育の場としては，まず「小学校以降の教育の基礎をつくるための幼児期の教育を行う学校」である幼稚園（３〜５歳），「幼稚園と保育所の機能や特長をあわせ持ち，地域の子育て支援も行う施設」である認定こども園（０〜５歳），「就労などのため家庭で保育のできない保護者に代わって保育する施設」である保育所（０〜５歳）があげられる。このなかで，「地域の子育て支援も行う施設」である認定こども園が「地域の実情に応じて」普及を図ることとされている点は注目される（同上）。

　加えて，新しく地域型保育（０〜２歳）の４タイプが置かれている。家庭的保育（保育ママ）は「家庭的な雰囲気のもとで，少人数（定員５人以下）を対象にきめ細かな」，小規模保育は「少人数（定員６〜19人）を対象に，家庭的保育に近い雰囲気のもと，きめ細かな」，事業所内保育は「会社の事業所の保育施設などで，従業員の子どもと地域の子どもを一緒に」，居宅訪問型保育は「障害・疾患などで個別のケアが必要な場合や，施設が無くなった地域で保育を維持する必要がある場合などに，保護者の自宅で１対１で」保育を行うものである（同上）。

　さらに本制度は，「地域子育て支援の充実」を掲げており，「すべての子育て家庭を対象に，地域のニーズに応じた様々な子育て支援を充実」するものとされる。内容としては，利用者支援，放課後児童クラブ，一時預かり，病児保育，ファミリー・サポート・センター，地域子育て支援拠点，子育て短期支援，乳児家庭全戸訪問，養育支援訪問，妊婦健康診査があげられている。

　2016年度には，新しく「仕事・子育て両立支援」が加わり，「従業員が働きながら子育てしやすいように環境を整えて，離職の防止，就労の継続，女性の活躍等を推進する企業を支援」することとされた。具体的には「企業主導型保育事業」（従業員のための保育施設の設置・運営の費用を助成）と「企業主導型ベビーシッター利用者支援事業」（残業や夜勤等でベビーシッターを利用した際に費用を補助）である（同上）。

（2）新制度と子ども育成支援

　新制度は，これまでのいわゆる縦割り行政でなく，「子育て支援に関わることを包括的に位置付けた制度」（中山・杉山・保育行財政研究会編，2015：11）と理解できる。そして，「必要とするすべての家庭が利用できる支援」（内閣府・文部科学省・厚生労働省，2016）をめざすものとされる。

　そのなかで，施設等の利用にあたっては，就労・妊娠・保護者の疾病等の「保育を必要とする事由」の有無に応じて，3〜5歳ならば，事由がなければ1号認定（教育標準時間認定），あれば2号認定（保育認定）を，0〜2歳ならば事由があれば3号認定を受けることとなる。事由がない0〜2歳児の場合でも，たとえば冠婚葬祭等の急な用事やリフレッシュのときに一時預かりを利用できるし，子育ての相談や親子の交流のために地域子育て支援拠点も設けられている。

　一時預かりとは，「急な用事や短期のパートタイム就労のほか，リフレッシュしたい時などに，保育所などの施設や地域子育て支援拠点などで」あるいは「幼稚園で在園児を昼過ぎごろまでの教育時間終了後や，土曜日などに」預かるものである。地域子育て支援拠点とは，「地域の身近なところで，気軽に親子の交流や子育て相談ができる場所」であり，「公共施設や保育所など，様々な場所で，行政やNPO法人などが担い手」（内閣府・文部科学省・厚生労働省，2016）である。

　なお，新制度が包括的に子育て施策を担い，18歳までの子どもを対象とするものであっても，「新制度に含まれないもの」もある。「たとえば，自治体が独自に展開している医療費の助成制度」や「国の制度であっても高校の就学支援金制度（所得制限付き授業料無償制）などは含まれません。また，幼稚園を除いた学校は新制度に含まれません。少し複雑ですが，幼稚園は新制度に入る幼稚園，入らない幼稚園に分かれます」（中山・杉山・保育行財政研究会編，2015：11）と指摘される通りである。

第Ⅱ部 子ども育成支援の実際とソーシャル・キャピタル

（3）新制度以前の子ども育成支援

「量」と「質」の面から子育てを社会全体で支えるものとする新制度は，施設等に在籍する子どものみでなく，より広く地域の子どもの育成支援を行うものである。そのなかで，普及が図られる認定こども園は，地域の子育て支援も行う施設として期待されているといえる。もちろん，幼稚園や保育所も，在園児の保育・幼児教育はもちろん，それぞれ「地域における幼児期の教育のセンター」（「幼稚園教育要領」2017年3月），「地域に開かれた子育て支援」（「保育所保育指針」2017年3月）の機能が求められているが，それらは努力義務である。

しかし実際には，このような幅広い機能は，戦前から実質的に施設現場で担われ，戦後さらに展開されてきたものである。たとえば，戦前ならば東京新宿のスラム街で展開された二葉保育園，戦後ならば東京都江東区で今日まで続く神愛保育園の取り組み等をあげてよいと思う。というより，そもそも小学校以上の教育現場においても，子どもたちがおかれた家庭や地域の実態を無視しては実践が難しかったことも指摘できる（日本保育ソーシャルワーク学会編，2014：81-82，83-84）。

保育所を地域に開かれたものとする試みは，たとえば，「子どもの福祉と教育のセンター」を名乗る，京都市のだん王保育園の取り組みも興味深い。本園は，1948年児童福祉法施行に伴い開設された保育園であり，既設の園の行う8時間保育では勤務に対応できない保護者のために，当初から午前7時から午後6時までの保育を行っている。もともと本園は，地域住民の協力によって開設されており，住民との連帯も強く，卒園児とその保護者を中心に「だん王友の会」が結成され，卒園児の子ども会やハイキング，キャンプなども行われている。

さらに，1956年には「周囲の人たちの熱心な協力のおかげで準備が整い」「我が国はじめての「夜間保育園」が誕生」した（全国保育協議会編，1983：60）。1972年には，友の会20周年を機に，子ども図書館の開設運動を行い，翌年2月，京都市の補助金を得て「だん王児童館・子ども図書館」の竣工開館式を行うに至る。これなどは，地域の人的資源を得て，すなわちソーシャル・

第7章 子ども・子育て支援新制度と子ども育成支援

キャピタル（社会関係資本）を築き，環境整備を進めて保育実践を豊かにしたものといえる。

第2節　保育・幼児教育内容と制度それぞれの一体化

（1）保育・幼児教育内容一体化の流れ

　認定こども園は「就学前の子どもに関する教育，保育等の総合的な提供の推進に関する法律」（2006年6月）により誕生し，その後幼稚園や保育所からの移行が増加傾向にある。特に新制度が始まった2015年4月には，前年の1,360か所から2,836か所と倍増している。しかし実際には，幼稚園から移行する場合，保護者の抵抗が大きいと耳にすることがある。子どもに「教育」を受けさせたくて入園させたのに，保育所のような「保育」の子どもが入ると教育レベルが落ちるという主張である。

　しかしこれは，制度上，明らかな誤解と言わざるを得ない。というのは，幼稚園と保育所の内容については，それぞれ幼稚園教育要領，保育所保育指針によることとされているが，少なくとも3歳児以上については大きな差がないからである。というより両者は，もともと矛盾しないように作成されているのである。この点について歴史的に確認したい。

　1948年，文部省（当時）によって出された保育要領は，幼稚園教育要領の前身であるが，これはそもそも幼稚園と保育所両方の手引きであり，家庭での子育てにも参考となるものであった。文部省は1956年に最初の幼稚園教育要領を出したが，1963年には文部・厚生両省の担当局長通知「幼稚園と保育所との関係について」によって，「保育所のもつ機能のうち，教育に関するものは，幼稚園教育要領に準ずることが望ましい」，「このことは，保育所に収容する幼児のうち幼稚園該当年齢の幼児のみを対象とすること」とされている。

　1964年には幼稚園教育要領が改訂され，翌年厚生省（当時）は保育所保育指針を出したが，これは要領改訂を受けて，それに従って基本的に内容に矛盾がないように作成されたものである。このような流れはその後も続き，1989年要

101

第Ⅱ部　子ども育成支援の実際とソーシャル・キャピタル

領改訂，翌年指針改定が行われている。そして，1998年に要領改訂，翌年指針改定となるが，それに際しては「子どもと家庭を支援するための文部省・厚生省共同行動計画」の中で「幼稚園教育要領や保育所保育指針の改訂に際しては……（中略）……両省間の協議を通じ，内容の一層の整合性を確保」するものとされている。

　2008年，幼稚園教育要領と保育所保育指針は同時に改められたが，このときに指針は告示化され，法的な位置づけを要領と同じくすることになった。そして，2014年には「幼保連携型認定こども園教育・保育要領」（内閣府，文部科学省，厚生労働省）が出されたが，このときには，内閣府政策統括官・文部科学省・厚生労働省担当局長の「幼保連携型認定こども園教育・保育要領の告示の公示について」（通知）に明らかなように，要領と指針との整合性が確保されている。すなわち，幼稚園・保育所・認定こども園の内容的な一体化（一元化）はすでに行われてきたと理解できるのである。

　さらに2017年3月には，幼稚園教育要領，保育所保育指針，幼保連携型認定こども園教育・保育要領が同時に改定告示された。新たに示された「育みたい資質・能力」の3つの柱「知識及び技能の基礎」「思考力，判断力表現力等の基礎」「学びに向かう力，人間性等」も，「幼児期の終わりまでに育ってほしい姿」すなわち「健康な心と体」「自立心」「協同性」「道徳性・規範意識の芽生え」「社会生活との関わり」「思考力の芽生え」「自然との関わり・生命尊重」「数量や図形，標識や文字などへの関心・感覚」「言葉による伝え合い」「豊かな感性と表現」も共通である。内容の一体化（一元化）は，いっそう確かになったといえる。

（2）幼稚園と保育所の接近と認定こども園

　ここで，幼稚園や保育所等の施設の機能について確認したい。主に3つの機能が指摘されるが，その1番目は「集団保育施設の代表である幼稚園や保育所は，まず何より（乳）幼児の発達保障を行う」ことにある。そして「第二の機能として保護者の就労支援」等があげられる。さらに「第三の機能，すなわ

ち，地域の子育て支援を担っている」（塩野谷・木村，2008：14-16）ものといえる。長く別の制度の下にある幼稚園と保育所だが，1番目の機能はもちろん，実際にはその他の機能も類似しており，認定こども園もまた同様である。

2番目の機能については，伝統的に幼稚園よりも保育所が担ってきたが，今日では前者でも預かり保育が当たり前になり，多くの園で夕方までの幼児教育・保育が実施されている。夏季や冬季の長期休業中も行うところが多く，保護者がフルタイムで働くことを支えている。このような幼稚園の預かり保育は，園児獲得の必要とともに盛んになり，公立よりも私立で実施率が高く，国立では取り組みが遅かった。しかし，国立でも，長期休業中を除いた本格的な預かり保育が2012年に鳥取大学附属幼稚園で始まり，2016年には上越教育大学附属幼稚園が長期休業期間を含めて開始した。

3番目の機能については，幼稚園は「地域における幼児期の教育のセンター」，保育所は「地域の子育ての拠点」として多くの施設で取り組まれている。園開放，子育て相談，一時保育，病後児保育などがその例である。というより，戦前戦後を通じて，子育て支援にかかわる取り組みが，現場レベルで少なからず行われてきた事実がある。そして，幼稚園と保育所の機能や特長をあわせもつとされる認定こども園が，第1・第2の機能はもちろん，第3の機能の担い手としても行政の高い期待のもとで設けられることとなった。

（3）制度の一体化へ向けて

幼稚園と保育所は，むしろ内容的な一体化が進んでおり，実態としても機能に大きな差がなくなっているといえる。しかし一方，「保育を必要とする事由」がない家庭，すなわち専業主婦家庭の子どもの場合などは，制度上，保育所への入園はかなわず，幼稚園に通うこととなる。とすると，すべての子どもに就学前の保育・幼児教育，そして同時に3歳未満の子どもの保育も保障しようとすると，子どもの少ない地域においても，幼保両施設がそれぞれ設置されなければならないこととなる。

これでは財政上の不合理が生じ，集団保育の適正な規模が維持できない可能

第Ⅱ部　子ども育成支援の実際とソーシャル・キャピタル

性も生まれる。あるいは，むしろ大人の都合で同年齢の子どもを振り分ける二元性の実態を差別的であるとする指摘も生じる。そこで，幼保一体化（一元化）が求められ，このような議論の盛り上がりは，すでに戦前，幼稚園令発布（1926年）まで遡ることができるのである。そして，近年では，少子化にもかかわらず保育所待機児童が増加することを背景に，総合こども園を柱とした子ども・子育て新システム関連法案の閣議決定（2012年）に及んでいる。

　結局，この法案は国会で修正が加えられて，2006年設置の認定こども園を改める形で幼保一体型の施設が誕生した（2016年）。そして，それには幼保連携型（幼稚園的機能と保育所的機能の両方の機能をあわせもつ単一の施設），幼稚園型（認可幼稚園が保育所的な機能を備えて認定こども園としての機能を果たすタイプ），保育所型（認可保育所が幼稚園的な機能を備えることで認定こども園としての機能を果たすタイプ），地方裁量型（幼稚園・保育所いずれの認可もない地域の教育・保育施設が，認定こども園として必要な機能を果たすタイプ）の4類型がある。従来の幼稚園や保育所もあり，むしろ複雑さを増した状況である。

　加えて，子ども・子育て支援新制度は，すでに述べた通り，家庭的保育，小規模保育，事業所内保育，居宅訪問型保育の4タイプの地域型保育等を含むものであり，様々なニーズに応えるという点では合理的かもしれないが，就学前の幼児教育・保育の条件にさらに不平等をもち込むものになりかねない。もちろん緊急を要する待機児童対策等の課題への対応もあるが，幼保一体化の流れのなかで評価が難しいところである。

第3節　適切な保育・幼児教育の保障

（1）施設種によって異なる保育・幼児教育の環境

　先述した保育・幼児教育施設の機能の1番目，すなわち子どもの発達保障は，言うまでもなく具体的な実践によって行われる。対象が乳幼児の場合は特に，それが行われる環境が重要である。それはたとえば，学校教育法第22条の幼稚園の目的に「幼稚園は……（中略）……幼児を保育し，幼児の健やかな成

長のために適当な環境を与えて，その心身の発達を助長することを目的とする」とあることに明らかである。

幼稚園教育要領（2017年3月）にも「幼稚園教育は……（中略）……幼児期の特性を踏まえ，環境を通して行うもの」とあり，保育所保育指針（2017年3月）にも「保育所における環境を通して，養護および教育を一体的に行う」とある通り，保育・幼児教育における環境の重要性が強調されている。幼保連携型認定こども園教育・保育要領（2017年3月）にも「幼保連携型認定こども園における教育及び保育は……（中略）……乳幼児期全体を通して，その特性及び保護者や地域の実態を踏まえ，環境を通して行う」とある。

その環境とは，たとえば「保育士等や子どもなどの人的環境，施設や遊具などの物的環境，更には自然や社会の事象などがある」（「保育所保育指針」2017年3月）等と説明される。しかし，その大切な環境が制度上，施設種によって異なることは問題になろう。子ども・子育て支援新制度においては，特に小規模保育の場合，AからCの類型すべてで「従来の保育所の基準より1人多い職員の配置が義務付けられており」「手厚い保育者の配置は維持されている」（全国小規模保育協議会編，2015：24-25）ものの，類型によって保育士資格者の配置が緩い点等は気になるところである。

物的・空間的環境についても，施設種によって基準は異なり，園庭の有無等に差がある。たとえば，幼稚園では運動場は必置で，園舎と同一の敷地または隣接する位置が原則とされるのに対して，保育所では満2歳以上の幼児を入所させる場合は屋外遊技場が原則必置とされるものの，土地の確保が困難であるような場合は，必要な面積があって日常的に使えること等一定の条件の下で代替地でも可能となる。認定こども園でも，幼稚園型以外は保育所と同様である。小規模保育所も「付近にある屋外遊戯場に代わるべき場所」（「家庭的保育事業等の設備及び運営に関する基準」第28条）でかまわない。

（2）保育・幼児教育の環境と待機児童問題

以上のような環境の相違には，もちろん対象となる子どもの年齢の違いも考

第Ⅱ部　子ども育成支援の実際とソーシャル・キャピタル

慮しなければならない。たとえば，3歳未満児が通ういわゆる乳児保育所や小規模保育所ならば，3歳以上児たちのいる施設に比べて，相対的に園庭の重要性は低く，付近の利用できる公園等へ散歩に行くことで補える部分も大きいと言われるかもしれない。安全や保健衛生上の配慮が強く求められることから，人員の配置についても，保育者不足が深刻な今日，保育士資格の有無よりもまずは人数の確保が不可欠なのかもしれない。

　また，海外の研究成果を踏まえれば，「保育の質を保つためには，1人の保育者が担当できる子どもの人数には明らかな上限がある」（全国小規模保育協議会，2016：35）のであり，現状では低年齢児でもクラス人数が多くなりがちな保育所よりも，むしろ集団規模の小さな小規模保育のよさを認めることができる。

　しかし，1歳以上3歳未満児についても，「探索活動が十分できるように，事故防止に努めながら活動しやすい環境を整え，全身を使う遊びなど様々な遊びを取り入れること」（「保育所保育指針」2017年3月）とされるなかで，園庭の意義も大きい。そこは他に気兼ねなく利用できる子どものための具体的な専用空間であり，保育者が目の前の子どもたちのために，あるいは子どもたちとともに自由に環境を構成できる場だからである。

　十分なトレーニングを積んで資格を得た専門家によって実践が行われることが望ましいのは論を待たない。たとえば，保育所保育指針（2017年3月）には「3歳未満児については，一人一人の子どもの生育歴，心身の発達，活動の実態等に即して，個別的な計画を作成すること」とあるが，個々の子どもを見る確かな目をもち，適切な計画を立てる力量は，やはり専門教育を受けることで得られるからである。もちろん保育者全員にそのような力が必要かといえば，状況にもよるが，それは保育者同士の連携を図るうえでも望ましい。

　一方，首都圏・近畿圏を中心に多くの3歳未満児が待機児童となっている現実は重い。その解消への社会的要請は大きいのだが，従来の保育所認可基準に従えば，施設を新設することは容易でない。単価が高くまとまった土地を確保することが難しい都心部では，園庭の確保はもとより大規模な園の開設自体が

第7章 子ども・子育て支援新制度と子ども育成支援

困難である。3歳になったときの受入先，連携施設の確保等の課題もあるが，小規模保育など地域型保育の役割は大きい。

なお，少子化がさらに進み，待機児童問題が一応解消された後については，事業者によっては，小規模保育等もなくなっていくとみる向きもある。施設設備の整った保育所等へ子どもが移るとの見通しである。この点については，今後，地域型保育がその内実をどれだけ豊かにしていけるか，すなわち子どもの発達保障等をどれだけ行えるかが実践的に問われることとなる。

第4節 保育ソーシャルワークと保育・幼児教育実践

（1）地域と保育・幼児教育

保育・幼児教育実践を豊かにしようとすると，保育者は目の前の子どもたちに向き合うだけでは済まなくなる。環境を通して行うことの重要性が特に強調されるこの分野では，施設内の保育者に限らない人的環境，すなわち保護者はもちろん地域のボランティア等の力を借りることがあってよい。物的・空間的環境についても，園内の環境構成は言うに及ばず，園外の公園等も積極的に活用することで実践が豊かさを増す。

以前，都心のある保育所で，次のようなことがあった。その日は卒園式で着飾った子どもたちが園庭で集合写真を撮ってもらおうとしていた。驚いたことに，その瞬間，子どもの頭上から生卵が降ってきたのである。その保育園は，大きな集合住宅の1階にある公立園で，どうやら生卵は階上の住人が落としたものらしかった。それは見事に卒園の女児に命中して服を汚し，彼女は火がついたように泣き出したそうである。

そこに勤務する保育者の話では，日頃から気になることがあったそうである。朝出勤すると，子どもには見せたくない雑誌の切れ端が園庭にばらまかれているなど，嫌がらせのようなことがしばしば起こっていたというのである。様々な状況から考えて，集合住宅外部の人の仕業というより，住人のやったことと思えたそうだが，もしかしたら子どもの声を不快に感じていた人がいたの

第Ⅱ部　子ども育成支援の実際とソーシャル・キャピタル

かもしれないという話であった。

　一方，同じく都心の保育所の話である。その園は，首都高速道路のすぐ脇に
立つ公立園だが，古くからの住宅街に隣接していて，少し歩けば公園もあっ
た。1歳児たちが保育者に連れられて散歩に出かけ，川の鯉に餌をやり，公園
の猫を追いかけて走り，あとはこの緩やかな坂を下ればもう保育所というとこ
ろまできたときのことである。一軒の住宅から年輩の婦人が出てきて「保育園
の方ですか？」と保育者の1人に声をかけたのである。

　保育者が答えると，婦人は「ちょっとお待ちください」と言っていったん家
に入り，今度は大きなレジ袋をぶら下げて出てきて，「うちでできたものです
が，よろしかったら保育園のみなさんでどうぞ」と言った。そして婦人は，興
味津々で集まった子どもたち1人ひとりの手に赤く実った柿を1つずつ，笑顔
で手渡したのである。子どもたちはうれしそうに柿を受け取ると，子どもに
よっては手から落ちたそれが坂道を転がり落ちるのを楽しそうに追いかけなが
ら，保育所へ向かったのであった。

　以上の2つのエピソードで肝心なのは，生卵を落とした人も柿をくれた婦人
も，どちらも地域の人ということである。前者の例では，幼い子どもの施設だ
からといって，すべての地域住民があたたかく見守ってくれているわけでない
ことがわかるが，ここで今ひとつ確認したいのは，この時期の子どもたちの経
験としてどちらが望ましいかということである。

　もちろん答えは，後者の例に決まっている。園外環境を活用した散歩もよい
し，何より人と人とのあたたかい関係のなかでこそ子どもは育まれなければな
らず，それは施設外の人的環境のなかでより豊かになることもある。たわいも
ないようなエピソードかもしれないが，子どもの安心と安全，人との信頼関係
を育むうえで，施設の垣根を越えた社会的な関係が意味をもつといえる。

（2）ソーシャル・キャピタルと子ども育成支援

　社会学，政治学，経済学などにおいて，ソーシャル・キャピタル（社会関係
資本）の概念が注目されている。その定義は論者によって様々だが，人々の協

調行動の重要性を問うものであり，それによって社会の効率性が高まると考えるものである。たとえば，社会疫学の分野でも「「人々の絆」や「隔たりのない社会」といったものが，日本人の長寿に貢献してきた」（イチロー・カワチ，2013：5）というように，人と人とのつながりの重要性を明らかにするものである。

　近年，経済格差はますます広がり，社会的分断が進みつつあるように思う。だからこそ逆にソーシャル・キャピタルの役割の大きさが強調されるわけだが，それはともかく，そのような分断が人生のごく初期にある子どもたちの世界にまでもち込まれてはならない。信頼にもとづく協調的・協力的な関係が子どもの育ちをよりよくし，保育・幼児教育の実践を豊かにするのである。

　そのことは，児童虐待の問題などにもよく読み取れる。虐待は，通常他とのつながりの弱い密室化した家庭で行われる。あるいは，家庭のなかにあっても，家族と十分につながれない関係のなかで，妊娠を打ち明けられないまま出産して嬰児の命を奪う事件にまで至ることもある。家庭内の人間関係はもちろん，子育て家庭同士が友好的にかかわれること，そしてそれには保育・幼児教育現場が行う地域子育て支援も有効である。

　このような現場の支援もまた，結局のところ，子ども自身の成育環境をよりよくするものであり，広い意味で，子どもの発達保障につながる保育・幼児教育実践の一部と捉えることができる。子育て相談に応じたり，園開放や一時保育を行ったりすることで，保護者は保育者とつながり，他の保護者とも連携して孤独を逃れ，子どもとの関係をよくしていくことができるのである。さらに，必要に応じて，児童相談所や福祉施設など他の機関へとつなげることもできる。

（3）保育ソーシャルワークの意義

　子どもの発達保障を行う保育・教育実践は，保育ソーシャルワークにつながる。子どもやその成育環境の重要な一部である家庭の課題に関して，保育の専門性を有しながらソーシャルワークを行う意義は大きい。子どもの虐待や貧困

第Ⅱ部　子ども育成支援の実際とソーシャル・キャピタル

の問題は，保育・幼児教育現場単独では容易に解決できないにしても，他の機関につなげることで事態を改善へ導くことができる。あるいは，そのような支援を通じて，保護者自身の成長を支えることにもなる。

　子ども・子育て支援新制度は，1つの制度のなかに様々な条件の異なる保育・幼児教育施設や施策を含み込むものである。たとえ年齢が同じでかなり似た状況にある子どもでも，利用先が環境の異なる施設になり得るということである。そのような違いが制度の利用者を分断し不公平感を広げてはならず，子ども自身や家庭や地域の実態と必要に応じて，上手に活用されなければならない。

　そのためには，保育・幼児教育現場には，子どもに直接対応する実践力はもちろん，制度に精通し他の施設や機関の役割をよく理解し，豊かなソーシャル・キャピタルに支えられた保育者やコーディネーター，あるいは専門性をもった保育ソーシャルワーカーの存在が求められる。そして，彼らが行う営みもまた，広い意味での実践に位置付ける必要がある。

引用・参考文献

イチロー・カワチ（2013）『命の格差は止められるか──ハーバード日本人教授の，世界が注目する授業』小学館。

稲葉陽二・大守隆・近藤克則・宮田加久子・矢野聡・吉野諒三編（2011）『ソーシャル・キャピタルのフロンティア──その到達点と可能性』ミネルヴァ書房。

石井光太（2016）『「鬼畜」の家──わが子を殺す親たち』新潮社。

伊藤良高・中谷彪・浪本勝年編著（2007）『現代の幼児教育を考える（改訂新版）』北樹出版。

伊藤良高・中谷彪・北野幸子編（2009）『幼児教育のフロンティア』晃洋書房。

伊藤良高・永野典詞・中谷彪編（2011）『保育ソーシャルワークのフロンティア』晃洋書房。

内閣府・文部科学省・厚生労働省（2016）「子ども・子育て支援新制度　なるほどBOOK」（平成28年4月改訂版）（http://www8.cao.go.jp/shoushi/shinseido/event/publicity/pdf/naruhodo_book_2804/a4_print.pdf, 2017. 10. 2）。

中山徹・杉山隆一・保育行財政研究会編著（2015）『Q&A 保育新制度　保護者と保育者のためのガイドブック──多様な保育と自治体の責任』自治体研究社。

日本保育ソーシャルワーク学会編（2014）『保育ソーシャルワークの世界──理論と実践』

晃洋書房。

塩野谷斉・木村歩美編（2008）『子どもの育ちと環境——現場からの10の提言』ひとなる書房。

信ヶ原良文編著（1979）『21世紀へはばたく子ら——だん王保育園の実践記録』文化出版局。

民秋言編者代表（2017）『幼稚園教育要領・保育所保育指針・幼保連携型認定こども園教育・保育要領の成立と変遷』萌文書林。

全国保育協議会編（1983）『ひらかれた保育——地域福祉活動実践事例集』全国社会福祉協議会。

全国小規模保育協議会編（2015）『小規模保育白書』全国小規模保育協議会。

全国小規模保育協議会編（2016）『小規模保育白書2016年版』全国小規模保育協議会。

第8章

児童虐待と子ども育成支援
――虐待の予防，早期発見のための社会的支援――

立花直樹

　日本政府は「児童虐待」をわが国における大きな社会問題と認識し，1990年より児童相談所への相談対応件数の統計を取り始めているが，相談件数は年々増加しており，重大な児童虐待事件は一向に減少する気配をみない。このような状況に対して，国や自治体や一部の専門家は，「国民の間で『児童虐待』に対する認識が広がり，近隣の住民に対する人間関係に関心が深まったことによる『通告件数の増加』である」と主張している。しかし，本当にそうなのだろうか。また，学校教育・幼児教育や保育，児童福祉の道をめざしている学生に対する授業のなかで，「児童虐待をなくせると思うか？」と質問をした際，ほとんどの学生が「多分無理だと思う」と回答する。このような学生の閉塞的意識や児童虐待相談対応件数の増加は，国や地方自治体の対応が後手に回り，有効な一手としての対策を打てていないことが，大きな要因ではないのだろうか。

　本章では，児童虐待と子ども育成支援について，虐待の予防，早期発見のための社会的支援を検討・考察し有効な方策を提起したい。

第1節　児童虐待とは何か

（1）児童虐待の定義

　元来，国際子ども虐待防止学会（International Society for the Prevention of Child Abuse and Neglect：ISPCAN）によると，児童虐待は「保護者・養育者が児童に対して権力や権限を濫用する（child abuse）」という意味で定義されてきた。確かに「Abuse」は「権力や権限を積極的に濫用・悪用する」という意味

であり，身体的虐待や性的虐待，心理的虐待はこの意味に当てはまるかもしれないが，「保護者・養育者が児童に必要なケアを行わない（neglect）」は，児童に対する消極的な行為であり「保護者・養育者が児童に積極的な危害を加える」という「児童虐待（child abuse）」には当てはまらないとされてきた。そのため，1977年に創設された国際子ども虐待防止学会では，児童虐待を「保護者・養育者による，児童への積極的な危害（child abuse）と児童への消極的な関わりから必要なケアを行わないこと（neglect）の両行為」と定義している。

　しかし，保護者や養育者が積極的または消極的なかかわりを意図的にしていなくても，結果的に児童への権利侵害が行われることもある。その場合は「保護者・養育者が権力や権限を濫用し，児童に積極的な危害を加える（child abuse）」にも，「保護者・養育者が児童に必要なケアを行わない（neglect）」にも含まれない。そこで，世界保健機関（2016, World Health Organization：WHO）では，「児童虐待」を「18歳以下の児童に対して起きる虐待やネグレクトを含めたあらゆる児童の権利侵害（child maltreatment）」と定義している。国内では，山本恒雄（2010）が，「子どもの心身の安全や健康な成長・発達が何らかの家庭養育上の問題のために脅かされ，守られていない状態，不適切な養育状態に子どもが置かれること（＝不適切な養育）」と child maltreatment を定義している。しかし，奥山眞紀子（2010）は，「マルトリートメント（maltreatment）＝不適切な養育」という訳に疑問を呈し，「child maltreatment」を「子どもへの重大な権利侵害である」と訳している。

　上記の定義を整理すれば，マルトリートメント（child maltreatment）は，「保護者・養育者による不適切な関わりから生じる，18歳以下の児童に対して起きる虐待やネグレクトを含めたあらゆる児童の権利侵害」と定義することができると考えられる。

　近年の日本では，「児童虐待（child maltreatment）」が社会問題となっており，2000年に制定された児童虐待の防止等に関する法律（平成12年法律第82号）の第2条では，「児童虐待」を「保護者（親権を行う者，未成年後見人その他の者で，児童を現に監護するものをいう。以下同じ。）が，その監護する児童（18歳

第**8**章　児童虐待と子ども育成支援

表8-1　児童虐待の定義と虐待の種類・内容

虐待の種類	児童虐待の防止等に関する法律における定義	厚生労働省が示す具体的な内容
身体的虐待	児童の身体に外傷が生じ，又は生じるおそれのある暴行を加えること（第2条第1項第1号）	殴る，蹴る，投げ落とす，激しく揺さぶる，火傷を負わせる，溺れさせる，首を絞める，縄などにより一室に拘束するなど
性的虐待	児童にわいせつな行為をすること又は児童をしてわいせつな行為をさせること（第2条第1項第2号）	子どもへの性的行為，性的行為を見せる，性器を触る又は触らせる，ポルノグラフィの被写体にする　など
ネグレクト（養育放棄）	児童の心身の正常な発達を妨げるような著しい減食又は長時間の放置，保護者以外の同居人による前2号又は次号に掲げる行為と同様の行為（筆者注：性的虐待や心理的虐待）の放置その他の保護者としての監護を著しく怠ること（第2条第1項第3号）	家に閉じ込める，食事を与えない，ひどく不潔にする，自動車の中に放置する，重い病気になっても病院に連れて行かない　など
心理的虐待（精神的虐待）	児童に対する著しい暴言又は著しく拒絶的な対応，児童が同居する家庭における配偶者（筆者注：事実婚も含む）に対する暴力（配偶者［中略］の身体に対する不法な攻撃であって生命又は身体に危害を及ぼすもの及びこれに準ずる心身に有害な影響を及ぼす言動をいう。）その他の児童に著しい心理的外傷を与える言動を行うこと（第2条第1項第4号）	言葉による脅し，無視，きょうだい間での差別的扱い，子どもの目の前で家族に対して暴力をふるう（DV）　など

出所：児童虐待防止法，厚生労働省のホームページをもとに筆者作成。

に満たない者）について行う行為」と定義されている（表8-1）。

　さらに，2016年6月に改正された児童虐待の防止等に関する法律（以下，「児童虐待防止法」という）第14条において「児童の親権を行う者は，児童のしつけに際して，民法第820条の規定による監護及び教育に必要な範囲を超えて当該児童を懲戒してはならず，当該児童の親権の適切な行使に配慮しなければならない」と定義され，「度を超えたしつけ」を虐待と認定することとなった。

（2）児童虐待の発生要因とメカニズム

　厚生労働省（2007）によると，児童虐待のリスク要因は明らかにされてきて

第Ⅱ部　子ども育成支援の実際とソーシャル・キャピタル

図8-1　児童虐待に至るおそれのある要因

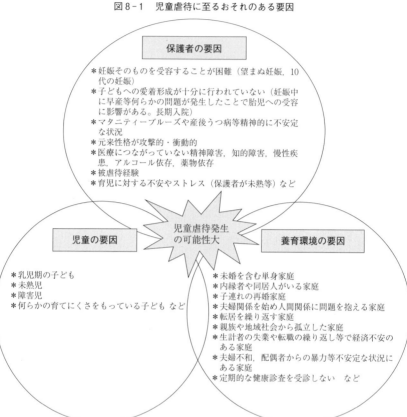

出所：厚生労働省（2007）「第2章発生予防」『子ども虐待対応の手引き』，京都府HP「子どもの虐待はどうして起こるの？」をもとに筆者作成。

おり，「保護者・養育者の要因（身体的，精神的，社会的，経済的等の要因）」「児童の要因（発達時期，障害状況，気質や性格等の要因）」「養育環境の要因（家族構成，家族関係，血縁，近隣・地域との関係，生活状況等の要因）」の3つの要因が複雑に絡み合って起こると考えられている（図8-1）。特に3つの要因が複層的に存在する場合は，虐待発生の可能性が高まる。

　しかし，それらの要因を多く有しているからといって，必ずしも虐待につながるわけではない。適切に判断するためには，リスク要因とともに，児童虐待

を発生させることを防ぐ防御因子であるか「孤立の防止」が重要なカギを握ると考えられている。

　実際に，児童虐待を行ってしまった親の多くが地域社会のなかで孤立しているといわれ，被虐待児童のすべてが家庭内で孤立しているといわれており，児童虐待では二重の孤立が起こっている。

（3）児童虐待発生の構造

　これまでに児童虐待の発生した事例を検証すると，被害児童は1人または少数であることがほとんどであり，直接虐待を行っている加害者（保護者・養育者）も1人または少数である。つまり，児童虐待事件は，細やかな人間関係（スモールグループ）のなか，いわば孤立した家族関係のなかで発生している。

　また，現場を目撃している家族や親族は，直接虐待の場面を見ていながら「しつけだと思っていた」「何も言えず黙って見ていた」と述べ，加害者を擁護する加担者となっている。つまり，家族や親族でありながら，加害者と被害児童とは一線を画した立場から状況を眺めたり，孤立した人間関係（スモールグループ）の一員として，為すすべなく見過ごしたりしている現状がわかる。

　そして，児童虐待事件が発生した際に，教育機関（小学校や幼稚園），保育所等の校長や園長・所長または担任教師や保育者が，児童虐待の事実や実態を把握したり理解したりしようとしない傍観者となっている事実がある。玉井邦夫ら（2006）の「児童虐待に関する学校の対応についての調査研究」によれば，調査対象となった教師の5人に1人が，被虐待児童・生徒を教えた経験があることが示されている。つまり，教師や保育者が「被虐待児童・生徒の存在は，どの学校にも，どのクラスにも存在しうるものである」という危機感をもって日常的な指導にあたらなければならないことが示唆されている。

　さらには，最も多いのが，児童虐待に無関心である私たち国民である。「あなたは虐待に関心があるか？」と尋ねると，多くの国民が「関心がある」と答えるであろう。現に，兵庫県（2013）が県民3,979人を対象に実施した「児童虐待防止に関する県民意識調査」では79.4％が「児童虐待に関心がある」と答

第Ⅱ部　子ども育成支援の実際とソーシャル・キャピタル

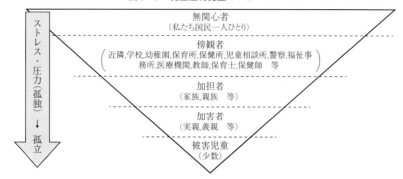

図8-2　児童虐待発生のメカニズム

出所：立花直樹・安田誠人・波田埜英治編（2017）『保育実践を深める相談援助・相談支援』晃洋書房，210。

え，岐阜県子ども家庭課（2015）が県民485人を対象に実施した「『児童虐待』に関するアンケート調査結果」でも，95.4％が「児童虐待関心がある」と答え，両県とも多くの県民が児童虐待に関心をもっていることがわかる。表面的に「児童虐待に関心がある」「児童虐待をなくさねばならない」と表明していても，児童虐待を防止するための活動をしていなければ，それは「無関心者」に他ならない。

「無関心者」に囲まれていると，虐待を受けた被害児童は，ついには「虐待」という直接的被害を受けるだけでなく，「誰からも助けられず，周囲から見捨てられ無視される」という間接的被害を受け孤独（ストレスや圧力）を感じて孤立し，場合によっては命が失われてしまうのである（図8-2）。

家族というスモールグループで発生する児童虐待に気づき，早期対応するためには，私たち1人ひとりが，児童虐待に深い関心と強い意志をもち，防止するために活動していかなければ，児童虐待は減少していかないのである。

第**8**章　児童虐待と子ども育成支援

図8-3　全国の児童相談所における児童虐待相談対応件数の推移

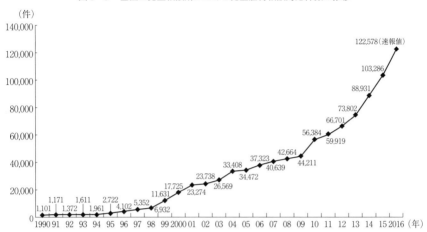

注：2010年度の件数は，東日本大震災の影響により，福島県を除いて集計した数値。
出所：厚生労働省（2017）「平成28年度の児童相談所での児童虐待相談対応件数（速報値）」を一部改変。

第2節　児童虐待の現状

（1）児童虐待相談対応件数の推移

　厚生労働省が統計を取り始めた1990年度は，全国の児童相談所における「児童虐待相談対応件数」は1,101件であったが，児童虐待の相談件数は年々増加し，2016年度には速報値で，12万2,578件（1990年の約111倍）となった。
　2016年度の1年間で発生した児童虐待の相談対応件数である12万2,578件を単純計算（122,578件÷365日÷24時間＝13.99件）すると，1時間当たり約14人の子どもが全国のどこかで虐待を受けている（約4分17秒に1人のペース）という計算になる（図8-3）。

（2）被虐待児童の年齢構成と死亡状況

　厚生労働省（2004）の「児童虐待死亡事例の検証」によると，2011～2014年度の「被虐待児童の年齢別構成割合の推移」をみると，どの年度も，小学生が

第Ⅱ部　子ども育成支援の実際とソーシャル・キャピタル

表 8-2　被虐待児童の年齢別構成割合の推移

	0～3歳未満	3歳～就学前	小学1～6年	中学1～3年	高校1～3年	総数
2011 （平成23）年度	11,523件 （19.2％）	14,377件 （24.0％）	21,694件 （36.2％）	8,158件 （13.6％）	4,167件 （7.0％）	59,919件 （100％）
6年間	25,900件（43.2％）		21,694件（36.2％）	12,325件（20.6％）		
2013 （平成25）年度	13,917件 （18.9％）	17,476件 （23.7％）	26,049件 （35.3％）	10,649件 （14.4％）	5,711件 （7.7％）	73,802件 （100％）
6年間	31,393件（42.5％）		26,049件（35.3％）	16,360件（22.2％）		
2015 （平成27）年度	20,324件 （19.7％）	23,735件 （23.0％）	35,860件 （34.7％）	14,807件 （14.3％）	8,560件 （8.3％）	103,286件 （100％）
6年間	44,059件（42.7％）		35,860件（34.7％）	23,367件（22.6％）		

出所：厚生労働省平成23・平成25・平成27の各年度の「福祉行政報告例」をもとに筆者作成。

最も多く，次いで3歳から就学前，さらに0～3歳未満の順となっている（表8-2）。しかし，小学生の期間は6年間ある。同じ6年間でみるなら，0歳から就学前迄の6年間で虐待を受けている児童が最も多く（40％以上），次いで小学生の6年間（35％前後），さらには中学・高校の6年間（20％前後）の順で被虐待児となっている人数も割合が高い。

　また，厚生労働省（2013・2016）の検証結果によると，2011（平成23）年度および2015年度とも，児童虐待で死亡した児童の半数以上が「0・1歳の児童」で，70％以上が「3歳未満の児童」に集中していた。

　さらに，厚生労働省（2004）が2000年11月の児童虐待防止法施行以降，2003年6月までの2年8か月間に発生した「125件（127人死亡）の虐待死亡事例」を分析した所，児童相談所が事前に把握していたケースは24件（19.2％）しかなかった。このことは，児童相談所に寄せられる児童虐待の相談件数が，全国各地で実際に発生した児童虐待全体における「氷山の一角」でしかないことを表しており，実際には相談件数の何倍かの虐待が起きている可能性がある。

　虐待を早期に防止するという観点から，乳幼児健診に対応する保健センターの医師や保健師，就学前の児童が通園している児童発達支援センターや児童発達支援事業所等の保育者，保育所の保育士や，幼稚園の幼稚園教諭，認定こど

も園の保育教諭など，乳幼児やその保護者を直接支援する立場にある専門職が，児童虐待を防止する重要なカギを握っていると言っても過言ではない。

（3）児童虐待の加害者の内訳

　厚生労働省によると，2011年度から2015年度まで全国の児童相談所が対応した児童虐待相談件数の内，主たる虐待者（加害者）の内訳を見ると，各年度とも実母の割合が最も高いが，年々実父が加害者となる割合が増加している。

　結婚した夫婦のうち，約3組に1組が離婚を経験するといわれる日本では，ひとり親家庭が年々増加しており，2人の親（両親）の役割をひとりで担わなければならない「ひとり親」にかかる子育て負担や家事負担，精神的負担は計り知れない。また，ひとり親家庭は，2人親家庭に比して，相対的に収入が少ない現状も問題となっており，経済的負担までひとり親の肩に圧し掛かることになる。事実，子育て，家事，仕事の3つを親1人で行わなければならず，友人や近隣と交流できる時間は必然と削減される。そうなると，限られた時間のなかで家庭と職場を往復するだけに留まり，子育てを行う親自身が，それまで培ってきた人間関係や地域社会から孤立を深め，精神的な孤独や不安・負担から，虐待につながる可能性が否定できない。

第3節　児童虐待の事例から俯瞰する課題と支援

　下記の児童虐待の事例を読み，社会的関係性の指標となるソーシャル・キャピタル（社会関係資本）におけるボンディング・ネットワーク（結束型）とブリッジング・ネットワーク（橋渡し型）の2つの視点から児童虐待発生のリスクと課題を考えてみよう。

（1）ある母子家庭における児童虐待の事例

　2017年10月△日，Z市に在住する母・B美（24歳）が長女・A奈（5歳）の死体遺棄容疑で逮捕された。

第Ⅱ部　子ども育成支援の実際とソーシャル・キャピタル

　B美（当時18歳）は2012年3月に高校を卒業すると同時に妊娠が発覚，付き合っていた同級生の夫（18歳）と2012年7月に18歳で結婚した。結婚後，夫は建設作業員として働き，2012年11月に女児が誕生し，結婚当初は順風満帆な生活をしていた。しかし，夫は次第にキャバクラ遊びやギャンブルにはまるようになり，外泊したり家計に必要なお金を使い込んだりするようになってしまった。妻や親族が注意したり，懇願したりしても，夫の態度が変わらず，妻に暴力を振るうようになったため，2013年10月に離婚となり，A奈の親権はB美（母親）がもつこととなった。またこの頃，Z市の保健センターでの定期検診等で，「A奈に発達に遅れの可能性がある」との指摘を受けていたが，B美は特にA奈のケアをしてこなかった。

　B美の実家は，老舗の和菓子屋で金銭的にも裕福であるが，実母が小学校5年生の時に病気で亡くなり，経営者の実父はB美が中学生の時に再婚したため，B美は実家を頼りにくい状況であった。そのため，B美は，離婚後も実家に戻らず，亡くなった母方の祖母にA奈を昼間預けて，食品スーパーの常勤パートとして働いていたが，2016年12月に祖母が交通事故で亡くなってしまった。そのため，それ以降はA奈を7時から19時までYこども園に預け，食品スーパーで働いていた。しかし，食品スーパーだけの収入では生活が苦しく，結局19時以降は駅前の24時間型保育事業所であるコンビニキッズWにA奈を預け，2017年3月頃から深夜までキャバクラで働くこととなった。

　キャバクラに勤める女性の間では，酒やブランド品，異性交遊が盛んであったため，B美も感化され自然と派手になり，ブランド品や異性交遊にはまり込んでいった。そのため，2017年5月頃から，B美はA奈をYこども園へ毎朝連れて行くのが難しくなり，A奈の体調不良を理由にしばしば休ませるようになっていった。さらに，A奈が日頃から，ボーッとしていて，B美の指示にもなかなかテキパキと動けず，B美の教えやしつけに従わないことが多かったことで，日常からB美はイライラの状態が募っていた。何度か，夜中や日中にB美の怒鳴り声やA奈の泣き声が聞こえていたことが後の近隣への調査で明らかになっているが，「児童虐待の恐れがある」といった通告は一切なかった。

B美は，次第に娘のA奈が疎ましくなり，A奈がいなければ自分が自由になれるという妄想を強めていき，Yこども園が夏休み中の2017年8月にA奈が睡眠中に絞殺し，遺体を圧縮袋に入れ押入れのスーツケースに隠していた。

夏休みが明けてから，B美はYこども園やコンビニキッズWに「転居のため退園する」と連絡し，B美は自宅に戻らず，恋人宅で同棲生活を始めていた。

9月下旬に，B美の父が「B美やA奈と連絡が取れない」と警察に相談し，B美のアパートに踏み込んだ警察がA奈の遺体を発見した。

近所との付き合いがほとんどない状態であったため，8月下旬以降にB美やA奈の姿を見なくても，近隣住民は特に不思議に思わなかったようである。

（2）ボンディング・ネットワーク（結束型）からみた児童虐待の視点

上記の事例のように，親族や近隣に察知されることなく児童虐待が発生し，命が失われているケースが存在する。基本的には，「児童虐待を受けたと思われる児童を発見した者」は，国民に福祉事務所や児童相談所への「通告義務」がある（児童虐待防止法第6条）。さらには，「要保護児童を発見した者」は国民に福祉事務所や児童相談所への「通告義務」がある（児童福祉法第25条）。しかし，近隣との付き合いが薄いため，虐待が起こっていた形跡（怒鳴り声や泣き声）があっても，B美によるA奈に対するしつけと捉え，通告はされなかった。

2016年6月に改正された児童虐待防止法第14条において「度を超える懲戒（しつけ）」を児童虐待と認定することとなった。しかしながら，民法第822条に規定される「親権を持つ者の懲戒権」は継続して存在しているため，近隣もしつけか虐待かの見分けが付かず，虐待の恐れがあれば通告する義務が国民にあるといっても，わが国では通告しなかった場合の罰則規定がないため，近隣からの通告が十分にできていない現実がある。

また，B美は親を頼れる状況でもなく，唯一の頼りにしていた祖母も亡くなり，家族関係からも社会的関係からも孤立していた。農業・漁業・林業等の第1次産業が中心であった時代は三世代家族も多く，近隣住民や地域社会とのつ

ながりも濃密であった。そのため，仮に家事や仕事が重なったとしても，育児を一時的に家族・親族や近隣に委ねることができたであろう。また，仮に育児に関して悩みがあったとしても，家族・親族や近隣との関係が近いので気軽に相談することができたであろう。さらには，育児ストレスが溜まったとして，直ぐ近くに親族や近隣の視線があるため，保護者自身が「自制をしなければならない」という意識を常に働かせ，倫理的な心のブレーキが機能していただろう。くわえて，仮に親が虐待をしたとしても，周囲が諫めたり防いだりすることができたであろう。しかし，核家族化が進行し，ひとり親家庭が増加している現代においては，血縁・地縁といったボンディング・ネットワーク（結束型）を機能させていくことが難しいのである。そのため，家族・親族も気づかぬ内に，B美とA奈のような児童虐待が発生しているのである。

　社会全体で関係性が希薄になっている現在であるからこそ，ボンディング・ネットワーク（結束型）をいかに構築または再構築するかが重要なのである。

（3）ブリッジング・ネットワーク（橋渡し型）からみた児童虐待の視点

　上記の事例のように，どこの専門機関や専門職にも気づかれることなく児童虐待が発生し，命が失われているケースが存在する。専門機関や専門職とのつながりや関係性の薄い場合や，児童虐待の兆候がわかりにくい場合は，事前に察知されることがなく児童虐待が発生する場合があることを十分に理解する必要がある。

　また，先述したように，児童虐待防止法の改正により，第14条において「度を超える懲戒（しつけ）」を児童虐待と認定することとなったが，民法第822条に規定される「親権を持つ者の懲戒権」により，度を超えなければ，しつけや教育を根拠に体罰などを容認し，虐待が正当化される可能性が依然としてある。そのため，余程の状況が明らかでない限り，専門機関や警察が訪問や立ち入りを行いづらい状況がある。

　しかし一方で，児童虐待の早期発見のために，学校，児童福祉施設，病院その他児童の福祉に業務上関係のある団体及び学校の教職員，児童福祉施設の職

員，医師，保健師，弁護士その他児童の福祉に職務上関係のある者は「努力義務」がある（児童虐待防止法第5条）。さらには，「要保護児童の適切な保護又は要支援児童若しくは特定妊婦への適切な支援を図る」ために，地方公共団体は「要保護児童対策地域協議会を設置する努力義務」がある（児童福祉法第25条の2）。つまり，都道府県・市町村，専門機関・施設，専門職には，日常的に連携し早期発見・早期解決を図る努力義務があるのである。

　先の事例において，まず，Z市は母子家庭であるA奈とB美にどのような支援を行っていたのであろうか。単に児童手当や児童扶養手当を定期的に振り込んでいただけなのだろうか。次に，Z市の保健センターは，定期検診後のA奈とB美へのフォローアップをどのように継続していたのであろうか。Yこども園は，休みがちのA奈の支援をどのように行い，B美への確認やサポートをどのように行っていたのであろうか。さらには，24時間型保育事業所（コンビニキッズW）は，A奈の状況把握や状態の確認，B美の変化の察知や対応をどのように行っていたのであろうか。危機意識をもたず，ルーティン業務をしているだけであるなら，専門機関・施設，専門職としての価値があるとはいえない。専門機関・施設，専門職としての価値は，危機的な状況を察知し，適切な援助や支援が行われるからこそ，存在する意味があるのである。

　仮に，A奈とB美の件が，要保護児童対策地域協議会の議題に出るようなケースでなかったとしても，関係する専門機関・施設，専門職が日常的に連携していれば結果が変わっていた可能性がある。もし，Z市・Z市保健センター・Yこども園・24時間型保育事業所（コンビニキッズW）の各機関・施設が相互に連絡や情報交換を日常的に行っていれば，A奈の命は失われなかったかもしれない。

　正しく，察知しにくい児童虐待にも，関係する専門機関・施設，専門職によるブリッジング・ネットワーク（橋渡し型）を機能させていけば，防止できる可能性が高まってくるのである。

第Ⅱ部　子ども育成支援の実際とソーシャル・キャピタル

第4節　児童虐待を防止するための課題と支援について

　これまでの虐待事件の分析や研究により，児童虐待の発生は様々な要因が複雑に絡んで発生することが明らかとなっている。そして，虐待が発生する引き金に「孤立」という問題が大きく関係している（花野，2000；柴原，2004；津崎，2005；藤田，2012）。それは，保護者の孤立，子どもの孤立，専門職の孤立である。「孤立」の防止に有用な概念が，ソーシャル・キャピタルにおけるボンディング・ネットワーク（結束型）とブリッジング・ネットワーク（橋渡し型）である。

（1）児童虐待防止に取り組む先進事例

　児童虐待の防止に向けて，「子育て中の保護者の孤立」や「家族内での児童の孤立」を防ぐには，まずは，血縁による家族力や地縁による地域力を高めたり，地域内での相互支援を活性化させたりして，ボンディング・ネットワーク（結束型）を機能させることが重要である。

　たとえば，東京都江戸川区では，子どもの養育が困難な家庭で児童虐待や養育放棄を防ぐため，子育てに関心のある住民が家庭を公費で手助けする「おとなりさんボランティア（有償ボランティア）」が，2013年よりスタートした。

　さらには，子どもや保護者，地域住民が同じ方向に意識やエネルギーが向いているかが重要なカギを握る。

　たとえば，「オレンジリボン運動（児童虐待防止運動）」は元々，ボンディング・ネットワークが高まり，全国に発生していった運動である。2004年，栃木県小山市で3歳と4歳の兄弟が何度も何度も暴行を受け，橋の上から川に投げ込まれて幼い命を奪われるという事件がきっかけとなった。2005年，栃木県小山市の「カンガルー OYAMA」が，二度とこのような事件が起こらないようにという願いを込めて，子ども虐待防止をめざしてオレンジリボン運動が始まり，全国的な運動となっていったのである。地域で起こった住民運動（ボン

ディング）が各地に広がり全国的な運動（ブリッジング）となっていった例である。

江戸川区では養成講座を終えた住民が「おとなりさんボランティア」として活躍し，「オレンジリボン運動」では学習会やシンポジウム等の啓発学習，各地の大学・短期大学における啓発運動が全国各地で同時に実施されている。つまり，ボンディング・ネットワークを機能させる際には，学習や啓発という要素が欠かせないともいえる。しかし，「おとなりさんボランティア」や「オレンジリボン運動」における中心学習は社会教育であり，小学校・中学校・高校における学校教育や家庭教育には十分に広がりを見せていない。今後，家族力や地域力を高めていくには，学校教育や家庭教育のなかにも広げていくための仕組みづくりが必要である。

（2）児童虐待防止に向けたブリッジング・ネットワークの視点

児童虐待の防止に向けて，「子育て中の保護者の孤立」や「家族内での児童の孤立」を防ぐには，まずは国・都道府県・市町村等の公的機関がリーダーシップを発揮し，ブリッジング・ネットワーク（橋渡し型）を構築・機能させていく必要があり，各市町村では，要保護児童対策地域協議会や母子健康包括支援センター（通称：子育て世代包括支援センター）を設置している。

児童福祉法第6条の3第8項において，「要保護児童」を「保護者のない児童又は保護者に監護させることが不適当であると認められる児童」と規定しており，「①保護者が存在しない」「②保護者の事情で養育できない」「③の保護者が不適切な養育をしている（虐待等）」「④非行等の状況が児童にある」などにより（高知県，2011），家庭での養育困難な場合には，児童の健全な育成や生活，命や権利を守るためにも，該当児童を保護しなければならない。そのために，「児童虐待を受けている子ども等の要保護児童の早期発見や適切な保護を図るために，多数の関係機関がその子ども等に関する情報や考え方を共有し，適切な連携・協力体制を確保していくこと」を目的として，2004年に児童福祉法が改正され，「要保護児童対策地域協議会を全国の自治体に設置することが

第Ⅱ部　子ども育成支援の実際とソーシャル・キャピタル

できる（可能）」と定められた。しかし，自治体間で，要保護児童対策地域協議会の設置状況に格差が生じた。そのため2007年の児童福祉法の改正では，要保護児童対策地域協議会の設置を努力義務とし，2013年4月に全国の市町村（1742か所）の設置状況は98.9％（1714か所）となり，設置が促進された。

　また要保護児童対策地域協議会の設置意義としては，厚生労働省（2007a）は以下の7点をあげている。

1．要保護児童等を早期に発見することができる。
2．要保護児童等に対し，迅速に支援を開始することができる。
3．各関係機関等が連携を取り合うことで情報の共有化が図られる。
4．情報の共有化を通じて，それぞれの関係機関等の間で，それぞれの役割分担について共通の理解を得ることができる。
5．関係機関等の役割分担を通じて，それぞれの機関が責任をもって関わることのできる体制づくりができる。
6．情報の共有化を通じて，関係機関等が同一の認識の下に，役割分担しながら支援を行うため，支援を受ける家庭にとってより良い支援が受けられやすくなる。
7．関係機関等が分担をしあって個別の事例に関わることで，それぞれの機関の限界や大変さを分かち合うことができる。

　上記の設置意義からもわかるように，要保護児童対策地域協議会では，様々な関係機関や専門職が協働することが目的となっているが，その構成機関・団体やメンバーに法律上の明確な規定はない。そのため，自治体ごとで構成機関・団体やメンバーを規定している。厚生労働省（2015b）によると，全国の市町村が設置している要保護児童対策地域協議会の構成機関・団体は多岐に渡るが，「教育委員会（97.3％）」，「警察署（96.1％）」，「児童相談所（95.8％）」，「小学校（89.8％）」，「中学校（87.5％）」，「児童家庭支援センター（12.7％）」，「社会福祉協議会（56.0％）」，「民生児童委員（92.9％）」，「小児科医（33.0％）」，

「産科・婦人科医（12.7％）」となっており，さらには児童虐待の早期発見や死亡事件防止の観点から「乳幼児でのケア」が必要であるが，「保育所（89.0％）」，「幼稚園（69.2％）」，「障害児施設（8.2％）」，「保健所（76.1％）」，「保健センター（45.9％）」となっており，これら最重要な関係機関・団体であっても，自治体によっては構成メンバーとして，100％参画できていない状況が浮かび上がっている。

　その一方で，少数の自治体ではあるが「弁護士（7.7％）」，「家庭裁判所（3.4％）」，「配偶者暴力相談センター（7.4％）」，「児童養護施設（18.6％）」，「乳児院（5.2％）」，「里親会（3.1％）」等が構成メンバーになっているケースもある。児童虐待という複層的な問題を解決するには，様々な関係機関・専門職による多様な視点と連携が必要となってくることに鑑みれば，地域で児童の育成に携わる関係機関・団体・専門職ができる限り多く参画することが望まれる。また，乳幼児や小学生で被虐待児の割合が多いという現状を踏まえれば，各小学校に配置されているスクールソーシャルワーカーや，今後は幼稚園・保育所・こども園に配置が望まれている保育ソーシャルワーカーの参画も重要になってくるだろう。要保護児童対策地域協議会は，専門機関・施設の孤立や単独対応を防ぎ，機関・施設が連携して虐待問題に対応していくことができるブリッジング・ネットワークである。

　さらには，2017年4月からの母子保健法改正で，地域のつながりの希薄化等により，妊産婦・母親の孤立感や負担感が高まっているなか，関係機関が連携し，妊娠期から子育て期まで切れ目ない支援を実施し孤立や負担感を防ぐため，中核機関となる「母子健康包括支援センター」を設置する努力義務が市町村に課せられることになった。しかし，あくまでも努力義務であり，要保護児童対策地域協議会のように，全国各地に普及するまで時間がかかり，自治体間の格差を生じさせる危険性があるのであれば，完全に設置を義務づける必要があっただろう。加えて，自治体によって児童相談所の職員の質や対応内容に格差があったり，児童福祉司がバーンアウトしていたりするため，援助が遅れたり救いの手が届かなかったりするという声を児童福祉の現場から聞こえてく

る。母子健康包括支援センターが新たな役割を発揮できず，児童相談所の補完業務に追われるのであれば，本末転倒である。生まれ育つ場所によって，児童に不公平が生じるのであれば，公正な援助とはいえない。

引用・参考文献

藤田英典（2012）「現代の貧困と子どもの発達・教育」『発達心理学研究』23(4)，439-449。

学校等における児童虐待防止に向けた取組に関する調査研究会議（2006）「学校等における児童虐待防止に向けた取組について（報告書）」文部科学省，7。

岐阜県子ども家庭課（2015）「『児童虐待』に関するアンケート調査結果」（https：//www.pref.gifu.lg.jp/kensei/koho-kocho/iken-teian/11103/monitor-anketo.data/2015_04_2_jidougyakutai.pdf，2016. 12. 1）。

花野典子（2000）「資料：子ども虐待を生んだ家族の要因と看護の役割」『宮崎県立看護大学研究紀要』1(2)，66-72。

兵庫県児童課（2013）「平成25年度　児童虐待防止に関する県民意識調査」（https：//web.pref.hyogo.lg.jp/kf12/documents/saishuhoukokusho.pdf，2016. 12. 1）。

国際子ども虐待防止学会（ISPCAN）（http://www.ispcan.org/，2016. 12. 1）。

高知県地域福祉部児童家庭課（2011）「資料1：要保護児童とは，どんな子ども達で，どんな問題を持っている子ども達なのか」（http://www.pref.kochi.lg.jp/soshiki/060401/files/2011072000155_www_pref_kochi_lg_jp_uploaded_attachment_54440.pdf，2017. 10. 10）。

厚生労働省（2000）「児童虐待の防止等に関する法律（平成12年法律第82号）」。

厚生労働省（2004）「児童虐待死亡事故の検証と今後の虐待防止対策について」（http://www.mhlw.go.jp/bunya/kodomo/dv-01.html，2017. 10. 10）。

厚生労働省（2007a）「第1章　要保護児童対策地域協議会とは」「要保護児童対策地域協議会設置運営指針」（http://www.mhlw.go.jp/bunya/kodomo/dv11/05-01.html，2016. 12. 1）。

厚生労働省（2007b）『子ども虐待対応の手引き』（http://www.mhlw.go.jp/bunya/kodomo/dv12/00.html，2016. 12. 1）。

厚生労働省（2013）「子ども虐待による死亡事例等の検証（第9次報告）」（http://www.mhlw.go.jp/bunya/kodomo/dv37/index_9.html，2016. 12. 1）。

厚生労働省（2014）「児童虐待防止策について（平成26年8月29日）」（http://www.cas.go.jp/jp/seisaku/jidou/dai1/siryou3.pdf，2016. 12. 1）。

厚生労働省（2015a）「平成26年度　児童相談所での児童虐待相談対応件数」（http://www.mhlw.go.jp/file/06-Seisakujouhou-11900000-Koyoukintoujidoukateikyoku/0000108127.pdf，2016. 12. 1）。

厚生労働省（2015b）「子どもを守る地域ネットワーク等調査」（http://www.mhlw.go.jp/toukei/list/164-1.html，2016. 12. 1）。

厚生労働省（2016）「子ども虐待による死亡事例等の検証（第12次報告）」（http://www.mhlw.go.jp/stf/seisakunitsuite/bunya/0000137028.html，2016.12.1）。

厚生労働省「児童虐待の定義と現状」（http://www.mhlw.go.jp/stf/seisakunitsuite/bunya/kodomo/kodomo_kosodate/dv/about.html，2016.12.1）。

厚生労働省（2017）「平成28年度　児童相談所での児童虐待相談対応件数（速報値）」（http://www.mhlw.go.jp/file/04-Houdouhappyou-11901000-Koyoukintoujidoukateikyoku-Soumuka/0000174478.pdf，2017.8.20）。

京都府家庭支援課（2007）「子どもの虐待はどうして起こるの？」（http://www.pref.kyoto.jp/kateishien/gyakutai_01genin.html，2016.12.1）。

奥山眞紀子（2010）「マルトリートメント（子ども虐待）と子どものレジリエンス」『学術の動向15（4）』日本学術会議，46-51。

世界保健機関（WHO）「Child maltreatment（2016年改訂）」（http://www.who.int/mediacentre/factsheets/fs150/en/，2016.12.1）。

柴原君江（2004）「育児問題の変遷と地域における支援活動」『人間福祉研究』6, 27-46。

総務省統計局（2016）「社会福祉行政業務報告」（http://www.e-stat.go.jp/SG1/estat/NewList.do? tid =000001034573，2016.12.1）。

立花直樹（2017）「第3編第2章児童虐待とマルトリートメントへの対応力を育む事例」立花直樹・安田誠人・波田埜英治編『保育の質を高める相談援助・相談支援』晃洋書房，210。

東京新聞（2013）「江戸川区，虐待防止に子育て助っ人『おとなりさん』住民派遣へ！！」2013年2月5日版。

津崎哲郎（2005）「子どもの人権の視点から見た親権」『フォーラム社会学』4(0)，57-65。

山本恒雄（2010）「子ども虐待事情」日本子ども家庭総合研究所（確認）（http://www.aiiku.or.jp/aiiku/jigyo/contents/kaisetsu/ks1004/ks1004.htm，2016.12.1）。

児童虐待防止全国ネットワーク（2010）「オレンジリボン運動について」（http://www.orangeribbon.jp/about/orange/，2016.12.1）。

第9章

社会的養護と子ども育成支援

―家庭的養護の推進と養育困難家庭に対する地域支援―

桐原　誠

　近年，国内経済情勢が極めて不安定であり，さらなる少子高齢化の進行，家庭・地域養育力の脆弱化をはじめとし，子どもを取り巻く環境は悪化の一途をたどっている。本来子どもは保護者のもとでの家庭で育てられるべきであるが，様々な事情で家庭に恵まれない児童には，それにかわる養育環境が与えられなければならない。この環境を用意する仕組みが社会的養護である（才村，2006：61-62）。社会的養護とは，「保護者のない児童や，保護者に監護させることが適当でない児童を，公的責任で社会的に養育し，保護するとともに，養育に大きな困難を抱える家庭への支援を行うこと」である（厚生労働省，2011）。児童福祉施設には多くの国民に対して，様々な社会問題についての関心を喚起するソーシャルアクションの起点としての役割が求められる。

　本章では，社会的養護を必要とする子どもたちについて整理し，日本における社会的養護の動向と課題について明らかにしたうえで，施設の現状に触れながら現在求められる子ども・子育て支援のあり方や養育困難家庭への支援・地域支援について論じていくこととする。

第1節　施設養護の理論と実践

（1）社会的養護を必要とする子どもたちの実態

　施設に入所してくる子どもたちの多くは，養育者による諸事情によって，自分の意思とは無関係に家庭や地域，また，慣れ親しんだ友人と離れることを余儀なくされる。すなわち，家庭から分離されたことに納得していないため，はじめから積極的に施設での生活に馴染もうとしているわけではない（全国社会

福祉協議会，2008：20）。加えて，度重なる分離・喪失体験や養育者の交代，虐待による過去の記憶の断片化等の諸事情も重なり，施設で生活することを理解していない場合もある。ゆえに，施設入所時におけるインフォームド・コンセント（説明と同意）は大変重要であり，子どもの最善の利益を求めるという基本認識のうえで，子どもについての総合的理解をもち，何よりも，子どもの気持ちを分かち合おうとする努力が支援者には必要といえる。ある論者は，子どもが「知りたいこと」は物理的な意味での情報にとどまらず，「生まれてきてよかった，この世に自分の居場所がある，人生は生きるに値するという実感」（村瀬，1996：229）が，児童福祉領域でのインフォームド・コンセントであると指摘している。

2017年3月に発表された，厚生労働省雇用均等・児童家庭局家庭福祉課「社会的養護の推進に向けて」によれば，社会的養護を必要とする児童の数は約4万5,000人であり，その内訳は，乳児院に2,901人，児童養護施設（以下，「施設」という）に2万7,288人，情緒障害児短期治療施設（現，児童心理治療施設）に1,264人，児童自立支援施設に1,395人，母子生活支援施設に5,479人（3330世帯），自立援助ホームに516人の児童が入所している。加えて，ファミリホームに1,261人，里親に4,973人の児童が委託されている。施設への主な入所理由は「虐待（放任・怠惰，虐待・酷使，棄児，養育拒否）」となっており，入所児の約60％が虐待を受けている。何らかの障害をもつ子どもが28.5％である。

上述したように，近年では，虐待を受けた児童等，心の問題を抱える児童の入所が増加している。虐待の急増やその周辺にある親子関係あるいは子どもをめぐる人間関係のゆがみ，さらにそこから引き起こされる子ども自身のいわゆる発達のゆがみ等，児童養護問題の現代的展開への対応に直面している（全国社会福祉協議会，2003：6）。こうした虐待を受けた子どもたちは，身体的な暴力によって生じる恒久的な障害だけでなく，情緒や行動，性格形成など，非常に広範囲で深刻なダメージを受けている（望月，2004：88）。たとえばその行動特性として，被虐待的環境から施設という安心・安全な環境に身を置くことで，職員との関係や許容範囲などを確かめるといった「試し行動」や，「赤

第9章　社会的養護と子ども育成支援

ちゃん返り」等の退行を示すことがある。さらに虐待を受けた子どもはトラウマを生じる危険性が非常に高く，心的外傷後ストレス障害（PTSD）に発展することもある。

こうした問題状況へのアプローチとしては，徹底的な分析解明や再発防止のための具体的取り組みを進めていかなければならない。それは，当事者たる子どもと施設職員が主として進められなければならないが，まず何よりも，自らの実践や施設職員としてのあり方を根底から捉え直そうとする毅然たる姿勢が必要といえよう。

（2）社会的養護を必要とする子どもたちへの支援

社会的養護のもとで生活している子どもたちは，実親の離婚，拘禁，親権者の変更，虐待，そして親子分離，施設入所などの好まざる変化を経験しており，その変化は新しいものを得るよりもむしろ大切なものを失い，喜びよりも怒りや淋しさをもたらすことが多い。すなわち，不適切な扱いを受けたにもかかわらず，その手当を受けてこなかった子どもを理解しなくてはならない（大野，2011：13-14）。こうした子どもたちの言動の背後にある痛みを受けとめる姿勢が支援者には求められる。施設職員と子どもたちの間で個別的なかかわりが増えると，安心・安全な環境であることを実感し，今まで不適切な養育（マルトリートメント）を受けてきた子どもたちが，これまで我慢してきた感情を表出し始める。また，特定の大人との個別的な信頼関係を築いていくなかで，時には「試し行動」や「確認行動」等，自分の課題を表出することもあるが，その行動を受け止めてもらって初めて子どもは自分の置かれた環境や人間関係に適応し始める。すなわち，子どもの変化と成長を期待するための養育単位の小規模化であるならば，子どもたちの表出する課題を適切に受け止め，それに対応できる施設職員の力量が求められる。

また子どもたちが，自己肯定感を育み，自分らしく生きる力，他者を尊重し共生していく力，生活スキル，社会的スキルの獲得など，ひとりの人間として生きていくための基本的な力を身につけられる支援を施設職員は行わなければ

135

ならない。特に，施設生活のなかで家庭の機能を発揮することは，家庭からマイナスの影響を受けて成長してきた子どもたちの成長を補うことであり，施設による育ち直しが求められる。施設職員によるきめ細やかなかかわりを通じて落ち着きを取り戻し，それまでの体験を整理することによって人を信じることができるようになる。すなわち，心身の健やかな成長，自己肯定感の回復，特定の養育者との関係構築が行われるようになり，その結果，児童は自立して自分らしい豊かな人格と人間関係を築くことができる。

　たとえ，親が十分に家庭機能を果たせなくても，児童がある程度の生活習慣を身につけ，家庭らしい暮らしのあり方を知っていると，家庭に帰ってからも自身の生活をそれなりに営むことができる。児童が生活習慣を身につけていること，家庭運営に必要な能力，たとえば家事の方法を身につけて，ある程度の自己管理ができるようになっていること，それは親にとっても，家庭保全の一翼を担う力となっていく（橋本・明柴，2014：151）。そのためにも社会的養護は，家庭機能を中心に組み立てられる必要がある。

　施設は地域のなかに存在しているため，子どもたちを支援していくためには児童相談所や学校，保健所などの関係機関との連携はもとより，地域住民の理解と協力が不可欠である。社会的養護を必要とする子どもたちは，愛着の問題や心の傷を抱えていることが多いため，現場の直接処遇者は，子どもたちのありのままをすべて受け止め，心の傷を癒して回復していけるような専門的知識や技術を有するケアを充実させていくことにより，子どもの心身の健康回復と発達保障をめざす実践の展開が可能となる。施設職員はこれらの実践を可能なものにするため，子どもの人権の尊重を念頭に置き，施設で生活を送る子どもにとって，より快適な生活となるよう「子どもの最善の利益」の視座でその実践のあり方について施設内で十分に検討していくことが必要である。

第9章 社会的養護と子ども育成支援

第2節 家庭的養護の推進について

(1) 施設における養育単位の小規模化と地域分散化

　2017年4月から施行されている改正児童福祉法の第3条の2では「国及び地方公共団体は，児童が家庭において心身ともに健やかに養育されるよう，児童の保護者を支援しなければならない。ただし，児童及びその保護者の心身の状況，これらの者の置かれている環境その他の状況を勘案し，児童を家庭において養育することが困難であり又は適当でない場合にあつては児童が家庭における養育環境と同様の養育環境において継続的に養育されるよう，児童を家庭及び当該養育環境において養育することが適当でない場合にあつては児童ができる限り良好な家庭的環境において養育されるよう，必要な措置を講じなければならない」と述べられている。ここでいう「家庭」とは「実父母や親族等を養育者とする環境」を指し，「家庭における養育環境と同様の養育環境」とは「養子縁組による家庭や里親家庭，ファミリーホーム」のことである。また，「良好な家庭的環境」とは「施設のうち小規模で家庭に近い環境（小規模グループケアやグループホーム等）」を指している。すなわち，里親委託，養子縁組の促進が法律に明記されたことによって家庭養護の推進に力を入れていることがわかる。

　2011年7月，児童養護施設等の社会的養護の課題に関する検討委員会・社会保障審議会児童部会社会的養護専門委員会がとりまとめた「社会的養護の課題と将来像」では，社会的養護においても原則として家庭養護を優先するとともに，施設養護についてもできる限り家庭的な養育環境の形態に変えていく必要があるとしたうえで，施設が9割，里親が1割である社会的養護の現状を今後，2029年度末までに施設の本体施設，グループホーム，里親等の割合を3分の1ずつにしていくことを目標として掲げている。加えて，施設の小規模化と施設機能の地域分散化を進め，本体施設は全施設を小規模グループケア化（オールユニット化）するとともに定員を45人以下とし，乳児院についても養育

137

第Ⅱ部　子ども育成支援の実際とソーシャル・キャピタル

単位の小規模化を進めていくこととしている。同時に，本体施設は高機能化し，地域支援の拠点としていくよう指摘している。

　このような背景から，2017年8月に新たな社会的養育の在り方に関する検討会は「新しい社会的養育ビジョン」を発表した。これは，改正児童福祉法を基本として「社会的養護の課題と将来像」を全面的に見直したものである。具体的には，①市区町村を中心とした支援体制の構築，②児童相談所の機能強化と一時保護改革，③代替養育における「家庭と同様の養育環境」原則に関して乳幼児から段階を追っての徹底，家庭養育が困難な子どもへの施設養育の小規模化・地域分散化・高機能化，④永続的解決（パーマネンシー保障）の徹底，⑤代替養育や集中的在宅ケアを受けた子どもの自立支援の徹底などについて指摘している。特別養子縁組の推進に関しては，おおむね5年以内に，現状の約2倍である年間1,000人以上の特別養子縁組成立をめざし，その後も増加を図っていくと目標を設定している。また，未就学児の施設入所を原則停止するという方針を提示し，より家庭に近い環境で子どもを育むために，愛着形成に最も重要な時期である3歳未満についてはおおむね5年以内に，それ以外の就学前の子どもについてはおおむね7年以内に里親委託率75％以上を実現し，学童期以降はおおむね10年以内を目途に里親委託率50％以上の実現をめざしている。

　こうした動きのなか，施設では子どもの安全・安心な生活を確保するだけでなく，これまで以上に特定の養育者と個別的，継続的な援助・支援の関係が築いていけるよう施設の小規模化や体制整備をしていく必要がある。併せて子どもたちが主体的に行動し，積極的に地域との関係づけを感じることにより，社会への適応力を身につけていく取り組みが求められる。加えて，将来の社会への自立や児童が社会へ出た後，結婚や子育てをすることを考慮し，家庭的な雰囲気で，親の代替的役割として支援する者を家庭または親としてモデリングできる環境を準備することも求められるため，施設は，より家庭的な規模で少人数での養育の重要性が指摘されている（橋本・明柴，2014：147）。

138

第9章　社会的養護と子ども育成支援

（2）家庭的養護の現状と課題

　熊本県における家庭的養護の推進に向けた取り組みとしては，1つ目に，各施設の家庭的養護（小規模化）の推進及び高機能化への支援をあげている。具体的には，①家庭的養護の推進への支援，②施設の高機能化への支援，である。2つ目に，里親及びファミリーホームの充実を図るための取り組みを5点あげている。すなわち，①里親登録の促進，②里親委託等推進体制の強化，③専門里親への登録促進，④里親協議会の活動強化，⑤ファミリーホームの設置促進，である。

　施設の小規模化や地域分散化の推進については，職員と子どもとの関係が濃密になるため，職員の力量や経験，専門性といった多様な役割を担う必要があることから，施設現場では様々な問題が生じることがある。たとえば，「職員1人での勤務が多く，そのなかで生活全般の支援・調理・親や家族との対応・心理的ケア・自立支援など多様な役割をこなすため，職員の力量が追いつかない」，「子どもと深くかかわることで人間関係が濃密となっていくが，職員の疲労・心労も溜まりやすい」，「感情の起伏が激しく，暴力，自傷があるなどの課題をもつ子どもの対応が難しい」，「新人育成が難しい」などである。

　児童福祉法の第41条では，「児童養護施設は，保護者のない児童（乳児を除く。ただし，安定した生活環境の確保その他の理由により特に必要のある場合には，乳児を含む。以下この条において同じ。），虐待されている児童その他環境上養護を要する児童を入所させて，これを養護し，あわせて退所した者に対する相談その他の自立のための援助を行うことを目的とする施設とする」と施設の定義がなされているが，「虐待されている児童その他環境上養護を要する児童を入所」の解釈が曖昧であり，軽度の知的障害，注意欠陥多動性障害（ADHD），学習障害（LD），自閉症スペクトラム，不登校等，様々なニーズをもつ子どもたちを受け入れている。

　そのような現状のなか，以下のような重篤な課題点が生じている。虐待を入所理由に措置される児童の行動特性として，愛着障害とも呼べる執着的アピールや試し行動が目立ち，通常の対人関係を築きにくく，支援が難しいことがあ

第Ⅱ部　子ども育成支援の実際とソーシャル・キャピタル

る。また，発達障害のある児童は，「話が通らない」，「生活上の当たり前の声かけが頭に入らない」等，かかわりの難しいケースも多く見られる。そのため，支援する側が極度のストレスにさらされることが少なくなく，子どもたちのネガティブなアピールや反応に巻き込まれ，相互感情の悪循環が生じてしまうことがある。そうなると，お互いの逃げ場がなくなり，子どもたちと支援する側との間に，信頼関係や愛着関係を構築することが極めて難しい状況となる。大舎制であれば何かあったときの逃げ場が確保されやすいが，施設の小規模化や地域分散化を推進するにあたってはメリットがある反面，デメリットの対策も練っておかなければならない。すなわち，不適切な対応に陥るリスクの想定，もしくは，様々なリスクに対して組織的にコントロールする仕組みといった，いわゆるリスクアセスメントや何らかのトラブルを抱えたときの対応が重要となる。

　こうしたことに対応していくためには日頃から，チームアプローチの強化をはじめ，メンタルケアのシステム強化，カンファレンスや支援時における心理職・医療職等他職種との連携，ボランティア等外部マンパワーの活用，児童相談所や医療機関，学校との連携強化などの取り組みが欠かせない。また，より積極的な園内外研修やスーパービジョンの実施，施設職員のさらなる自己研鑽が求められる。

第3節　児童養護施設における親子関係の再構築支援の現状と課題

（1）親子関係の再構築支援について

　親施設における親子関係の再構築支援体制として，コーディネーター的役割を担う家庭支援専門相談員（ファミリーソーシャルワーカー）と，心理支援を担う心理療法担当職員の他，看護師・栄養士・個別対応職員，里親支援専門相談員等も大切な役割を担っている。これらのすべての施設職員がチームとなって親子関係の再構築支援を行うよう努める必要がある。加えて，子どもの入退所と密接にかかわるため，児童相談所との連携が欠かせない条件となる。

第9章　社会的養護と子ども育成支援

　一度分離された子どもたちの家庭復帰をめざす場合に何より優先されるのは子どもの安全・安心が保障されることである。家庭復帰を進めるにあたっての様々な支援は，家庭復帰が可能と判断された場合，あるいは家庭復帰につながらない場合であったとしても，まずは，子ども・保護者・施設・児童相談所にとって「施設で生活することの意味，・目的を共有すること」から支援が始まる。子どもと保護者の交流が可能と判断された場合に親子交流の計画を児童相談所とともに検討していく。そこでは，関係機関からの情報収集や施設内の多職種の協働により，子どもと家族の状況を正確に把握する必要がある。具体的なアセスメントのポイントとして，①子どもと家族が現在に至る生活歴・生育歴，②ニーズの把握（必要な支援・リスク），③子どもと家族が有している強み（ストレングス），④子どもと家族をサポートできる人材，などである。

　また，分離した親子に対する交流の適切なタイミングとして，子どもが施設での生活に慣れる頃（1～2か月）をひとつの目安としている。ゆえに，親子関係の再構築を急ぎすぎて安易な支援が推し進められた場合は，子どもをさらなる窮地に追い込む危険性のあるため，十分に認識しておく必要がある。具体的な交流方法としては，手紙・電話・面会・外出・外泊・親子訓練室利用等がある。

　家庭復帰後もアフターケアとして必要な支援をアセスメントし，関係機関が協力して役割分担を決めて支援する体制に関して児童相談所を中心に準備しておくことは，退所後の良好な親子関係を維持するには必要不可欠である。その際，要保護児童対策地域協議会と情報を共有して連携していくことが重要であるが情報共有の割合が低い。子どもたちの育ちの連続性を確保するためには，施設に入所中も地域で家族の支援を実施し，家庭復帰後は良好な親子関係が維持できるように支援を継続することが必要である。特に，要保護児童対策地域協議会との連携の強化は今後の課題といえる。

（2）親子関係の再構築支援に関する具体例

　児童相談所が施設への入所を決定して子どもが措置されることになった場

第Ⅱ部　子ども育成支援の実際とソーシャル・キャピタル

合，支援目標として，家族再統合，家庭復帰等がめざされることがあり，当然ここでは子どもの家族も関与を求めてくる。そして，家族関係の希薄化を回避するため，施設と児童相談所はその支援方針を明確に共有し，支援を協働することが前提である。子どもと保護者との交流の進め方についても十分に方針を共有しておくことが不可欠である。そして，家庭復帰の話し合いを進める際には，児童相談所は家庭復帰の条件を家族に明確に示し，施設と共有しなければならない。当然ここでは無計画に交流を図ることはせず，保護者や家族との様々な約束事が必要となる。家族再統合をめざした段階的な支援プログラムに関して児童相談所と連携して以下のような取り組みを行っている。

〈家族再統合を目指したＡさん（保護者）の事例〉
　支援の流れ
　　①　施設内での交流・面会（児童相談所職員・施設職員も同席）
　　　　　↓
　　②　施設内での面会・交流（児童相談所職員・施設職員の同席なし）
　　　　　↓
　　③　施設から短時間の外出
　　　　　↓
　　④　施設から長時間の外出
　　　　　↓
　　⑤　自宅への短期一時帰省
　　　　　↓
　　⑥　自宅への長期一時帰省

　たとえば，①，②における介入のポイントとして，子どもとＡさんの久々の再会でお互いがぎくしゃくすることがないよう配慮している。子どもには事前に面会があることを伝え，スムーズな会話ができるよう話の内容を整理しておく。なかには自分の気持ちをうまく伝えることができない子どももいるため，そうした時は施設職員が代弁者（アドボケーター）となるよう介入する。こうした面会を数回繰り返してお互いに緊張感がなくなると施設職員は席を外し，

第9章　社会的養護と子ども育成支援

家族での空間を大切にしながら様子を見ていく。次に，③，④であるが，面会に慣れると次のステップとして外出へつなげていく。最初は施設近隣等への散策を含めた2，3時間程度の外出である。Ａさんと子どもの様子を見ながら徐々に外出時間を長くしていく。帰園の際に感想を聞き，困った点などがなかったかどうかを確認して適宜アドバイスをしている。最後に，⑤，⑥についてであるが，一時帰省を行う前に必ず家庭支援専門相談員が家庭訪問を行い，建物を含む家庭内の状況等を確認して一時帰省のできる状態であるかどうかを総合的に判断する。1，2泊の短期の一時帰省を行って特に問題がなければ，徐々に長期の一時帰省へとつなげていく。一時帰省の際はある程度の費用を要するため，保護者が無理をしている場合も多々ある。一時帰省中の家庭訪問も含め，どのような生活をしているのか把握しながらＡさんや子どものお互いに無理が生じないよう配慮している。

　こうした取り組みをはじめ，園行事や学校行事への参加も積極的に促すことで，園・学校・地域との深いかかわりやお互いに支え合うことを実感していただき，ソーシャル・キャピタルのさらなる醸成に努めている。

　親子関係の再構築支援に関する最終目標は，長期的にみて何が子どもにとって最善の利益になるのかを熟慮し，子どもが安全・安心した環境のなかで，心身ともに健やかに発達し，社会的自立を遂げられるような養育条件を整え，子どもとＡさんとともにつくり上げていくことである。

第4節　施設における家庭支援・地域支援

（1）家庭支援専門相談員の役割

　近年，施設の役割には大きな期待が寄せられるようになり，施設が長い歴史のなかで培ってきた力を発揮すべく，家庭調整の充実が求められるようになった。たとえば，2004年度から児童の早期家庭復帰等を支援する体制を強化するとともに，被虐待児童等に対する適切な援助体制を確保するため，施設にも家庭支援専門相談員が配置されるようになった。その趣旨として「虐待等の家庭

第Ⅱ部　子ども育成支援の実際とソーシャル・キャピタル

環境上の理由により入所している児童の保護者等に対し，児童相談所との密接な連携のもとに電話，面接等により児童の早期家庭復帰，里親委託等を可能とするための相談援助等の支援を行い，入所児童の早期の退所を促進し，親子関係の再構築等が図られることを目的」と説明している（厚生労働省，2012）。具体的な業務内容は，①児童の早期家庭復帰のための保護者等に対する相談援助，②退所後の児童に対する継続的な相談援助，③里親委託の推進，④施設内調整，⑤児童相談所等関係機関との調整，⑥地域の子育て家庭に対する育児不安の解消のための相談援助，などである。

　家庭支援専門相談員には継続した家庭との良好な関係の維持が求められるため，施設入所当初には保護者に対して，施設におけるルール，面会・外泊等の取り決め，子どもと保護者とのかかわりなどの方針等の重要事項を説明し，適切かつ確実に理解してもらう必要がある。入所中の子どもや家庭への支援は，基本的に「自立支援計画票」（以下，「支援計画」という）に基づいて行われる。支援計画には，子どもへの支援内容だけでなく家庭支援の内容が盛り込まれ，これに基づき具体的支援が実施されていく。したがって，支援計画の作成においては，担当職員と家庭支援専門相談員の連携が不可欠となる。また，支援内容については，児童相談所とも共通認識を得ておく必要があり，相互に確認しあうとともに，必要に応じて児童相談所と協議しなければならない。また，保護者との関係構築のための具体的な取り組みは以下に示すとおりである。すなわち，①学校行事等への参加促進，②通信（電話・手紙等）によるアプローチ，③面会日の設定，④来所相談，⑤家庭訪問，などである。また，施設内の支援にとどまらず，他機関とのネットワークを強化し，即応・実効性のある連携を機能させ，速やかに子どもと家庭にとって必要な支援を検討する役割が求められる。そして，他職種職員と課題や役割・機能を共有し，担当職員を始めとする施設全体としてのチームアプローチの調整役割も担っていかなければならない。

　このように，従来の子どもの支援に加えて子どもの養育家庭への支援を展開するためには，その過程と周辺地域との交互作用を視野に入れ，地域における

第9章　社会的養護と子ども育成支援

あらゆる社会サービスの活用を可能とするコミュニティ・ソーシャルワークの機能を視野にいれたケアマネジメントの機能が必要となる。家庭支援の専門性を内包した新たな児童福祉実践をより良い取り組みへとするために，家庭支援専門相談員には施設支援から在宅・地域支援へと継続的に支援する展開（アウトリーチ）が求められる。すなわち，①子ども自身の育ちにくさへの継続的支援，②家庭に内在する子育て困難への継続的支援，③子育てに困難を感じている家庭への地域社会の支援ネットワークの構築，などが今後ますます求められるであろう。

（2）支援者間のネットワーク・連携について

児童相談所の役割として，地域による支援が順調に進まず子育て困難な状況がみられる場合，子どもを迅速に保護する必要がある。まず，保護を要する児童について，児童相談所が通告及び相談を受理し，在宅での援助が可能か，あるいは緊急避難的な一時保護が必要かどうかの判断をするための調査を行う。その後，緊急に保護が必要と判断された場合は児童相談所にて一時保護となり，一時保護所において行動観察が行われる。その後，心理判定，行動診断，医学診断などの判定を経て処遇方針が決定される。なお，ここでいう処遇とは，福祉サービスの利用者に対して行う処置のことを指す。この処遇方針の決定で，家族の住む家に戻さず施設処遇などを行うか，家族の住む家に戻し在宅での援助・支援を行うかに分かれる。子どもたちが施設に入所していない家庭であっても，地域の養護困難家庭の背景には次のようなものがあげられる。すなわち，①経済的な問題，②夫婦関係，近隣・親戚といった人間関係の問題による地域からの孤立，③保護者の性格・疾病といった保護者側の病理，④子どもが何らかの障害があるがゆえの育ちにくさ・育てにくさ，等が重複して「家族・家庭の機能不全」に陥っていることが多々ある。

2012年3月に通知された，厚生労働省雇用均等・児童家庭局長通知「児童養護施設運営指針」では，「被措置児童の家庭は，地域や親族からも孤立していることが多く，行政サービスとしての子育て支援が届きにくい。こうした家庭

に対して施設は，その養育機能を代替することはもちろんのこと，養育機能を補完するとともに子育てのパートナーとしての役割を果たしていくことが求められている。その意味では，児童養護施設は，子どもの最善の利益を念頭に，その家庭も支援の対象としなければならない。その場合，地域の社会資源の利用や関係者との協働が不可欠である」と述べている。施設は，子育て短期支援事業（ショートステイ・トワイライトステイ）などによる地域の子育て支援の機能を高めていくと同時に，地域の養育困難家庭に対していかにアプローチをしていくかが課題となっている。

　そのためには，有益なソーシャル・キャピタルの醸成と地域力の向上が重要といえる。すなわち，関係機関との連携によって援助体制の充実させていく取り組みが求められる。たとえば，「施設の役割や機能を達成するために必要となる社会資源を明確にし，児童相談所など関係機関・団体の機能や連絡方法を体系的に明示しておく。特に，エコマップ等を活用して地域の社会資源に関するリストや資料を作成し，職員間で情報の共有化を図る」，「児童相談所等の関係機関等との連携を適切に行い，定期的な連携の機会を確保し，具体的な取り組みや事例検討を行う。また，要保護児童対策地域協議会などへ参画するなど，地域の課題を共有しておく」，「幼稚園，小・中学校，高等学校，特別支援学校など子どもたちが通う学校と連携を密にする。子どもについて，必要に応じて施設の支援方針と教育機関の指導方針を互いに確認し合う機会を設ける」等である。

　今後，社会的養護における専門的技術・知識をもつ施設が，地域の拠点として，里親等や子育て家庭への支援を行う必要性が期待されるなか，いくつかの関係機関が連携しながら，家族・家庭を地域で支えるといった仕組み作りが模索されているため，ソーシャル・キャピタルが充実していくことによってそれが可能なものへ近づくであろう。

引用・参考文献
橋本好市・明柴聰史（2014）「児童養護施設の小規模化に関する考察と課題——大舎制か

ら小規模ケアへ」『園田学園女子大学論文集』第48号。

伊藤良高編（2014）『教育と福祉の課題』晃洋書房。

伊藤良高・永野典詞・三好明夫・下坂剛編（2015）『新版子ども家庭福祉のフロンティア』晃洋書房。

厚生労働省（2011）「児童養護施設等の社会的養護の課題に関する検討委員会・社会保障審議会児童部会社会的養護専門委員会とりまとめ」『社会的養護の課題と将来像』。

厚生労働省（2012）『家庭支援専門相談員，里親支援専門相談員，心理療法担当職員，個別対応職員，職業指導員及び医療的ケアを担当する職員の配置について』。

厚生労働省（2017）「新たな社会的養育の在り方に関する検討会」『新しい社会的養育ビジョン』。

望月彰（2004）『自立支援の児童養護論——施設で暮らす子どもの生活と権利』ミネルヴァ書房。

村瀬嘉代子（1996）『子どもの心に出会うとき——心理療法の背景と技法』金剛出版。

中山正雄編（2008）『ファミリーソーシャルワークと児童福祉の未来——子ども家庭援助と児童福祉の展望』中央法規出版。

大野紀代（2011）「生い立ちの整理」全国児童養護施設協議会『児童養護』42(4)，全国社会福祉協議会。

才村眞理（2006）「家庭的養護の理念と里親制度」望月彰編『子どもの社会的養護——出会いと希望のかけはし』建帛社。

全国児童養護施設協議会制度検討特別委員会小委員会（2003）『子どもを未来とするために——児童養護施設の近未来（児童養護施設近未来像Ⅱ報告書）』全国社会福祉協議会。

児童養護における養育のあり方に関する特別委員会（2008）『この子を受けとめて，育むために——育てる・育ちあいとなみ（報告書）』全国社会福祉協議会。

第10章
障害のある子どもと子ども育成支援
——インクルーシブ保育・教育とインクルーシブ社会の構築——

永野典詞

　日本における障害のある子どもの支援は，障害者福祉法や児童福祉法，教育基本法の理念に基づき，社会全体の課題として積極的な取り組みが行われている。そして，現在では，ノーマライゼーションやインテグレーション，ソーシャル・インクルージョンといった理念が広がりをみせてきている。たとえば，文部科学省・厚生労働省は，同「特別支援教育について」（2008年3月）で，関係部局・機関・関係者のネットワーク構築の必要性から「障害のある子どもやその保護者が抱える様々なニーズや困りごとに対して適切な相談・支援を行っていくためには，多分野・多職種による総合的な評価と，多様な支援が一体的かつ継続的に用意されていなければならない」と指摘している。人々の協調行動として，多様な専門職がネットワークを構築し一体的な支え合いのもとで支援を行うことは重要な視点であり，ソーシャル・キャピタルの理念ともいえる。

　また，地域社会において住民1人ひとりが障害のある子どもに対する理解を促進するためにも，地域社会での「つきあい」や「交流」を深め互いに支え合いながら信頼関係を構築していくことが望まれる。

　そこで，本章では障害のある子どもと子ども育成支援について，インクルーシブ保育・教育の現状と課題を中心にインクルーシブ社会の構築に向けた取り組みについて論じていきたい。

149

第Ⅱ部　子ども育成支援の実際とソーシャル・キャピタル

第1節　障害のある子どもへの支援の基本的な理念と権利保障

（1）障害のある子どもへの支援の基本的な理念と合理的配慮

　障害のある子どもの支援については，国や時代背景によってその意味や考え方が異なっていた。国家や社会が障害のある子どもの支援について共通の理解を得るまでには相応の時間が必要であったといえる。

　近年では，1994年に批准した「児童の権利に関する条約」にもあるように，子どもは心身ともに健全に育つ権利を保障されるべきものであること，それは，障害のある子どもについても同様であると解釈されている（一般社団法人全国保育士養成協議会　2017：70）。また，障害者基本法では，「全ての国民が，障害の有無にかかわらず，等しく基本的人権を享有するかけがえのない個人として尊重されるものである」と理念が示されている。

　障害のある子どもの支援について，才村純は「障害児にとって施設こそ専門的な療育と差別のない理想的な生活が期待できるとの考え方のもとに，『コロニー』と呼ばれる大規模な入所施設が次々と整備された時代もあったが，昭和40年代から在宅福祉サービスの重要性が認識されるようになり，以来各種の在宅福祉サービスの充実が図られている」（才村，2009：120）と指摘する。このように，障害のある子どものへの支援について，1982年の国際障害者年を契機に隔離収容主義から，地域における在宅福祉へと変化してきている。この背景には，ノーマライゼーション（normalization）理念の浸透がある。ノーマライゼーションとは，「障害者などが地域で普通の生活を営むことを当然とする福祉の基本的考え」であり，障害があっても「社会生活上において一人の市民としての権利を保障しよう」（山縣・柏女，2013：306）という考え方である。

　日本では，ノーマライゼーションからインテグレーション（integration：統合すること）へ，そしてソーシャル・インクルージョンへと変遷し障害のある子どもの支援（療育や相談援助など），保育・教育の制度改革が行われてきている。ソーシャル・インクルージョンとは，「特別ニーズ教育などの充実によっ

第 **10** 章　障害のある子どもと子ども育成支援

て，すべての学校が多様な差異やニーズを有する子ども一人ひとりの尊厳と価値を認め，彼らに適切な学習と発達，協働と連帯を保証する場になっていくこと」とされている（髙橋，2007：9）。すなわち，それぞれの子どもたちを理解し価値を認め，多様なニーズに応える，そして子どもの成長・発達を支えるという理念であるといえる。その理念を踏まえて，障害のある子どもや多様なニーズをもつ子どもが地域社会で共生し成長していくための手立てとしてインクルーシブ（inclusive）保育・教育があると捉えることができる。

　社会的に弱い立場や排除されやすい人々を社会の一員として支え合う，ソーシャル・インクルージョンの理念に基づいた支援のあり方，教育のあり方を考えていくことが重要である。同時に，地域社会における支え合い，助け合いなど個人と個人，個人と社会のネットワークを通じて障害のある子どもを支援するといった，ソーシャル・キャピタルの視点から見ていくことも必要となる。すなわち，障害のある子どもの支援では地域社会における「信頼」「規範」「社会ネットワーク」の集合体であるソーシャル・キャピタルの高まりが求められるといえる。

（2）障害のある子どもの支援と権利保障

　障害のある子どもの支援に際しては権利保障に留意する必要がある。しかし，子どもの権利は侵害されやすい傾向がある。しかしもちろん，障害の有無にかかわらず，子どもの多様なニーズや発達特性などに着目した対応が求められる。いわゆるインクルーシブ保育・教育における合理的配慮がこれにあたる。障害のある子どもの支援では丁寧かつ，その子どものニーズに沿った合理的配慮は言うに及ばず，多様な支援が必要な子どもにとっても，場面に応じた適切な支援を行うことも子どもの権利保障といえるのではないだろうか。

　厚生労働省の障害児支援の在り方に関する検討会（平成26年7月16日）「障害児支援の在り方に関する検討会（報告書）——『発達支援』が必要な子どもの支援はどうあるべきか」では，「根本的な考え方として，障害児は『他の子どもと異なる特別な存在ではなく，他の子どもと同じ子どもであるという視点を

欠いてはならない』とされ，また，『子どもは次世代を担う社会の宝であり』『心身ともに健全に育つ権利を保障されるべきものである』とされている」と示されている。この考え方は重要な視点であり，このことを踏まえて，障害のある子どもの支援について次のように指摘している。基本理念として，①地域社会への参加・包容（インクルージョン）の推進と合理的配慮，②障害児の地域社会への参加・包容を子育て支援において推進するための後方支援としての専門的役割の発揮，③障害児本人の最善の利益の保障，④家族支援の重視，である。

　障害のある子どもの権利保障を踏まえた支援として，内閣府の「平成25年版少子化社会対策白書」（内閣府，2013：81）では「2013（平成25）年度からの次期障害者基本計画の策定について，2012年12月に意見を取りまとめた。このうち，教育については，障害のある子どもと障害のない子どもが共に学ぶことを原則とするインクルーシブ教育システムを構築することが盛り込まれた。また，療育については，障害のある子どもが障害のない子どもと同様に一般児童施策を利用できるよう，必要な施策を講ずることなどが盛り込まれた」と示されている。また，同白書（内閣府，2013：82）では「2012（平成24）年4月から障害児が身近な地域で専門的な支援を受けることができるよう，障害種別で分かれていた施設体系について一元化するなど，障害児支援の強化が図られた」と示され，さらに，「2005（平成17）年4月に施行された「発達障害者支援法」（平成16年法律第167号）を踏まえ，発達障害者の乳幼児期から成人期までの各ライフステージに対応する一貫した支援の推進を図るため，保健，医療，福祉，教育，就労等の制度横断的な関連施策の推進に取り組んでいる」と述べている。

　このように，障害のある子どもの保育，教育においては，様々な視点から議論され子どもの権利が保障されるような取り組みがなされている。

第10章　障害のある子どもと子ども育成支援

第2節　障害のある子どものインクルーシブ保育・教育とは何か

（1）インクルーシブ保育の現状と課題

　現在，保育施設では身体障害児（肢体不自由，聴覚・視覚障害等），知的障害児，発達障害児（自閉症，アスペルガー症候群，注意欠陥多動性障害，学習障害等）など特別な支援が必要な子どもが通園し障害児保育として支援が行われている。そのようななかでインクルーシブ保育の重要性が指摘されてきている。

　しかし，インクルーシブ保育については明確な定義がなされているとはいえない。そこで，本節では，インクルーシブ保育を以下のように定義し論を進めていく。インクルーシブ保育とは，「障害の有無だけでなく，多様なニーズをもつ子どもが排除されることなく，それぞれの子どものニーズに対応した保育を行うこと，かつ，共通の保育環境で保育を享受できること」とする。

　日本では1970年代ごろから「統合保育」や「障害児保育」と称して障害のある子どもの保育が行われてきた。その後，1994年に障害の有無に関係なく，すべての子どものニーズに応える教育としてサラマンカ宣言でインクルーシブ・エディケーション（Inclusive Education）が提唱され，一般的な保育のなかで障害のある子ども，障害のない子ども，そして多様なニーズをもつ子どもがともに育つ環境としてのインクルーシブ保育の取り組みが進められてきている。

　インクルーシブ保育と統合保育の概念の違いについて石井正子（2013：13）は次のように指摘している。「統合保育が『障害児』と『健常児』を明確に分け，両者の統合をはかろうとするのに対して，インクルーシブ保育においては，すべての子どもが障害の有無にかかわらず，共通の場で保育を受けることを原則とする」。

　また，山本らは，インクルーシブ保育は最初から障害の有無を前提としないこと，すべての子どもを対象としていること，1人ひとりが異なることを踏まえ，そのニーズに応じた保育を行うことを意味するとしたうえで，単に多様な子どもが同じ環境に置かれるのではなく，子どもそれぞれに適切なサポートを

第Ⅱ部　子ども育成支援の実際とソーシャル・キャピタル

伴わせることを意味すると指摘する（山本・山根，2006）。

　このように，インクルーシブ保育では，単に障害のある子どもや多様なニーズのある子どもを一緒に保育する，というだけではなく，あくまでも1人ひとりの子どものニーズに着目することが重要である。すなわち，それぞれの子どもが表明するニーズだけでなく，潜在的なニーズにも着目し，多様なニーズに対応した適切な支援を行うことが重要な意味をもつ。そのためには，保育者が子どもの発育・発達，障害の理解，保護者支援，ソーシャルワークなど多くの専門性に裏付けられた，根拠に基づく保育を実践できることが必要である。同時に，ソーシャル・キャピタルの概念でもある，「信頼」と「ネットワーク」，「互酬性の規範」を通じて多様なニーズをもつ子どもを社会資源とつなぎ，適切な支援が受けられるための方策を考えることも重要となる。インクルーシブ保育の実践では，保育者の子どもとのかかわりにおいて，高い専門性と人と人とが支え合う，そして信頼しあう（ソーシャル・キャピタル）ことができる，豊かな人間性が求められているともいえよう。

　また，障害児保育の取り組みやあり方，考え方として，インクルーシブ保育が広がりをみせるには，保育現場の意識改革も必要であると考える。「わがまま」と「支援ニーズ」の違いに戸惑うこともあるだろうが，子どもが自らの意思を表明したとき，まずは共感し受容するといったソーシャルワークの基本原則も理解しておくことが必要である。それよりも，1人ひとりの子ども（保護者を含めて）が気兼ねなく意見や思いなどニーズを表明できる環境を作っておくことも重要な課題であるといえるのではないだろうか。すなわち，インクルーシブ保育実践では，多様なニーズを有する子どもたちが，自身のニーズを表明できる環境を構築することも必要であろう。

（2）インクルーシブ教育の現状と課題

　日本では障害のある子どもへの教育は，以前は特殊教育として行われてきた。その後，文部科学省「特別支援教育の在り方に関する調査研究協力者会議による最終報告書——今後の特別支援教育の在り方について（答申）」（2003）

を受けてインクルーシブ教育が導入された（韓・小原・矢野・青木，2013）。2007年4月から，「特別支援教育」が学校教育法に位置づけられ，すべての学校において，障害のある幼児児童生徒の支援をさらに充実していくこととなった。特別支援教育について文部科学省「特別支援教育について」において，「『特別支援教育』とは，障害のある幼児児童生徒の自立や社会参加に向けた主体的な取組を支援するという視点に立ち，幼児児童生徒1人ひとりの教育的ニーズを把握し，そのもてる力を高め，生活や学習上の困難を改善又は克服するため，適切な指導及び必要な支援を行うもの」と説明している。つまり，日本では，特別支援教育がインクルーシブ教育としての機能を果たすことをめざしている。

　日本では，インクルーシブ教育について，文部科学省（2012）「共生社会の形成に向けたインクルーシブ教育システム構築のための特別支援教育の推進（報告）」（平成24年7月23日）として議論されてきている場合が多いと指摘されている（落合・島田，2016）。そこで，以下に概要を示す。

　文部科学省（2012）の，「1.共生社会の形成に向けて（1）共生社会の形成に向けたインクルーシブ教育システムの構築」では，「『共生社会』とは，これまで必ずしも十分に社会参加できるような環境になかった障害者等が，積極的に参加・貢献していくことができる社会である。それは，誰もが相互に人格と個性を尊重し支え合い，人々の多様な在り方を相互に認め合える全員参加型の社会である。このような社会を目指すことは，我が国において最も積極的に取り組むべき重要な課題である」と示している。「（2）インクルーシブ教育システム構築のための特別支援教育の推進」では，「特別支援教育は，共生社会の形成に向けて，インクルーシブ教育システム構築のために必要不可欠なものである」としたうえで，「社会全体の様々な機能を活用して，十分な教育が受けられるよう，障害のある子どもの教育の充実を図ることが重要である」と示されている。すなわち，上述したように日本では，インクルーシブ教育の中核を担うのは特別支援教育であり，その推進が図られている。

　特別支援教育は，特別支援学校や特別支援学級などで行われている。近年，

第Ⅱ部　子ども育成支援の実際とソーシャル・キャピタル

特別支援学校や特別支援学級に在籍する幼児児童生徒は増加傾向にあり，視覚障害，聴覚障害，知的障害，肢体不自由，病弱，言語障害，学習障害（LD），自閉症，情緒障害，注意欠陥多動性障害（ADHD）などのような障害のある子どもが在学している。そこではそれぞれの障害に配慮した教育が行われている。

　では，特別支援教育の現状についてみてみると，内閣府（2015：15-16）『平成27年版　子供・若者白書』では，2014（平成26）年度に特別支援教育（幼稚部・小学部・中学部・高等部）を受けている者は，40万6,467人（特別支援学校在学者13万5,617人，特別支援学級在籍者18万7,100人，通級による指導を受けている者8万3,750人）で在学者数全体（1,516万2,936人）の2.7％である。また，特別支援学校の在学者や特別支援学級の在籍者の内訳をみると，知的障害の者が多く，公立の小・中学校で通級による指導を受けている者の内訳をみると，言語障害が41.0％，自閉症が15.9％，学習障害（LD）が14.3％，注意欠陥多動性障害（ADHD）が14.6％，情緒障害が11.2％，難聴が2.6％となっている。

　さらに内閣府（2016：148）『平成28年版　子供・若者白書』では，「発達障害の可能性のある子供は通常の学級にも在籍しており，文部科学省は，発達障害を含む障害のある子供への学校における支援体制の整備を推進している」と指摘している。本来であれば通級による個別指導や特別な配慮が必要となるが，そのような支援を受けられない者が存在することが障害のある子どもの教育の課題となっていると思われる。このような状況を踏まえて，文部科学省では，複雑化・多様化している学校現場に適切に対応できる実践的指導力のある教員を養成するため，教員養成・研修の充実が図られている。

第3節　インクルーシブ保育の事例から俯瞰する課題と支援

（1）インクルーシブ保育の取り組み事例

　障害のある子どもの保育に積極的に取り組んでいる保育園の事例をあげたい。K県H市のJ保育園では，20年前から障害のある子どもの保育に積極的

156

に取り組んでいる。以下にその事例を述べる。

A君（男児4歳）は，ほとんどの保育施設から入園を断られた重度の障害のある子ども（肢体不自由）である。その保護者から入園希望の申出があった。保育園では，園長をはじめ保育士もA君の入園に前向きであった。入園に当たっては，まず，障害のある子どもの保育についての研修や療育機関の勉強会に参加した。専門性を高めるとともに，専門機関に相談できる環境を整えていった。

A君の受け入れに対して，①保護者のニーズに応えること，②対応困難であってもまずは，受け入れる体制を整えることをめざした。その結果として，保護者との信頼関係を構築していった。

また，支援に当たっては，可能な限り他の子どもと一緒に保育を行うことを心がけた。A君ができること，できるための手立てを保育士と保護者が互いに考え，保育を提供していった。保育園だけで対応が困難な場合は，療育施設の訪問指導や助言を受けてA君が保育園で楽しく，安心安全な生活を送ることができるように合理的配慮を行った。A君自身も，積極的に他の子どもたちとかかわりながら成長する姿がみられた。

同時に，他の子どもたちにも次のような変化が現れた。①自ら車椅子を押そうとしたり，「Aちゃんが見えない，前の人，動いて」など子どもの視点から配慮したりする，など優しさを表現するようになった，②ありのままを受け入れるようになった。たとえば「歩けなくても，車椅子で動けるからいいじゃない」やスポーツを楽しむ際は「Aちゃんボール投げて上手いな」など，障害の有無にかかわらず，Aちゃんのありのままを受け入れる姿勢がみられるようになっていった。つまり，障害を個性として受け入れる姿がみられたともいえるのではないだろうか。③Aちゃんだけでなく，子どもたちが困っている時に手をさしのべる姿が多くみられるようになった。これは，Aちゃんへの気配りだけでなく，子どもたちの普段の生活のなかで，困っている子どもに「どうしたの，手伝おうか」と言うような子ども同士のかかわりが増えていった，などである。

第Ⅱ部　子ども育成支援の実際とソーシャル・キャピタル

　さらに，障害のある子どもの保育実践によって，保育士にも変化がみられた。まず，学ぼうとする意識と意欲の向上がみられた。担当する保育士だけでなく，保育園全体で学ぶこと，障害に対する専門性を高めることの必要性が共通認識されていった。互いに励まし合い，学習の機会が増すごとに，応援し協力し支え合う姿がみられるようになった。ここでも重要な視点がある。園長は次のように語っている。

　「保育の専門性が向上するために勉強することはとても大切だと思います。特に園の保育士さんたちは，意欲的に学んでくれました。新人保育士が入ってきても，学ぶ雰囲気の中で成長してくれています。ただ，専門性だけじゃないんですよね。同時に，子どもたちへの愛情や保育士同士が協力し助け合うというような豊かな人間性が根底にあるのだと思います。」

　すなわち，高い専門性と豊かな人間性に裏付けられることで，インクルーシブ保育が実践できるといえるのではないだろうか。

　事例のように，社会資源を活用しながら，A君を支えることで，A君だけでなく，障害のない子ども，保育士も成長することができたといえる。しかしながら，保育施設から小学校への接続には留意する必要がある。保育施設での子どもとのかかわりや支援の方法について，適切な引き継ぎが行われ保育施設と連携を取りながら特別支援教育にあたることも重要な視点であるといえる。

（2）インクルーシブ教育への課題事例
──学校と保護者，関連機関との連携の難しさを考える

　下記に示す事例は，発達障害のある子どもをもつ保護者と学校，関連機関との連携及び教師間の共通理解の困難性を示す事例である。ソーシャル・キャピタルの視点から以下に問題を提起したい。

　発達障害のある子ども（E君）のお母さん（Fさん）は，小学校の時「先生から運動会や発表会の時は，暗に欠席するように言われました。人が集まる場所は苦手でも，他の子どもたちと一緒に，同じ場所にいなくても行事には参加させてやりたかった」と語った。障害のある子どもの受け入れを行っている小

第**10**章　障害のある子どもと子ども育成支援

学校であってもこのような対応をする場合もある。単に学校の対応を非難する
のではなく，このような対応がなされないようにするための手立てを考える必
要がある。たとえば，Ｅ君自身が集団活動を嫌がる場合など，保護者との話し
合いや障害特性への配慮，保育施設や療育機関との連携が必要である。Ａ君へ
の支援と同時に，保護者の思いに寄り添い適切な対応をしていくこともインク
ルーシブ教育においては重要な視点である。その結果として，ソーシャル・
キャピタルの理念でもある相互理解による信頼関係が構築され，保護者と学
校，関係機関が連携してＡ君の育ちを支えることができるのである。すなわ
ち，担当の教師だけが対応するのではなく，人的ネットワークや専門組織であ
る療育機関との協働によってＡ君を支える仕組みづくりが必要であるといえよ
う。

　また，「授業中に教室のなかでじっとしていることができないのなら，個別
の対応が必要です。他の子どもと一緒に勉強することは難しいです。ご家庭で
はどのような対応をなさってるのですか，と言われた。しかし，他の先生から
はまた違った対応で，大丈夫です，今は，学校に慣れることが必要ですので，
もうしばらくＡ君の様子を観察して行きます。と言われた」とも述べている。
教師によって対応が変わるということは，教師間の共通理解がなされていない
と考えることができる。学校の方針だとしても，丁寧な説明責任があろう。す
なわち，インクルーシブ教育において大切なことの１つとして，学校全体でイ
ンクルーシブ教育の意味，理念，あり方などの共通理解が必要である。同時
に，インクルーシブ保育の場合は，保育の場に障害のある子どもがいることが
前提であるという考えであり，インクルーシブ教育においても，こうした教育
の場に障害のある子どもが存在することが自然な姿であるといった意識をもつ
ことも重要である。

　また，インクルーシブ教育の理念だけでなく，障害についての理解，支援方
法についての学びや研修の必要性など，教師が共通理解することの重要性がわ
かる。また，共通理解を促すためには良好な人間関係が構築されていることが
重要である。教員間の人間関係は子どもの教育・指導に影響を与えることから

159

も，教師の人間関係，また，教師と教師の人間関係について留意しておくこと求められる。互いが信頼しあい，認め合うことで良好な人間関係が構築されることはいうまでもない。同時に，障害のある子どもの教育では，普段の子どもの行動や教師のかかわりなどを保護者に対して丁寧に説明するなど，保護者目線でのかかわりが大切になってくるのではないだろうか。

　本事例でも，Ｆさんは，「今考えると，小学校も一生懸命に取り組んでくれていたと思います。ただ，障害のこととか，支援のやり方とか，わからなかったのかなとも思います」と述べるように，学校は障害のある子どもを受け入れ，丁寧なかかわりをしていると思われるが，保護者への説明不足や教師間の共通理解が必要であったと思われ，今後の課題である。

第4節　インクルーシブ社会の構築に向けて

（1）インクルーシブ社会の実現をめざして

　インクルーシブ社会の実現をめざして，以下の3点を指摘する。

　1点目は，身近な場所でインクルーシブな文化や風土を作ることである。社会全体がインクルーシブになることは素晴らしいことである。しかし，実現の道のりは険しい。そのため，まず，身近な場所からインクルーシブな文化や風土作りをしていくことが重要であると考える。家庭，地域社会，学校，保育施設，会社，病院，福祉施設などがネットワークを作り，さらに1人ひとりが属する組織で1人ひとりの違いや多様性を認め合い，インクルーシブな風土をめざすのである。そのためには，良好な人間関係を構築することが必要であり，その1つの方策が他者の良い面に着目することである。他者の欠点や悪い行動ばかりに目をやらず，良い面や得意な面に着目し，気づいたらそれを伝えることができる文化や風土を作ることが大切である。その結果として，適切なコミュニケーションが図られ，1人ひとりを認める（承認し合う）ことができる風土が構築されていくのである。

　このような，ネットワークを通じた人間関係づくりから互いが支え合うこと

第**10**章　障害のある子どもと子ども育成支援

で，インクルーシブ社会はできるのではないだろうか。

　2点目は，インクルーシブ社会をめざした「人権教育の推進」である。筆者はインクルーシブ社会と権利擁護は表裏一体であると考える。他者の権利を認めること，人権を擁護することでインクルーシブ社会が構築されると考えている。そこで，インクルーシブ社会の構築には，幼少期から子どもの権利が保障され，かつ，人権意識を高めるための仕組みが必要であると考える。その1つとして保育・学校教育で人権に対する体系的な教育を行い，子どもが人権に対して正しく理解するための取り組みが求められる。

　また，熊本理抄は，日本の人権思想におけるソーシャル・インクルージョンーの意義として，①差別・排除の克服だけでなく，無視・無関心を排して，社会の正当な構成員としての「つながり」を再構築すること，②社会的な困難を抱える人々が「排除されない」，「孤立させられない」という関係づくりのもとで「自らの存在に誇りを持つこと」によってエンパワメントされ，希望がもてること，③すべての人々が，対等な関係性のもとで，違いを認め合い，ともに生きていくこと，「支援する―支援される」という一方向的な関係でなく，協働や対話のなかで互いを生かしあい，育て合うことができる関係を築くこと，などの重要性を指摘している（熊本，2007：56）。つまり，一方向的ではない，利他的なかかわりから，他者を支える，他者とのつながり，支え合いなどの互酬性の規範(2)というような考え方，行動が取られるようになるのではないだろうか。

　3点目は，子どもにかかわる専門職のインクルーシブに関する理解とその教育である。インクルーシブ社会をめざすうえで，重要となるのがその教育である。幼少期から多様性を認める意味や知識などを学ぶことが必要である。そこで，保育，教育の分野において，インクルーシブに関する知識と技術をもつ保育士・幼稚園教諭（以下，「保育者」という）等や小学校教諭・中学校教諭・高等学校教諭（以下，「教員」という）の養成・育成が必要である。

　小木曽ら（2016）は，「特別支援教育コーディネーターや特別支援学級担当の教員，学級に入る支援員などに専門性のある教員など適材を配置し，これら

第Ⅱ部　子ども育成支援の実際とソーシャル・キャピタル

の立場の職員を中心として，校内でのスーパービジョンやコンサルテーションの体制を整えていくことが，今後の特別支援教育の推進の一助になると考える」と述べ，特別支援教育の現場でも，専門性向上と特別支援学級担当の教員などの支援が必要であることを指摘している。また，インクルーシブ教育の必要性を感じながらも，教育現場では，不安感があることを取り上げ，まずは，インクルーシブ教育を知ること，知らせることを大切にし，インクルーシブ教育のあり方を教員1人ひとりが考える必要があることも指摘している（小木曽・都築，2016）。教育現場にあっても，教員側にインクルーシブ教育についての専門性が十分であるとは言い難く，意識を含めてインクルーシブの必要性，重要性を認識するような教育的取り組みが必要である。インクルーシブ社会をめざすうえで保育者，教員を中核とした教育・研修体系の構築が必要であると思われる。

（2）インクルーシブ社会の実現に向けた課題

最後にインクルーシブ社会の実現に向けての2つの課題を以下に述べる。

1点目は，障害のある子どもに特化しないインクルーシブ社会の実現である。文部科学省が「共生社会の形成に向けたインクルーシブ教育システム構築のための特別支援教育の推進（報告）」（平成24年7月23日）を示したことからも，日本では，特別支援教育や障害児保育への取り組みとしてインクルーシブが取り上げられることが多い。しかし，本来は多様なニーズをもつ人々を認め合い，互いに支え合いながら生きることができる社会を作ることがインクルーシブ社会である。つまり，ソーシャル・キャピタルの思想にもあるように，多様なニーズをもつ人々が地域社会で孤立や排除されるのではなく，人々が他者を信頼し互いに認め合い，支え合う，ことができる環境を作ることが重要な視点である。その結果として，インクルーシブ社会の実現可能性がみえてくるのではないだろうか。

また，特別支援教育の理念にもあるように，「障害の有無やその他の個々の違いを認識しつつさまざまな人々が生き生きと活躍できる共生社会の形成の基

礎となる」ことを理解しなければならない（文部科学省，2007）。

　2点目は，社会における合理的配慮の浸透である。障害者の権利条約では，「過重な負担のない個別に必要な変更・調整」を意味する合理的配慮を否定することが障害者差別と明記された（川島・東，2008：16）。また，「障害を理由とする差別の解消の推進に関する法律」（平成25年法律第65号）の施行によって，同法第5条において合理的配慮に関する規定が示されている。あくまでも，過重な負担とならない，あるいは，可能な限りと限定されてはいるが，地域社会の人々にも合理的配慮について知識と理解が求められる。

　合理的配慮については，法律で定められているからできる，というものでもない。地域社会の人々がそれぞれの立場や役割，そして多様性を認め合い，共生することの重要性を理解することではじめて，合理的配慮ができるようになるのではないだろうか。すなわち，感情に左右されない，1人ひとりの多様なニーズに対応するための合理的配慮が社会に広く認識されることができるような取り組みをしていくことが今後の課題であろう。

注
(1)　インクルーシブ教育にはフル・インクルージョンとパーシャル・インクルージョンの2つの考え方がある。前者はすべての障害のある子どもを通常の学校に在籍させること，後者は，対象の子どもが望むならば特別支援学校などに在籍させる，という意味あいで使われている。
(2)　「互酬性の規範」については，稲葉陽二・吉野諒三（2016）『ソーシャル・キャピタルの世界――学術的有効性・政策的含意と統計・解析手法の検証』ミネルヴァ書房，に詳しい。

引用・参考文献
石井正子（2013）『障害のある子どものインクルージョンと保育システム』福村出版。
一般社団法人全国保育士養成協議会監・西郷泰之・宮島清編（2017）『ひと目でわかる基本保育データブック2017』中央法規出版。
韓昌完・小原愛子・矢野夏樹・青木真理恵（2013）「日本の特別支援教育におけるインクルーシブ教育の現状と今後の課題に関する文献的考察――現状分析と国際比較分析を通して」『琉球大学教育学部紀要』83，113-120。
川島聡・東俊裕（2008）「第1章　障害者の権利条約の成立」長瀬修・東俊裕・川島聡

第Ⅱ部　子ども育成支援の実際とソーシャル・キャピタル

編『障害者の権利条約と日本——概要と展望』生活書院。

熊本理抄（2007）「chapter 5　人権思想からみたソーシャル・インクルージョン」日本ソーシャルインクルージョン推進会議編『ソーシャル・インクルージョン格差社会の処方箋』中央法規出版。

文部科学省初等中等教育局長通知（2007）「特別支援教育の推進について（通知）」平成19年4月1日付け19文科初第125号。

文部科学省（2008）「特別支援教育について」『障害のある子どものための地域における相談支援体制整備ガイドライン（私案）第2章相談・支援のための体制づくり』（平成20年3月）文部科学省・厚生労働省（http://www.mext.go.jp/a_menu/shotou/tokubetu/material/021/003.htm，2016.11.9）。

文部科学省（2008）「特別支援教育について」（http://www.mext.go.jp/a_menu/shotou/tokubetu/main.htm，2016.11.10）。

文部科学省（2012）「共生社会の形成に向けたインクルーシブ教育システム構築のための特別支援教育の推進（報告）」（平成24年7月23日）初等中等教育分科会（http://www.mext.go.jp/b_menu/shingi/chukyo/chukyo3/044/attach/1321669.htm，2016.11.10）。

内閣府（2013）『平成25年版少子化社会対策白書』。

内閣府（2015）『平成27年版　子供・若者白書』。

内閣府（2016）『平成28年版　子供・若者白書』。

落合敏郎・島田保彦（2016）「共生社会をめぐる特別支援教育ならびにインクルーシブ教育の在り方に関する一考察——Mary Warnock and Brahm Norwich（2010）の視点から」『特別支援教育実践センター研究紀要』14，27-41。

小木曽誉・都築繁幸（2016）「特別支援教育体制とインクルーシブ教育システムに関する一考察」『障害者教育・福祉学研究』12，155-163。

才村純（2009）「子どもの家庭福祉の現状，課題と展望」岸井勇雄・武藤隆・柴崎正行監修，網野武博・柏女霊峰編著，前橋信和・尾木まり・才村純・加藤博仁『保育・教育ネオシリーズ6　子ども家庭福祉の新展開』同文書院。

障害児支援の在り方に関する検討会（2015）「障害児支援の在り方に関する検討会（報告書）——『発達支援』が必要な子どもの支援はどうあるべきか」平成26年7月16日（http://www.mhlw.go.jp/file/05-Shingikai-12201000-Shakaiengokyokushougaihokenfukushibu-Kikakuka/0000051490.pdf，2016.11.11）。

髙橋智（2007）「第1章　特別支援教育の現状とシステム」東京学芸大学特別支援科学講座編・編集代表髙橋智『インクルージョン時代の障害理解と生涯発達支援』日本文化社『琉球大学教育学部紀要　』83，113-120。

山本佳代子・山根正夫（2006）「インクルーシブ保育実践における保育者の専門性に関する一考察——専門的知識と技術の観点から」『山口県立大学社会学部紀要』12，53-60.

山縣文治・柏女霊峰編集委員代表（2013）『社会福祉用語辞典——福祉新時代の新しいスタンダード』ミネルヴァ書房。

第11章
放課後等の子どもの生活と子ども育成支援
——子どもの豊かな遊び・生活を実現する地域コミュニティの創造——

小崎恭弘

本章では学齢期の子どもの放課後等の豊かな育ちについて考える。近年，子どもたちの放課後を取り巻く環境は大きく変化している。児童健全育成とは，子どもたちが心身ともに健やかな状態が保てるよう支援することであり，放課後における児童健全育成については児童館・放課後児童クラブがその中心的役割を果たしている。

特に留守家庭の子どもたちを対象に育成支援を実施する放課後児童クラブ（学童保育）へのニーズは高く，子ども・子育て支援新制度においても量の拡充と質の向上が求められている。

また児童館・放課後児童クラブでは，遊びや生活支援を通して子どもたちの日常とかかわることにより，虐待や貧困等，困難を抱える子どもを発見する場ともなっている。このような子どもたちに対し，地域住民の協力を得られるよう児童館・放課後児童クラブは地域に向けて情報を発信し，つながりを構築していく必要がある。地域住民1人ひとりが「地域親」として子どもたちを支える新たなコミュニティの創造が望まれている。

第1節　放課後の子どもを取り巻く環境

（1）放課後の子どもを取り巻く環境の変化

近年，子どもたちの「放課後」を取り巻く環境は大きく変化している。すなわち，子どもたちの放課後の生活を豊かに彩っていた「時間」「空間」「仲間」の3つの間，いわゆる「三間」の喪失である。

戦後，子どもたちの姿は空き地や公園・路地など，いたるところで目にする

ことができた。子どもたちは近所の遊び場に思い思いに集合し，異年齢の遊び集団を形成しながら野球や大縄とび，かくれんぼや鬼ごっこなど，様々な遊びに熱中してきた。しかしながら，高度経済社会が進むにつれ，それまで子どもたちが遊んでいた空き地は宅地や工場へと姿を変え，路地にも車や単車が行き交うようになり，子どもたちが安心して遊ぶ放課後の「たまり場」は失われていくこととなった。唯一子どもたちが気軽に遊べる場所であった公園でさえ，近年では公園で遊ぶ子どもの声が騒音であるとの近隣住民からの苦情が問題となったり，ボール遊びが「危険な遊び」として禁止されるなど，子どもが子どもらしく自由に遊ぶことのできる場所が少なくなりつつあるのが現状である。

　また，子どもたちの遊び集団にも大きな変化が起きている。少子化が進むなかで，かつて自然発生的に出現していた異年齢での遊び集団が成立しにくくなっている。文部科学省が2005年に実施した「地域の教育力に関する実態調査」によれば，平日一緒に過ごす相手として「学年や年の同じともだち」をあげた子どもは77.5％，「学年や年齢の違うともだち」をあげた子どもは36％であった。また，両親を除く異世代との接点を尋ねたところ，「自分の兄弟姉妹」約40％，「学年や年齢の近いともだち」約30％となっており，「地域の大人」に至っては，0.8％という結果であった。遊ぶ場所を失い，遊び集団も縮小されるなか，家族や友達以外の接点をもたない子どもたちの様子が見て取れる。

　さらに，小学校で2002年度から2010年度まで導入された学習指導要領に基づく教育，いわゆる「ゆとり教育」が要因とされた子どもたちの学力低下問題を受け，2007年に公表された教育再生会議の第2次報告書では，授業時間の10％増や必要に応じて土曜日の授業を復活させること等が盛り込まれ，学校現場でもこれらの流れに追随した動きをみせている。

　このように子どもたちの放課後を取り巻く環境は大きく変化しているが，子どもたちが過ごす放課後の価値までが下がったわけではない。子どもたちが自由にのびのびと過ごす時間が限られてしまっている（図11-1）。だからこそ，次代を担う子どもたちの心と体を健やかに育む健全育成の理念と意義を今一

第11章 放課後等の子どもの生活と子ども育成支援

図11-1 子どもたちと放課後の時間

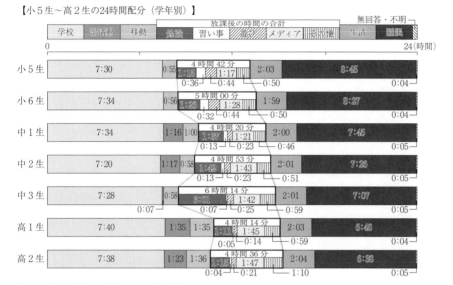

注：1）部活動は中・高校生のみにたずねた。
　　2）遊び，勉強，習い事，メディア，その他に分類されている行動は，わずかに放課後以外の時間帯にも行われているが，それらも含めて放課後の時間として示した。
出所：ベネッセ教育総合研究所（2009）『放課後の生活時間調査　子どもたちの24時間』。

度，考え直していく必要性がある。

（2）児童健全育成とは

　児童健全育成とは，次代を担う子どもたちの心と身体の健康や福祉を増進し，子どもたちの自己実現を図ることである。1947年に制定された児童福祉法では，これまで重視されていた要保護児童等を対象とした救済措置から，すべての子どもを対象とした児童健全育成へと理念を変えてきた。
　児童健全育成は，以下の5つを基本目標としている。
- 身体の健康増進をはかり体力や抵抗力をバランス良く育むこと
- 不安や緊張感などのストレスを感じない安定した心の状態を保つこと
- 「生きる力」や「メディア・リテラシー能力」に代表されるような知的

167

第Ⅱ部　子ども育成支援の実際とソーシャル・キャピタル

適応能力を高めること

- 他者との関係性やコミュニケーション力等を身に付け社会的適応能力を高めること
- 子どもにとって価値のあるものに対して心地よいと感じる情操を豊かにすること

これらについて子どもたち1人ひとりの個性に応じてバランスよく育むことが児童健全育成においては重要である。

　また児童健全育成の特徴としては，「遊びを重視すること」，「子ども集団を構成すること」，「地域の多様な人の協力があること」，「公的・組織的に行うこと」，「子どもの主体性を重視すること」があげられる。子どもの健全育成とは，国家や企業，また保護者のためのものではなく，第一に子どもたちの最善の利益を保障するためのものである。また個人や家庭のレベルで行われるものではなく，地域の大人たちが集団的・組織的かつ継続的に行っていくことが求められる。児童館や放課後児童クラブは，児童福祉における健全育成の理念を子どもたちの放課後の生活を中心として，もっとも具現化した施設であるといえる。

第2節　放課後の子どもたちを取り巻く諸課題

(1) 放課後児童クラブ (学童保育) を取り巻く社会の変化

　放課後児童クラブとは，共働き家庭等の理由で昼間保護者が家庭にいないいわゆる留守家庭の児童を対象に，学校の余裕教室や児童館や公民館等で，おもに放課後の時間を使って適切な遊びや生活の場を提供することにより，子どもたちの健全育成を図る事業のことである。本事業については，これまで国が定めた設備運営基準等はなく，各自治体の裁量によって運営されてきたため，地域ごとに「学童保育」「留守家庭子ども会」「地域児童育成会」等，様々な名称で呼ばれてきた。しかしながら，2015年に「子ども・子育て支援新制度」が施行され，本事業が全国一定水準の運営内容を求められるにあたって，厚生労働

省では本事業を「放課後児童クラブ」もしくは「放課後児童健全育成事業」、本事業に従事する専門職員を「放課後児童指導員」から「放課後児童支援員」へと名称を統一するに至っている。したがって本章では、本事業の名称を「放課後児童クラブ」、専門職員を「放課後児童支援員」と呼ぶ。

　放課後児童クラブを取り巻く現状として最も特徴的なのは、放課後児童クラブにおける待機児童問題である。社会情勢の不安定化や家庭におけるライフスタイルの変化等に伴い、近年、共働き家庭やひとり親家庭の子どもが増加している。また、子どもたちが巻き込まれる事故や事件も多発し、保護者の両立支援と子どもたちの安心・安全な放課後の居場所を保障する放課後児童クラブへのニーズは年々増加している。厚生労働省のデータによれば、2016年現在の全国の放課後児童クラブ数は2万3,619か所、登録児童数は1,09万3,085人となっている（図11-2）。この設置数は全国の小学校数2万601校（2015年現在）を上回る数値となっており、ニーズの高さをうかがい知る結果となっている。

　特に都市部におけるニーズは高く、苦労してわが子を保育園に入園させて仕事復帰したにもかかわらず、小学校入学時に子どもを放課後児童クラブに入れようとしても定員超過で入ることのできない、いわゆる「小1の壁」に突き当たり、仕事の就労条件を変更するか辞めざるを得なくなるという問題が起きている。また都市部では、希望する民間学童保育にわが子を通わせるために小学校入学の数年前からインターネットで予約を入れておくなど、放課後児童クラブの待機児童を取り巻く問題は年々深刻化している。

　また放課後児童クラブに入所しても、2012年の児童福祉法改正以前は対象年齢が「おおむね10歳未満」とされていたことから、小学校3年生終了と同時に放課後児童クラブも退所となり、小学4年生からは公的な放課後の受け皿がないという「小4の壁」問題も年々大きくなっていった。この問題については、前出の児童福祉法改正により対象児童が「小学校に就学している児童」と改められ、2015年の同法施行より小学6年生までが利用可能となった。しかしながら、この間に放課後児童クラブの設置数が劇的に増加したわけでもなく、また年長児童に対応した受け皿を用意している放課後児童クラブもまだまだ少ない

第Ⅱ部　子ども育成支援の実際とソーシャル・キャピタル

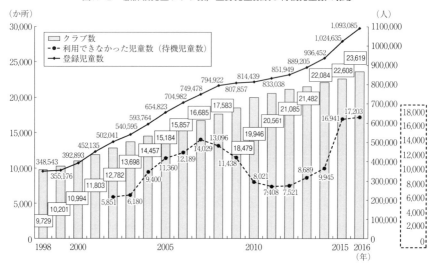

図11-2　放課後児童クラブ数，登録児童数及び待機児童数の推移

出所：厚生労働省（2017）「平成28年放課後児童健全育成事業（放課後児童クラブ）の実施状況（5月1日現在）」。

ため，待機児童問題の根本的な解消とは結びついていないのが現状である。前出の厚生労働省のデータによれば，2016年現在の待機児童数は1万7,203人となっているが，この数字はあくまでも通所希望者のなかでの数字であり，潜在的なニーズも含めた待機児童数は約30万人に上るのではと厚生労働省はみている。

このような待機児童の増加や社会のニーズに応えるように，近年では民間の学習塾や一般企業，スポーツクラブなどが相次いで放課後児童健全育成事業に参入している。これらの事業者のなかには，児童健全育成の理念よりも塾や習い事としての付加価値を重視する民間施設も多く，本当の意味での「子どもたちの放課後の質」をどう担保していくかが大きな課題となっている。

（2）子ども・子育て支援新制度における放課後対策

2015年4月より施行された子ども・子育て支援新制度では，子育て支援に関する諸事業の「量の拡充」と「質の向上」が重点課題とされている。放課後対

第**11**章　放課後等の子どもの生活と子ども育成支援

表11-1　放課後事業の内訳

事業名	放課後子どもプラン		児童館
	放課後児童クラブ	放課後子ども教室	
主管官庁	厚生労働省	文部科学省	厚生労働省
対象児童	留守家庭児童	小学校1～6年生	0～18歳
内　容	遊び・生活・健全育成	学習・スポーツ・文化活動・交流	健全育成・（子育て支援）
従事者	放課後児童支援員（専任職員）	安全管理員・学習アドバイザー・ボランティア	児童厚生員（専任職員）

出所：中村かおり（2013）「地域における児童館の果たすべき役割と可能性に関する研究」『大阪人間科学大学紀要』。

策については，地域の実情に応じた子育て支援を行う「地域子ども・子育て支援事業」の一つとして放課後児童クラブが位置付けられ，放課後児童健全育成事業においても量と質の充実が求められている。

①　放課後児童クラブにおける量の拡充

　政府は「小1の壁」打破をめざし，2014年から2019年度末までに，放課後児童クラブの定員を約30万人分拡充する目標を掲げた。具体的な対策として実施されているのが，厚生労働省の「放課後児童クラブ」と文部科学省の「放課後子ども教室」を一体化した「放課後子どもプラン」型事業の推進による待機児童の解消である。「放課後子ども教室」とは，地域の教育力向上と子どもたちの居場所づくりを目的に，おもに小学校区単位で実施されている文部科学省の放課後対策事業である。放課後児童クラブと異なる点は，放課後児童クラブが留守家庭児童を対象としているのに対し，放課後子ども教室は当該小学校に通っている児童であれば，親の就労に関係なく1年生から6年生まで誰もが利用できる，全児童対象事業である点である（表11-1）。

　上記で述べたとおり，「放課後子どもプラン」は小学校内のすべての児童を対象としているため，待機児童解消の特効薬としての効果が期待されている。そのため，放課後子ども教室事業が正式な事業となった2007年度からは「放課後子どもプラン」型の放課後対策事業が積極的に推奨されることとなった。

第Ⅱ部　子ども育成支援の実際とソーシャル・キャピタル

　2014年に厚生労働省・文部科学省共同で策定された「放課後子ども総合プラン」においては，全小学校区約２万か所で実施される放課後児童健全育成事業のうち，１万か所以上を一体型で実施する方針を打ち出している。なお，30万人の定員数増については，2016年に閣議決定された「ニッポン１億総活躍プラン」において，１年前倒しして目標達成をめざすことが盛り込まれ，2018年までに定員を約120万に拡大することをめざすとされている。

　②　放課後児童クラブにおける質の向上

　子ども・子育て支援新制度において，放課後児童クラブが子育て支援事業の一翼を担うにあたり，これまで自治体によってまちまちであった放課後児童クラブの設置や運営について，全国的に一定水準の質の確保に向けた取り組みを一層進めていく必要性が出てきた。

　2014年に改正された児童福祉法では，放課後児童クラブの設備及び運営について，省令で定められる基準を踏まえて各市町村が条例で定めることとされた（法第34条の８の２）。それに伴い，同じく2014年に「放課後児童健全育成事業の設備及び運営基準（以下，「設備運営基準」という）」が策定・公布され，さらに放課後児童クラブの運営と設備に関して，国による具体的な内容及び運営方針として2015年には「放課後児童クラブ運営指針（以下，「運営指針」という）」が策定・公表された。

　設備運営基準では，支援の目的や開所時間，児童の集団規模や必要となる設備が参酌すべき基準として記載されたが，職員については，保育士，社会福祉士等の資格を基本とし，なおかつ都道府県が実施する研修を修了した者を「放課後児童支援員（以下，「支援員」という）」とし，支援の単位ごとに支援員を２人以上配置することが，従うべき基準として明記された。なお支援員については，配置される２人のうち１人について子育て支援員等の補助員の代替が可能となっている。

第 **11** 章　放課後等の子どもの生活と子ども育成支援

第3節　放課後の子どもたちの生活と遊び

（1）放課後児童クラブにおける活動

「放課後児童クラブ運営指針」（以下，「運営方針」という）では，放課後児童クラブの特性である「子どもの健全育成と遊び・生活の支援」を「育成支援」と定め，放課後児童クラブの全国的な共通認識として定義している。育成支援の基本的な考え方としては，子どもが安心して過ごすことのできる生活の場としてふさわしい環境を整え，安全面に配慮しながら子どもが自ら危険を回避できるようにしていくとともに，子どもの発達段階に応じた主体的な遊びや生活が可能となるように，自主性，社会性及び創造性の向上，基本的な生活習慣の確立等により，子どもの健全育成を図るものとしている。

このように，放課後児童クラブにおける育成支援とは，子どもたちに対する援助だけでなく，保護者に対する援助の機能もあわせもっている。しかしながら昨今では，放課後児童クラブの機能として，保護者への両立支援が強調される傾向が強い。保護者の就労が継続できなくては，児童健全育成の基盤である家庭の機能が脆弱となってしまう点からも，保護者への就労を支える役割は重要である。しかしながら，本事業において常に考えなくてはいけないのは，あくまでも子どもたちの心身の豊かな育ちである。特に放課後児童クラブにおいては，子どもたちは自ら希望して通い始めたわけではなく，親の事情で通い始めた児童が大半である。だからこそ，放課後児童クラブは子どもたちに安心・安全な居場所を提供するとともに，きっかけはともかくとして，子どもたちが自ら進んで「通いたい」と思えるような環境づくりを心がける必要がある。

放課後児童クラブは，年齢や発達の状況が異なる様々な子どもたちが共に生活する場である。職員である放課後児童支援員は，専門職として，それぞれの子どもの育ちや発達の特徴や，子ども同士の関係を捉えながら育成支援を実施していくことで，子どもたち1人ひとりと集団全体の生活の双方を豊かにすることが求められている。

第Ⅱ部　子ども育成支援の実際とソーシャル・キャピタル

（2）児童館における事例

　児童館は，0～18歳までの児童に健全な遊びを与えて，心身の健全育成をはかることを目的とした児童厚生施設の1つである（児童福祉法第40条）。放課後児童クラブとは異なり，利用対象を限定しない施設であるため，就学前親子を対象とした子育て支援から中高生世代の支援まで，幅広い活動が行われている。2015年現在の児童館の設置数は，全国で4,613館となっている。

　児童館についても，放課後児童クラブ同様，児童館の運営や活動に対する一定基準を示すものとして，2011年に「児童館ガイドライン」が策定されている。児童館ガイドラインにおいては，児童館の基本理念を「児童福祉法の理念を地域社会の中で具現化する施設」であるとし，地域児童の健全育成を担う施設としての位置付けがされている。

　以下で，地域の子育て支援と学校教育の交流契機に関する児童館での具体的活動と支援の事例についてみていく。

・概要

　A児童館では毎週木曜日の午前中に0歳児の赤ちゃんとその保護者を対象とした「ぴよぴよクラブ」を実施している。毎回10組程度の親子連れが参加し，季節に応じたプログラムや参加者同士の交流，また子育ての相談や地域の子育てに関する情報交換を行っている。

・具体的な事例

　日常の活動では小学生や中学生は学校のために来館はしていない。しかし夏休みなどの学校の長期休業時は，地域の小中学生が児童館に来館していることがある。小中学生の活動する部屋とぴよぴよクラブの活動する部屋はそれぞれに区切り，基本的には一緒に活動することなどはなかった。活動の内容の違いや衛生面などを配慮して，このようなかたちとなった。

　中学生が夏休みの家庭科の宿題の一環として「乳幼児の生活調べ」というものをもってきており，ぴよぴよクラブへのインタヴューを行うこととした。衛生面の配慮や保護者，赤ちゃんとのかかわりについて児童館の職員が指導を行い，丁寧にかかわる形で実現できた。中学生の感動や体験はとても印象的なも

第11章　放課後等の子どもの生活と子ども育成支援

のであり，若年層と乳児のかかわりの教育的な意義が大きく感じられた。

　このことを契機に夏休みの間の中学生赤ちゃんボランティア活動が進展し，赤ちゃん，保護者，中学生の三者の交流が活発になり始めた。その結果地域の中学校での家庭科の授業へのゲストとして，ぴよぴよクラブ参加者が招かれることとなった。育児中の母親や父親が，学校教育の場で様々な体験などを発表し，乳幼児と中学生とのふれあい体験授業が行われることとなった。

　児童館の活動を中心として，地域の子育て中の保護者と学校教育の連携が図られ，地域の社会資源の発見・活用がうまく行われた。児童館は，単に地域の子育て家庭のためのものではなく，広く社会全体の資源としての役割がある。それらを意識した，児童館ならではの活動が求められる。

第4節　放課後の子どもたちの生活と遊びの保障

（1）子どもの育ちと放課後をどのように守るのか

　放課後の生活を中心として，子どもたちの健全育成のために大きな役割を果たしている児童館・放課後児童クラブであるが，それらを取り巻く環境は非常に厳しい。

　児童館においては，「児童館ガイドライン」において，18歳未満までのすべての子どもを対象として，遊び・生活援助・地域子育て支援による児童の健全育成を図ることが目的とされている。しかしながら，児童館は法的に設置義務のない公的施設であることから，利用対象が小学生に限定されたり，午前中の子育てプログラムに特化して運営されるなど，自治体によって児童館の位置づけが様々となっているのが現状である。また施設の老朽化等を理由に，児童館の廃止や，放課後児童クラブや中高生向けセンター・子育て支援施設への転用あるいは施設再編等，児童館の存在意義そのものが問われている。唯一の国立児童館として，わが国の児童館施策の牽引役であった東京・青山の「こどもの城」が2015年に閉館となったことは記憶に新しい。

　また放課後児童クラブにおいては，先にも述べた通り，とどまることのない

社会的ニーズを背景に塾やスポーツクラブなどが運営する習いごととしての付加価値を重視した放課後児童クラブも台頭している。ある企業が運営する児童クラブでは，小学校の校門前までスタッフが子どもを迎えに行き，クラブ内では英語のレッスンなどの定期的なプログラムが実施され，オプションで夕食や21時までの延長保育が可能であり，帰宅も自宅まで送り届けてくれるという，至れり尽くせりの「かゆいところに手が届く」サービスにより保護者の好評を得ている。しかしながら，児童健全育成という「福祉」の視点よりも「サービス」の視点が重要視され，「子どもにとっての最善の利益の保障」というよりは，「保護者にとって便利なサービスである」という感は否めない。

　子どもたちにとって放課後を過ごすということは，学校でも家庭でもない子どもたちの第3の居場所であり，子どもが子どもらしくいられる場所・時間であり，様々な遊びや体験から社会性など人生で必要な知恵と力を育む機会である。そして，児童館・放課後児童クラブは，「放課後＝第3の居場所」として，これらの子どもたちの育ちを継続して見守ることができる唯一の地域拠点施設である。今一度子どもたちにとって最も必要とされるもの＝最善の利益の意味を考え直し，子どもに軸足を置いた放課後支援を考えることが求められている。

（2）子どもたちが育つコミュニティの創造をめざして

　現代は子どもが子どもらしく生きることを容易に認めない社会である。公園で遊べば騒音だと言われ，コンビニの前で中高生が集まれば通報されることもあると聞く。その背景に子どもたちにとって快適な遊び空間がなくなってしまっていることや，遊び空間を大人たちが奪っているという事実に目が向けられることはほぼない。また競争化社会においては過程よりも結果が重視され，学校現場や習いごとにおいても失敗を認めず，早急な成果を求められるという大人の社会そのものの，厳しいまなざしのなかで子どもたちは生きている。

　しかし当然のことながら，子どもたちの抱える課題は，子どものみが原因で起こることはほとんどなく，その大半は家庭や社会などの環境に左右されるも

第11章　放課後等の子どもの生活と子ども育成支援

のである。いわば子どもの問題とは，大人や社会の抱える問題の写し鏡である
ともいえる。子どもの虐待や貧困の問題は，まさにこのような状況を背景とし
ており，当然のことながら子どもたち自身の力でどうにかできるという問題で
はない。また子どもから声を発することもほぼ困難である。そこには大人のあ
たたかな見守りと確かな支援が必要とされる。

　児童館や放課後児童クラブは，遊びを中心として子どもたちと継続的にかかわ
ることから，これらの日常的な変化を捉えやすい。そのような子どもたちや
家庭に対し，必要な支援とつないでいく予防的役割も児童館・放課後児童クラ
ブには求められている。しかしながら，このようなシビアなケースの子どもた
ちに対し，児童館や放課後児童クラブのみで支援を行っていくことは難しい。
子どもたちの生活基盤はあくまでも家庭であり，子どもたちは家庭のある地域
のなかで育っていく。継続的な支援・見守りを行っていくうえでは地域の大人
たちの支援は欠かすことはできない。しかしながら，現代社会では地域コミュ
ニティが分断され，「地域の子どもは地域で育てる」という風潮が失われつつ
ある。マンション等では隣に住んでいる人の顔も知らないという関係性のなか
で，保護者にのみ子育ての責任がかかることも保護者の育児負担感を招く一因
となっている。

　このような関係性を打破するために，児童館や放課後児童クラブは，地域の
児童健全育成拠点である特徴を活かし，自身の活動を広く地域にアピールし，
活動について地域住民の理解を得る努力をしていく必要がある。児童館・放課
後児童クラブへの理解が深まるということは，子どもたちに対する地域の大人
の理解が深まるということでもある。また，子どもたちにとっても，保護者や
教師以外の様々な大人の姿と触れ合うことにより，多様な価値観があることを
知る貴重な機会となる。

　近年では，子どもたちを取り巻く人間関係には，親や教師との「タテの関
係」，ともだち同士の「ヨコの関係」がほとんどであり，かつてのおせっかい
な近所のおじさん・おばさんのように，第三者の立場で子どもたちを見守って
くれる，いわば「ナナメの関係」の大人が不在であると言われている。地域住

第Ⅱ部　子ども育成支援の実際とソーシャル・キャピタル

民に加え，親でも友達でもない児童館・放課後児童クラブ職員もいわば「ナナメの関係」の大人であろう。「ナナメの関係」の大人たちを地域に増やし，子どもに対する厳しい視線ではなく，あたたかいまなざしを増やしていくことが，地域における子どもたちの健やかな育ちに求められる視点である。

　これらの子どもを見守る関係性の充実は単なるネットワークの構築にとどまらず，地域社会に対する信頼関係の醸造につながる。ソーシャルキャピタルとは，地域社会の物的なつながりを基盤に置き，人や機関との関係性の構築を目指すものであるが，その根底に存在するのは「地域への信頼」と「未来への信頼」である。

　児童館や放課後児童クラブが地域の接着剤となり，子どもと地域住民をつなぐことによって，子どもを中心に据えた新たな地域活動を展開していくことは，子どもたちのみならず，地域の未来をも育む活動である。子どもの声が響かない町に未来はない。地域の大人1人ひとりが，地域における子どもたちの親＝「地域親」であるという意識をもち，ともに支えあえる地域づくりを心がけていくことが，子どもが育つ新たなコミュニティの創造に向けての第一歩となるであろう。

引用・参考文献

Benesse 教育研究開発センター（2009）『放課後の生活時間調査ダイジェスト版』。
文部科学省（2005）「地域の教育力に関する実態調査」。
中村かおり（2013）「地域における児童館の果たすべき役割と可能性に関する研究——B児童館による支援の実践を通して」『大阪人間科学大学紀要』Human Sciences, 12, 55-64。
放課後児童支援員認定資格研修教材編集委員会（2015）『放課後児童支援員認定資格研修教材　認定資格研修のポイントと講義概要』中央法規出版。
財団法人児童健全育成推進財団（2014）『児童館・放課後児童クラブテキストシリーズ　健全育成論』。

※本章の執筆にあたっては，大阪人間科学大学の中村かおり先生に資料の提供，アドバイスをいただいた。

第12章

いじめへの対応と子ども育成支援
——いじめの防止，早期発見，対処のための関係者の連携——

安田誠人

　本章では，いじめに対する防止や対処方法に関して検討を行うことを主眼としている。

　第1節では，いじめの定義といじめの現状について概観した。いじめの定義を明らかにすることで，いじめを隠せないようになるなどの効果がある。いじめの現状では内閣府の調査結果から，いじめの認知件数がここ3年では大きな変化はないが，小学校では高止まりの傾向が続いていることなどが明らかとなった。第2節では，いじめの発生要因とメカニズムを説明したうえで，ソーシャル・キャピタルの考え方も含まれた「いじめ防止対策推進法」でのいじめへの対策の取り組みを説明した。第3節では，いじめへの対策が成功した事例とうまくいかなかった事例を取り上げ，いじめ防止の課題と支援のあり方について検討した。第4節では，いじめ防止への方策として，担任教師による丁寧な対応，「いじめられた子どもに責任はない」意識定着の徹底，ソーシャル・キャピタル，多くの専門家や地域が連携・協力をした取り組みの推進の必要性を述べた。

第1節　いじめとは

（1）いじめの定義

　まずはいじめの定義について考えていきたい。定義を明確にすることにより，しっかりとした予防や対応が可能になる。たとえば，いじめられた子どもといじめた子どもの考え方の相違があり，いじめられた子どもはいじめられたと考えているが，いじめた子どもはふざけていただけ，からかっていただけと

第Ⅱ部　子ども育成支援の実際とソーシャル・キャピタル

いうことがある。またいじめられた子どもの保護者と学校とのいじめの捉え方や認識の違いがあり，いじめられた子どもの保護者が学校に相談に行っても，学校がいじめに対応をしなかったり，いじめの存在そのものを否定したりして，結果的に子どもが自殺をしてしまったということもある。

　文部省（当時）（1984）は「小学校生徒指導資料集3：児童の友人関係をめぐる指導上の諸問題」ではじめていじめを重要事項として位置づけている。そこでは，いじめを「①自分より弱い者に対して一方的に，②身体的・心理的な攻撃を継続的に加え，③相手が深刻な苦痛を感じるものであって，学校として関係児童生徒やいじめの内容等の事実を確認しているもの」と定義している。

　1991年の広辞苑第4版では，「いじめ（苛め）」が名詞項目で初めて掲載された。そこでは「いじめること。特に学校で，弱い立場の生徒を肉体的又は精神的に傷つけること」と解説されている。「特に学校で」という語句が目を引くところである。

　教育心理学者の鈴木康平は，いじめの定義として「いじめとは，ある特定の一人に，他の一人ないしは複数の者が繰り返し，或いはよってたかって，精神的，身体的苦痛を与え続ける比較的長期に亘る屈曲した攻撃行動（黙殺，無視を含む）を伴った，精神的又は身体的圧迫である」（鈴木，2000：29）と提言している。

　また鈴木は喧嘩といじめの区別についても，「喧嘩は勝ち負けがつくような，力が拮抗している者の間に起こる行為である点で，かつ，第三者にも，それと分かる口論，あるいは力のぶつかりあいがある点である。いわばカラッとしている。それに対していじめは，執拗に，相手が降参，負けたという意思表示をしようとすまいとおかまいなしで，ちくりちくりと，あるいはじわじわと，窮地に追い込んでいき，自らは快感を覚えるといった側面がある」とし，「そのため学校でトラブルがあった場合に，1対1の喧嘩といじめの区別がつきにくく，判定がむずかしい場合がある」（同上：29-30）と述べている。

　現在の文部科学省の定義では，「いじめ防止対策推進法」に基づき，「いじめとは，児童等に対して，当該児童等が在籍する学校に在籍している等当該児童

第12章　いじめへの対応と子ども育成支援

等と一定の人的関係にある他の児童等が行う心理的又は物理的な影響を与える行為（インターネットを通じて行われるものも含む。）であって，当該行為の対象となった児童等が心身の苦痛を感じているもの」と定義している。「なお，起こった場所は学校の内外を問わない」ともしている。いじめのなかには，犯罪行為として取り扱われるべきと認められ，早期に警察に相談することが重要なものや，児童生徒の生命，身体又は財産に重大な被害が生じるような，直ちに警察に通報することが必要なものが含まれる。これらについては，教育的な配慮や被害者の意向への配慮のうえで，早期に警察に相談・通報の上，警察と連携した対応を取ることが必要である。

　この定義では，個々の行為が「いじめ」に当たるか否かの判断は，表面的・形式的に行うことなく，いじめられた児童生徒の立場に立って行うものとする。あくまでも被害を受けた子どもの主観を重視し，救うべき者を必ず救うという観点に立っている。またいじめの認定も特定の教職員で判断するのでなく，複数の教職員や外部専門家が判断するとするなど，チェック体制を強化し，制度的にいじめを隠せないようにしていることが特徴である。

（2）いじめの現状

　学校でのいじめは，重要な社会問題として取りざたされ続けており，定義の見直しも含めて予防策，対応策が模索されている。しかしいじめの認知（発生）件数は一進一退を続けており，なくなる気配はない状況である。

　『平成27年度版　子ども・若者白書』と『平成29年度版　子ども・若者白書』によると，いじめは常に起こっており，特定のいじめられっ子やいじめっ子だけの問題ではなく，被害者も加害者も入れ替わるとしている。

　また，文部科学省国立教育政策研究所の調査では，半年毎に小学4年生～中学3年生に対していじめの被害経験について聞いている。それによると，男女ともに小学生の約半数が，半年の間に「仲間はずれ・無視・陰口」の被害を経験している。また，小学4年生が中学3年生になるまでの6年間で「仲間はずれ・無視・陰口」を経験しなかった（0回）児童生徒は被害も加害も9.6％に

第Ⅱ部　子ども育成支援の実際とソーシャル・キャピタル

とどまることから，ほとんどの子どもが被害も加害も経験している（図12-1，図12-2）。このことから，いじめは，どの子どもにも，どの学校でも起こり得るものであるということを前提において対策を講じる必要がある。

　学校により認知されたいじめは，2013年度18万5,803件，2014年度18万8,057件，2015年度22万5,132件と連続して増加している。小学校では2013年度11万8,748件，2014年度12万2,721件，2015年度15万1,692件と連続して増加している。中学校では2014年度は5万2,969件と2013年度の5万5,248件から減少しているが，2015年度は5万9,520件と逆に増加している。高校では2014年度は1万1,404件と2013年度の1万1,039件から微増していたが，2015年度は1万2,664件と増加している（図12-3）。また，特別支援学校では2013年度768件，2014年度963件，2015年度1,274件と連続して増加している。いじめの認知（発生）件数は，過去2年間は大きな変動はなかったが，2015年度には大きく増加している。

　またいじめの被害に耐えかねて，自ら命を絶つ子どもも後を絶たない状況である。新聞やTVなどの報道でもいじめによる子どもの自殺が繰り返し報道されている。子どもが命を絶つことは本当に心が痛み，あってはならないことである。いじめを背景とする自殺が大きく報道されると，その年度や翌年の調査ではいじめの認知（発生）件数が増加し，時間が経過すると減少するという状況が繰り返されている。これでは子どもの命が失われているにもかかわらず，いじめ対策が一過性の対応になってしまっていると言われても仕方がないと思われる。2013年の「いじめ防止対策推進法」施行を契機に本格的にいじめをなくしていけるような取り組みが求められる。

第2節　いじめが与える子どもや社会への影響

（1）いじめの発生要因とメカニズム

　いじめの発生要因として，鈴木は遠因，中間因，直接誘発因の三局面に分類している（鈴木，2000：33-56）。いじめの遠因として，①いじめと攻撃性，②

第12章　いじめへの対応と子ども育成支援

図12-1　小学校における被害経験率の推移

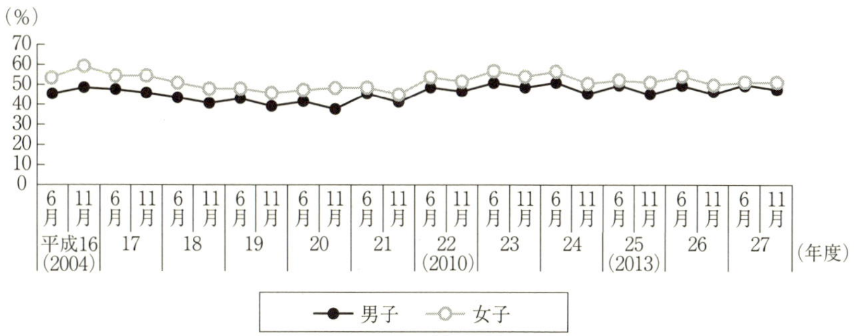

（グラフ：縦軸 (%) 0〜70、横軸 平成16(2004)年6月〜27年11月、各年度6月・11月。男子・女子の折れ線）

― ●― 男子　―○― 女子

資料：文部科学省国立教育政策研究所（2016）「いじめ追跡調査2013-2015」。
注：1）調査の概要は以下のとおり
　　　目的：匿名性を維持しつつ個人を特定できる形で小学校から中学校にかけて追跡
　　　方法：子供自らが回答する自記式質問紙調査
　　　対象：サンプル地点として抽出された中学校区の小学校4年生から中学校3年生までの全ての子供
　　　　　（1学年当たり約800名）
　　　時期：各年度の6月末と11月末の2回
　　2）新学期から3か月弱の間に「仲間はずれにされたり，無視されたり，陰で悪口を言われたりした」体験についての回答をグラフ化。「週1回以上」「月に2〜3回」「今までに1〜2回」の回答割合の集計値。
出所：内閣府（2017）『平成29年版　子供・若者白書』。

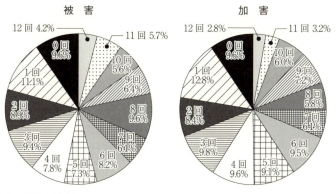

図12-2　2010年度の小学校4年生が中学校3年生になるまでの6年間12回分の「仲間はずれ・無視・陰口」の経験回数

被害　　　　　　　　　　　　加害

注：図12-1と同様。
出所：図12-1と同様。

第Ⅱ部　子ども育成支援の実際とソーシャル・キャピタル

図12-3　いじめの認知（発生）件数

(1) 推移

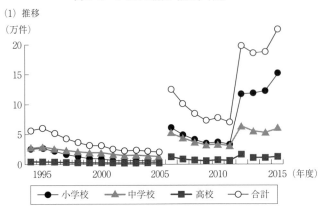

(2) 学年別構成割合（2015年度）

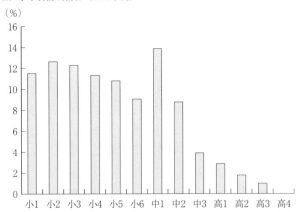

資料：文部科学省「児童生徒の問題行動等生徒指導上の諸問題に関する調査」。
注：1）いじめの定義；「いじめ」とは，「児童生徒に対して，当該児童生徒が在籍する学校に在籍している等当該児童生徒と一定の人間関係のある他の児童生徒が行う心理的又は物理的な影響を与える行為（インターネットを通じて行われるものも含む。）であって，当該行為の対象となった児童生徒が心身の苦痛を感じているもの。」とする。なお，起こった場所は学校の内外を問わない。
　　2）1994年度からは，特殊教育諸学校，2006年度からは国私立学校，中等教育学校を含む。
　　3）2006年度に調査方法などを改めている。2005年度までは発生件数，2006年度からは認知件数。
　　4）2013年度からは，高等学校に通信制課程を含む。
出所：内閣府（2017）『平成29年版　子供・若者白書』。

いじめと人間観，③いじめと社会・歴史的背景や教育・情報化時代の影響を述べている。次にいじめの中間因として，①学校教育（教師の多忙と学校制度），②家庭教育（核家族化だけが問題ではない），③地域の教育力（家の近所の人たちからの無関心・干渉拒否），いじめの直接誘発要員として，①欲求不満，②葛藤，③ねたみ，④正義の味方，⑤面白半分，⑥付和雷同，いじめる仲間からの疎外される恐れ，⑦親しさの表れ，⑧おせっかい，⑨いじめる理由などない，⑩いじめられてもいないのにいじめられたと虚偽の報告をして，そのターゲットが叱られるのを見て喜ぶ，⑪仕返しのいじめ，などをあげている。

　またいじめのメカニズムを環境要因，いじめをする子ども自身の問題，社会的要因に分類して捉える考え方もある。環境要因では，子どものストレスを蓄積させる家庭環境や学校環境，いじめを助長する社会環境などがあげられる。その結果として，子どもは「自分が一番」，「立場が危ういと他の子どもを攻撃する」，「自分を優位に見せたい」という気持ちを十分にコントロールできない場合があり，他の子どもを攻撃することで自分自身を守るなどのいじめ行為を止められないことが起こり得る。こうした場合には環境要因を取り除くことがいじめの解決にもつながる。

　いじめをする子ども自身の要因としては，「相手をいじめることで自分を優位に見せたい」，「いじめをすることで気持ちがすっきりする」，「自分よりおとなしい子なら反撃してこないから大丈夫」などと考えることがある。これはつまり，コミュニケーション能力が未熟な子どもや発達障害のある子どもなどをターゲットにして，いじめられる側にも問題があるとすることである。いじめられる子どもたちにはいじめを受ける理由は当然ないことを改めて述べておく。

　しかし滋賀県大津市が市内の小中学生を対象に行ったいじめ調査（京都新聞，2016. 12. 5：22）では，「被害者にも原因」があると考える子どもが60.9％（「そう思う」21.5％，「ややそう思う」39.4％）いる。「大津市中2いじめ自殺事件」以降，いじめに対する教育に力を入れてきた大津市でこの結果である。なお同調査で，いじめは絶対にいけないと考える子どもは94.4％（「そう思う」

第Ⅱ部　子ども育成支援の実際とソーシャル・キャピタル

70.5％，「ややそう思う」14.9％）いることから，いじめは絶対にいけないと考えながらも，いじめられる子どもにも原因があるという「本音」が見え隠れする。同市教育委員会も「指導方法や内容を検討する必要がある」と回答している。今後の新たな対応は当然必要であるが，大変複雑な課題でもある。

　社会的要因では，少子化社会が進んだことや，地域社会の関係が希薄になったことにより子どもが兄弟間の喧嘩が少なくなりトラブル対応がわからなかったり，保護者以外の大人と接触する機会が減ったことが要因の1つとされている。またネットいじめも社会的要因と考えられている。そうした社会的要因に対して，学校や家庭，地域でいかにフォローしていくかが今後の課題である。

（2）いじめ防止とソーシャル・キャピタル

　前項でも述べたように，いじめはいじめている加害者側の子ども自身に課題がある場合だけでなく，環境要因や社会的要因も関係している。つまり教師が子どもと面談や話合いを行うだけでは，十分にいじめを防止することは困難であると考えられる。またいじめはいじめる子どもといじめられる子どもという二者の関係だけでなく，いじめをはやし立てたり面白がったりする観衆，周辺で見て見ぬふりをする傍観者といった立場もあり，観衆や傍観者に対する働きかけも重要である。

　いじめ防止対策推進法第3条第3項には，いじめ防止等のための対策にソーシャル・キャピタルの考え方も含まれている。そこでは「いじめの防止等のための対策は，いじめを受けた児童等の生命及び心身を保護することが特に重要であることを認識しつつ，国，地方公共団体，学校，地域住民，家庭その他の関係者の連携の下，いじめの問題を克服することを目指して行われなければならない」とされている。

　具体的には，①幅広い外部専門家を活用していじめの問題などの解決に向けて調整，支援する取り組みの促進，②社会性や規範意識，思いやりなどの豊かな人間性を育む道徳教育を推進することや農山漁村などでの体験活動の取り組みを支援することによるいじめの未然防止，③スクールカウンセラーや教育・

社会福祉などの専門的な知識を備えたスクールソーシャルワーカー，質的向上のためのスーパーバイザーの配置拡充により，相談体制の充実，いじめの早期発見・早期対応，④教職員定数の加配措置・教員研修の充実など，学校，地域，家庭，社会全体でいじめ防止・対応をすることがめざされた内容になっている。

第3節　いじめの事例から俯瞰する課題と支援

（1）いじめの事例A

　小学校5年生のC君（男児）はある年の2学期開始直後にマンションの屋上から飛び降り自殺を図った。全治2か月の大けがを負ったものの，幸いにも一命は取り留めた。C君は2年程前からクラスの男児6人から激しいいじめを受けていた。いじめの内容は主なものだけでも次の通りである。

- 口を粘着テープで塞ぐなどの虐待を受ける
- ひたすらプロレスごっこの投げられ役をさせられる
- ノートを隠されたり，破られたりする
- 弁当のなかに虫の死骸を入れられたり，食べさせられる
- 服にマヨネーズをかけられる
- くさい，臭うと言われる
- うざい，じゃまと言われる
- すれ違いざまに死ねと言われる
- 葬式ごっこをさせられる

　実は1学期途中の6月頃，保護者は破られたノートを発見しC君と話をし，上記のようないじめを長期間受けていたことを確認した。保護者はただちに担任教師に相談をし，対応を依頼した。しかし担任教師は「しばらく様子を見ましょう」というだけで，聞き取り調査などの確認もしなかった。

　ただいじめているとされた男児6人は学校生活での態度に問題があったため，面談を行い，生活態度を改めるように注意は行った。それを6人はC君が

第Ⅱ部　子ども育成支援の実際とソーシャル・キャピタル

担任に告げ口をしたと勘違いし，いじめがエスカレートしたのであった。その後保護者は何度も学校に出向き，担任や学年主任の先生と話し合いはしたものの，担任教師も学年主任も「様子を見ましょう」と繰り返すばかりであった。また「子ども同士の喧嘩ですよ」とも言われた。「6対1で喧嘩はないでしょう」と話す保護者に対し，「私にはふざけているように見えるんですけどね……。まあ気にされているようですのでもう一度6人と面談をしてみましょうか」と言われただけであった。また知り合いからの助言で，警察にも相談したが，具体的な被害が確認できないということで被害届も受理してもらえなかった。

　その矢先に自殺未遂が起こったのである。さすがにクラスの友達が集団で担任教師に事実を伝えるに至って，学校もようやく重い腰を上げた。マスコミにも取り上げられ，男児6人のいじめは明らかになり，男児6人と保護者はC君と保護者に謝罪を行った。しかしC君は自殺未遂から1年が経過しても不登校で学校に通えない状態が続いている。

（2）いじめの事例B

　小学校6年のD君（男児）は今ではほぼ欠席なしに学校登校しており，休み時間などは友達とも一緒に遊んでいる。しかし2年前の小学校4年生の時にいじめを経験しており，一時不登校になった経験がある。

　D君は発達障害が疑われる子どもで，「周りの雰囲気を感じ取ること」などが苦手な子どもである。また，「順番を守れない」などルールを守れずに自分勝手な行動をとることもあり，友達と意見が食い違ったり，自分の思い通りにならないと急に怒り出したりすることがしばしばあった。ただ普段は明るい子どもであり，担任教師もあまり人間関係に気を留めてはいなかった。

　しかしある時からD君の口数が減ったり，あいさつが返ってこなくなった。休み時間にも1人でいる場面を何度も散見した。気になった担任教師は思い切って，D君の苦しい気持ちを受けとめることに重点をおきながら，日ごろの思いを聴くことにした。するとD君から，「クラスのみんなが自分と遊んでく

188

第12章　いじめへの対応と子ども育成支援

れない，何となく避けられており，自分が寄っていくとみんなが離れていく」，さらには「自分の態度に問題がある気がする。自分が変わらないといけないと思う」との訴えがあった。

　一生懸命に話を聴いていた担任教師は「たとえD君に悪いところがあったとしても，それはいじめていいという理由にはならない」と伝えた。担任教師は常日頃から「いじめは絶対に許さない」と子どもたちに対して話しており，今回の件でも素早く対応を図った。すぐにクラス全員に対し，聞き取り調査を行うと同時に，D君とクラスメンバーの動きに注意を配った。いじめたと思われる子どもたちに対しては，事実を確認するとともに，いじめの理由を確かめた。そのうえで「いかなる理由があろうといじめは，絶対に許されないことです」と伝えた。どうしたらいいかについては，自分たちで考えて答えを出すことにした。結果的にD君は避けられたりすることもなくなり，一時的に重苦しかったクラスの雰囲気も活気が戻ってきた。

（3）いじめを防止するための課題と支援について

　事例Aでは，なんといってもいじめを認めず，対応をすることもなく，いじめを助長していったところに問題がある。まずはC君と保護者の話に耳を傾け，事実確認を丁寧にする必要があった。ただ担任教師も全く問題を感じていなかったのではあるが，クラスの他の子どもも同じような状態にあり，多忙なことも影響し，ついつい対応を後回しにしてしまったのである。

　多忙であり自分で事実確認が十分にできないのであれば，たとえば保健室登校を促し，養護教諭から情報を得るなどの協力関係を活用するのも1つである。またこれほどひどいいじめであれば，聞き取り調査を実施するだけでも何らかの情報は得られる可能性が高い。その結果にもとづき学年主任などと相談することもいじめの抑制に効果があったと思われる。

　現在はC君の担任教師を離れているが，当時の担任教師はその後C君と保護者に頻繁に連絡を入れており，直接話ができる関係にまでなっている。スクールソーシャルワーカーも関係をもっており，学区外への進学なども検討してい

189

るところである。

　事例Bでは，担任教師のいじめの防止・対応に対する強い思いがあったことが直接的には解決に導いていったと思われる。しかしそれと同時に，いじめはどのクラス，どの子どもにも起きうるという意識をもち，子どもが示すいじめのサインを逃さなかったことが早期発見・早期解決につながったのではないかと思われる。

　今後の支援を考えると，発達障害のある子どもの障害特性やニーズについても理解を深める必要がある。たとえば，いじめなどの諸問題に対しては，表面に現れた現象のみに捉われず，問題の背景に障害が関係している可能性があるかどうかにも留意して対応することが求められる。自分では，一生懸命やっているつもりなのに，うまくいかなかったり，仲間はずれにされたり，いつも叱られたりすると，しだいに何に対しても自信を失ってしまいがちである。支援方法としては，自尊感情を育てることや情報を伝えるときなどは，言葉だけでなく視覚的な情報を活用するなどがまずは考えられる。また障害のある子どもの指導に関しては，孤軍奮闘をせず連携を図ることも必要である。特別支援教育コーディネーター，通級学級担当教師に相談をしたり，障害福祉サービスなどについて理解を深めることも支援において有効となる。

第4節　いじめ防止に向けて

（1）いじめ防止に取り組む先進事例——大津市での取り組みから

　2011年の大津市の中学2年生がいじめを苦にして自殺をしてから約6年が経過した。大津市では大津市第三者調査委員会が発表した調査報告書にもとづき対策を検討，実施している。以下は大津市での具体的ないじめ対策である。

　大津市では，教師間で情報共有を徹底するなどの改革に取り組んでいる。以前は各クラスの出来事が校長や教頭，市教育委員会と一体的に把握できていなかったが，いじめを疑う事案があれば直ちに対策委員会を開いて教員間で共有することや，事態を把握した際の24時間以内の市教育委員会への報告を義務付

けた。

　また担任のクラスをもたない独自の「いじめ対策担当教員」を全小中学校に配置し，子どもの悩みを聴くだけでなく，いじめ事案の対応に慣れない教員への助言にも当たっている。市内の全小中学校のいじめ認知件数が5年間で10倍以上に増えたのは，こうした対策で表面化が進んだ成果もあると思われる。さらに「いじめと認めたくない」「加害者から報復される」などの理由で学校に相談できない子どもの受け皿として市長部局に「いじめ対策推進室」を設け，幅広く子どものケアを進めている点も一定の効果を上げていると思われる。

　ただいじめの教訓を生かし，先進的な取り組みを行っている自治体は少なく，今後地域の実情に合わせて，ソーシャル・キャピタルの考えを取り入れた取り組みが広がることが望まれる。

（2）いじめ防止に向けて

　いじめの防止等のためには，担任教師による丁寧な対応がまず欠かせないことは言うまでもない。具体的には，①いじめられた子どもを優先した対応をする，②いじめられた子どもに配慮の欠けた発言をしない，③誠意をもってなるべく早く対応をする，④保護者には進捗状況や対応の方針などを連絡する，⑤学校に非がある場合は謝罪をする，⑥訴えを共感的態度で傾聴をする，そしていじめられた子どもが聴いてもらった，気持ちを受け止めてもらったと感じるようにする，ことである。こうした対応をすることにより，保護者との信頼関係を形成することが可能になる。

　次に本章でも何度も述べていることではあるが，「いじめられる子どもに責任はない」「いじめをする子どもが悪いということを徹底して伝えていくこと」などである。大津市での調査結果では「いじめられた子どもにも責任がある」と回答している子どもは60.9％にも上っている。この意識を変えていかない限り決していじめ問題を解決していくことは不可能である。仮にいじめられている子どもにも何らかの問題があったとしても，まずはいじめを解決するこ

第Ⅱ部　子ども育成支援の実際とソーシャル・キャピタル

とが先決である。たとえば，いじめられる子どもに発達障害があり周囲をいらいらさせたり，きつくあたったりしていたとしても，まずは傾聴をし，気持ちを確認することが求められる。そしていじめを解決し，それから障害特性について考えていくべきである。

　3つ目は未然防止の方策である。未然防止では，問題が起きにくい環境や条件を整えることが重要である。教師や福祉・心理・医療・法律などの専門家が主体となり「いじめについてのアンケート調査」，「いじめ問題をテーマにした講演会」を実施することも有効である。なおアンケートを実施する場合には，「いじめられたことがありますか」，「いじめたことはありますか」と抽象的に質問するのではなく，「しつこく悪口を言われた」，「やめてと言っているのにあだ名で呼ばれた」など具体的な行動を質問すると実態が浮かび上がりやすい。また「最近3か月間」などと期間を限定することも取り組みの効果をはっきりさせることに役立つ。アンケート結果も子どもたちに伝えることにより，子どもたちが現実に直面することにもつながると思われる。

　しかし現在のいじめはそうした教師の個人的取り組みだけでは，十分に対応できない「病理構造」を有していることも多い。いじめを子どもが学校などに助けを求めても，周囲が悠長な対応をしたり，場合によってはいじめを受けた子ども自身にその責任の一部を押し付けることさえある。その結果として自殺などに至ってしまうこともある。

　そうしたいじめの「病理構造」に対して，ソーシャル・キャピタルの考え方に依拠して，解決を図ることも有効である。ソーシャル・キャピタルによる支援を実施することにより，いじめを受けた子どもの社会的孤立からの脱却を図ることが可能になる。

　たとえばスクールソーシャルワーカーによる介入がその一例である。スクールソーシャルワーカーは子どもとの信頼関係を基盤にしながら，専門職，専門機関，施設，団体，地域などが連携して子どもを支える体制づくりを行いつつ，子どもが学校内外で安心して過ごすことのできる居場所づくりに取り組むことになる。担任教師に対する心理的サポートも重要な役割である。担任教師

第**12**章　いじめへの対応と子ども育成支援

に対する支援をすることは，学級内でのソーシャル・キャピタルの再構築につ
ながるからである。

　これはあくまで一例であるが，このように日常から学校内外のソーシャル・
キャピタルを意識した取り組みを検討することが，いじめに対する予防・対応
だけでなく，支援を必要とする多くの子どもたちに対する日常の支援にも有効
となると思われる。

　これはあくまで一例であるが，このように日常から学校内外のソーシャル・
キャピタルを意識した取り組みを検討することが，いじめに対する予防・対応
だけでなく，支援を必要とする多くの子どもたちに対する日常の支援にも有効
となると思われる。

引用・参考文献

赤坂真二（2015）『いじめに強いクラスづくり　予防と治療マニュアル』明治図書出版。

兵庫教育大学企画課社会連携事務室編，富永良喜・森田啓介（2014）『「いじめ」と「体
　　罰」その現状と対応——道徳教育・心の健康教育・スポーツ指導のあり方への提言』金
　　子書房。

亀田秀子（2016）『いじめ・不登校・虐待と向き合う支援と対応の実際』三恵社。

小西洋之（2014）『いじめ防止対策推進法の解説と具体策』WAVE出版。

『京都新聞』（2016）『2面　いじめ防止対策　教訓は生かされたのか』2016年10月13日，
　　朝刊。

『京都新聞』（2016）「22面　大津市の小中学生調査　潜む　いじめ"容認"」2016年12月5
　　日，朝刊。

牧田満知子・立花直樹編著（2017）『現場から福祉の課題を考える　ソーシャル・キャピ
　　タルを活かした社会的孤立への支援——ソーシャルワーク実践を通して』ミネルヴァ書
　　房。

森田洋司他（1999）『日本のいじめ——予防・対応に生かすデータ集』金子書房。

森田洋司（2010）『いじめとは何か——教室の問題，社会の問題』中央公論新社

内閣府（2014）『子ども・若者白書全体版（平成26年度版）』内閣府。

内閣府（2015）『子ども・若者白書全体版（平成27年度版）』内閣府。

内閣府（2016）『子ども・若者白書全体版（平成28年度版）』内閣府。

新村出編（1991）『広辞苑（第4版）』岩波書店。

文部省（1984）『小学校生徒指導資料集3——児童の友人関係をめぐる指導上の諸問題』
　　大蔵省印刷局。

文部科学省（2013）「児童生徒の問題行動等生徒指導上の諸問題に関する調査」文部科学

第Ⅱ部　子ども育成支援の実際とソーシャル・キャピタル

　　省。

文部科学省（2015）「児童生徒の問題行動等生徒指導上の諸問題に関する調査」文部科学

　　省。

文部科学省国立教育政策研究所（2013）「いじめ追跡調査2010-2012」文部科学省。

鈴木康平（2000）『学校におけるいじめの心理』ナカニシヤ出版。

第13章

不登校と子ども育成支援

——地域における学校外機関・施設が取り組む多様な学習支援——

吉田祐一郎

　本章では不登校問題の概要と対応方法の整理，不登校の子どもに対する事例検討を踏まえながら，不登校を抱える子どもや保護者にいかに対応していくのかということについてソーシャル・キャピタルを視点とした支援活動について検討を加えていく。不登校に対する考え方及び対応は，時代ごとに大きく変化してきた。歴史上では子どもが学校に登校できないということを指導対象として捉え，不登校に至った子ども自身の要因を追及しようとした時代もみられた。しかしながら不登校が増加傾向となるなかで不登校に至る子ども自身の要因だけではなく，様々な事情が存在していることが明らかにされてきた。そうして現在では法整備を含めた子ども1人ひとりの学習保障や学びの機会の確保をいかに図るかということが注目されている。不登校の子ども支援について，子どもに寄り添った支援をどのように進めていくことが必要か，これからの方向性について考えていきたい。

第1節　不登校問題の概要とこれまでの対応

(1) 不登校へのまなざし

　子どもが学校に通えないという，いわゆる不登校はこれまでのどの時代においても起こり対応を行ってきた。しかし，不登校に対する考え方やその対応については時代ごとに変遷があった。たとえば，学校に登校できないことを長欠や登校拒否として扱ったうえで，登校できない理由をその子どもの学校ぎらいや怠け（怠学），非社会的行動と判断され指導されていた時代や，不登校で学校に行けないことその事実のみを課題視されたことによる学校への登校を復帰

第Ⅱ部　子ども育成支援の実際とソーシャル・キャピタル

することのみに主眼を置いた支援が行われていた時代が長く続いた。このことに関連し，文部省（当時）は1966年以降の「学校基本調査」において，長期欠席の理由としてそれまでの「病気」「経済的理由」「その他」の３項目に加えて「学校ぎらい」の項目を追加した。このことについて加藤美穂は「『学校ぎらい』というまなざしの出現は，戦後教育の理念の転換のなかで，学校に全ての子どもを取り込んだうえで，能力による序列化を行うという，全体化と個別化の複合した新たな統制の形であったといえる」と指摘している（加藤，2012：129）。この指摘にはすべての子どもたちを学校という枠に当てはめるとともに，学校に通うことのできない子どもを学校に合わない子どもたちと決めつけ，排除する意味合いがあったことを指摘していたものではないかと推察される。

　一方で，近年学校に通うことのできない子どもについて，学校以外の現場で支えようとする民間の動きなども広がってきており，これらの動きが今日的なフリースクールやフリースペースなどをはじめとした多様な学びの機会の場を保障しようとする流れとなっている。また国も民間による不登校の児童・生徒の支援を含めた検討を進め，2016年に「義務教育の段階における普通教育に相当する教育の機会の確保等に関する法律」（通称：教育機会確保法）を公布した（詳細は第３節参照）。

　一方で不登校に対する，子どもの福祉的観点として，不登校に至る１人ひとりの子どものこれまでの歩みを捉え，子どもが抱く価値観，生活環境や家庭状況，経済的状況，その他の生活背景に注目し，その子どもにとってより最善の利益が図れるように必要な支援やネットワークを広げていくことが重要であるといえる。

　これに関連し，文部科学省の不登校に関する調査研究協力者会議が2016年７月に公表した「不登校児童生徒への支援に関する最終報告」では，「不登校への取組については，不登校児童生徒の将来の社会的自立を目指し，一人一人の不登校に至った状況を受け入れ，共感し，寄り添い，その児童生徒にとって『最善の利益』が何であるのかという視点に立ち，真剣に考えなければならな

第**13**章　不登校と子ども育成支援

い」としたうえで，「児童生徒の可能性を信じ，一人一人の能力・適性，興味・関心等に応じた柔軟な教育を施し，長い目で児童生徒を支え見守ることが大切」（文部科学省，2016：31）と指摘している。このことから，国における教育行政として，不登校の解決には子どもの社会的自立に向けた長期的な視座のもと，その子どもの状況にあわせて様々な方法を用いた学びの支援を組み立てることが重要であると示している。またこの方向性や支援展開の方法が，ネットワークや関係性を重視するソーシャル・キャピタルの理論と共通しているといえる。

　別の観点として，不登校などの子どもたちをフリースクールで長年支援している奥地圭子は，「不登校は問題行動ではなく，問題なのは『不登校は問題』とみるまなざし」であると指摘し，さらに「個々の子どもの視点に立てば，不登校は，必要なこと，大切なことであり，自然なことであった」と述べている（奥地，2005：6）。不登校問題は学校に子どもたちが学校に行くことができないという事実のもと，その子どもが学校復帰するなどという単一的なゴールを設定するだけではなく，その子どもにとって不登校の事象や時間が本人の現在や人生にとってどのような意味をもち，またこれからの成長や発達にとってどのような影響を与えていくのかという，子ども自身の育ちや育つ権利を大切にしていくことが必要であると考えられる。

（2）近年の不登校の状況や概要

　現在の不登校の定義について，文部科学省の児童生徒の問題行動等生徒指導上の諸問題に関する調査では，年度間に連続または断続して30日以上欠席した児童生徒のうち不登校を理由とするものとしており，不登校とは「何らかの心理的，情緒的，身体的，あるいは社会的要因・背景により，児童生徒が登校しないあるいはしたくともできない状況にあること（ただし，病気や経済的理由によるものを除く。）」（文部科学省，2017：64）としている。この定義によって算出された不登校者数の推移については図13-1の通りである。義務教育の時期にあたる小・中学生の不登校者数は近年再び増加傾向にあり，2015年度の不登校

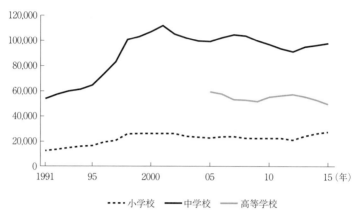

注：年度間に連続または断続して30日以上欠席した児童生徒のうち不登校を理由とする者について調査。
出所：文部科学省（2017）「平成27年度児童生徒の問題行動等生徒指導上の諸問題に関する調査」結果（確定値）。

者数は，義務教育期間にあたる小学生は2万7,583人，中学生は9万8,408人となっている。この他高等学校での不登校生徒数は4万9,563人となり，これらを合わせると17万人を超える子どもたちが不登校となっている。また2015年度の小・中学校の学年別不登校児童生徒数は，小学校から中学校に進学した時期に多くなっているとともに，中学2年生から3年生にかけても他の学年と比較して高い状況である（文部科学省，2017：66）。

次に文部科学省不登校生徒に関する追跡調査研究会が2014年に公表した「不登校に関する実態調査　平成18年度不登校生徒に関する追跡調査報告書」（以下，「追跡調査」という）の結果の一部を取り上げ，不登校の状況や対応について検討していく。本調査は2006年度に公立中学校3年生であった生徒のうち，不登校として年間30日以上欠席していた生徒を対象に実施したものである

中学校3年生の時の相談先の施設・人については，学校内の相談では「学校にいる相談員など（スクールカウンセラーなど）」34.9％，「学校の先生（担任の先生など）」30.2％，「学校の養護教諭（保健室の先生）」24.2％となっている

第**13**章　不登校と子ども育成支援

表13-1　中学校3年生の時の相談先（複数回答）

（有効回答数1,564）

	人　数	割　合	
		今回	前回
1．教育支援センター（適応指導教室）	316	20.2	14.4
2．教育相談所	91	5.8	17.4
3．児童相談所，福祉事務所	83	5.3	15.4
4．保健所・保健センター	19	1.2	3.6
5．病院・診療所	386	24.7	23.9
6．民間施設（「フリースクール」と呼ばれる場所など）	141	9.0	5.8
7．6．以外の心理相談・カウンセリングなどをする民間の機関	126	8.1	＊
8．学校の養護教諭（保健室の先生）	378	24.2	＊
9．学校の先生（担任の先生など）	473	30.2	＊
10．学校にいる相談員など（スクールカウンセラーなど）	546	34.9	＊
11．その他	111	6.9	4.4
12．何も利用しなかった	361	22.5	43.1

注：実際の設問「問6　中学校3年生の時，1～7のような場所を利用したり，8～10のような人に相談したり
　　したことがありますか。利用したり相談したりしたものすべてに○を付けてください」。
　　前回調査（1993年実施）の＊印は選択肢がなかったもの。
出所：文部科学省（2014）「不登校に関する実態調査——平成18年度不登校生徒に関する追跡調査報告書」。

（表13-1）。また学校外の相談先としては「病院・診療所」が24.7％と最も多
く，次いで「教育支援センター（適応指導教室）」20.2％，「民間施設（「フリー
スクール」と呼ばれる場所など)」9.0％となっている。また，前回調査（1993
（平成5）年）と比較すると，「教育支援センター（適応指導教室）」と「民間施
設（「フリースクール」と呼ばれる場所など)」が若干増加し，「教育相談所」，「児
童相談所・福祉事務所」は10％以上減少し，「保健所・保健センター」も減少
傾向であることが明らかとなった。この結果について文部科学省では，2001年
度から学校内へのスクールカウンセラーの配置を進めており，以前と比較する
と学校における不登校生徒に対する支援体制が整備されてきた結果によるもの
と考えられる。

199

第Ⅱ部　子ども育成支援の実際とソーシャル・キャピタル

表13-2　中学校3年生時の支援のニーズ（複数回答）

（有効回答数1,558）

	人数	割合	
		今回	前回
1．進学するための相談や手助け	358	23.0	24.5
2．仕事につくための相談や手助け	181	11.6	
3．学校の勉強についての相談や手助け	393	25.2	25.1
4．将来生きていくためや仕事に役立つ技術や技能の習得についての相談や手助け	338	21.7	23.4
5．自分の気持ちをはっきり表現したり，人とうまくつきあったりするための方法についての指導	493	31.6	＊
6．友人と知り合えたり，仲間と過ごせたりする居場所	392	25.2	28.9
7．心の悩みについての相談	513	32.9	33.3
8．規則正しい生活習慣についての指導	143	9.2	6.0
9．その他	82	5.3	6.0
10．とくにない	512	32.9	32.4

注：実際の設問「問7　中学校3年生の時，次のような相談や手助けなどがあればいいのにと思ったことがありますか」。
　　前回調査（1993年実施）の＊印は選択肢がなかったもの。
出所：文部科学省（2014）「不登校に関する実態調査——平成18年度不登校生徒に関する追跡調査報告書」。

　中学校3年生の時に求めていた支援のニーズについては，「心の悩みについての相談」（32.9％）が最も多く，次いで「自分の気持ちをはっきり表現したり，人とうまくつきあったりするための方法についての指導」（31.6％），「学校の勉強についての相談や手助け」（25.2％），「友人と知り合えたり，仲間と過ごせたりする居場所」（25.2％），「進学するための相談や手助け」（23.0％）となっている（表13-2）。この結果より，中学校3年生では心理的な支援や友人関係を改善するための支援を必要とされていることや，進学を控え学習や進学についての支援を求めていたことが明らかとなった。このほか，支援のニーズについて「とくにない」と回答した割合も32.9％あった。

第**13**章　不登校と子ども育成支援

（3）学校を中心とした支援の考え方及び体制

　文部科学省は，不登校に至った子どもに対する調査等によって，複雑化する不登校の要因に対する支援体制の構築を図っている。とりわけ2016年に文部科学省「不登校に関する調査研究協力者会議」が提示した「不登校児童生徒への支援に関する最終報告」（以下，「最終報告」という）では，今後の不登校の子どもに対する支援の方向性を明確化させた。具体的には「不登校の児童生徒に対する支援の目標は，児童生徒が社会的に自立できるようにすることである」（文部科学省，2016：1）としたうえで，不登校の子どもに対する基本的考え方として，「不登校児童生徒への効果的な支援については，学校及び教育支援センターなどの関係機関を中心として組織的・計画的に実施することが重要」であるとし，さらに「個々の児童生徒ごとに不登校となったきっかけや不登校の継続理由を的確に把握し，その児童生徒に合った支援策を策定することが重要である」としている（文部科学省，2016：14）。このように不登校に至った子どもの現状を正確に把握し，学校の教職員をはじめ，各専門機関・専門職が連携して支援にあたることが求められている。

　そうしてまた，近年ではスクールカウンセラーやスクールソーシャルワーカーを学校に導入する取り組みが行われている。

　①　スクールカウンセラー

　文部科学省では，不登校の子どもの増加やいじめの深刻化などの子どもへの対応や，教職員・保護者への支援を行うため，全国の学校に「心の専門家」としてスクールカウンセラーを配置している。スクールカウンセラーは1995年度からスクールカウンセラー活用調査研究委託事業として開始され，開始当初の1995年度には154校で配置された。その後，2001年度より国庫補助事業として実施され，2014年度には全国の小・中学校2万2,013か所に配置されている（文部科学省，2016：別添31）。

　②　スクールソーシャルワーカー

　文部科学省では，「福祉の専門家」として2008年度から文部科学省の調査研究委託事業によりスクールソーシャルワーカーを教育委員会中心に配置した。

201

第Ⅱ部　子ども育成支援の実際とソーシャル・キャピタル

スクールソーシャルワーカーは，ソーシャルワークの見地から子どもの置かれた環境に働きかけて，関係機関等との連携を図り，子どもなどが抱える課題に対応している。2009年度からは国庫補助事業として実施され，2014年度には，全国に1,186人を配置している（文部科学省，2016：別添32）。

　なお最終報告では，不登校の要因や背景が多様化・複雑化するなかで，不登校の子どもへの支援体制を充実させるため，スクールカウンセラーを2020年度までに全公立小中学校に配置し，またスクールソーシャルワーカーを2020年度までにすべての中学校区に配置することが適切であるとまとめている（文部科学省，2016：29-30）。

　この他，学校以外での不登校の子どもへの公的支援の１つとして，教育支援センター（適応指導教室）があげられる。教育支援センターとは，文部科学省が1990年に学校復帰を目的に適応指導教室事業として開始し，その後2003年からは教育支援センターの名称が併用されている。ここでは教育委員会などが不登校の子どもたちに対して指導を行い，個別カウンセリングや集団での指導，教科指導等を組織的・計画的に行う施設として設置されている。

　また民間のNPO法人などが運営する，不登校の子どもに対するフリースクールなどでの支援活動も広がっている。1992年９月の文部省（当時）の「登校拒否問題への対応について」の通知から，義務教育にあたる小・中学生について，一定の要件（学校への復帰を前提とすること，児童・生徒の自立を助けるうえで有効・適切と判断される場合，保護者と学校との間に十分な連携・協力関係が保たれていること，当該施設に通所または入所して相談・指導を前提とすることなど）が満たされた場合，指導要録上出席扱いとすることができるとされている。文部科学省が2015年３月に実施した義務教育段階の全国にある民間団体・施設の調査結果によると，回答のあった団体・施設は全国319か所にのぼり，小・中学生の合計4,196人（小学生1,833人，中学生2,363人）が在籍していることが明らかになった（文部科学省，2015：８）。

第**13**章　不登校と子ども育成支援

第2節　不登校事例による支援体制の検討

（1）不登校事例の中学生への支援事例

　ここである不登校の事例を取り上げ，ソーシャル・キャピタルによる支援について検討していく。なお，本事例は個人情報が特定されないよう，事例を一部改変している。

　①　ケース概要及び担任・養護教諭による対応

　A美（13歳／中学1年生）は，父（38歳／会社員）と母（34歳／パート）の3人家族である。A美は真面目な性格であるが淡白なところがあり，コミュニケーションは少し苦手な様子がみられる。このため学校での友人も多くなく，関係性も深くない。

　A美は通っていた小学校区域にある公立中学校に入学した。A美のクラス担任によると，入学当初は特別な様子はみられなかったが，中学1年生の6月頃より少し元気がないような場面がみられた。このため担任がA美との個人面談などで理由などを聞いたが，A美は何もないと答えていた。その後，A美は7月頃に風邪をひいたことをきっかけに学校を3日休むことがあった。学校に復帰してからもA美は体調がよくないと言い，早退することや保健室で静養することが何日かあった。保健室で養護教諭がA美と話をすると，テレビや音楽などの他愛もない話はできるが，家や親の話になると少し硬い表情となる様子がみられ，特に父親との関係が良好ではないと伝えてきた。

　夏休みが過ぎ，2学期が1週間経った頃からA美は学校に来なくなった。母親からは学校に毎日欠席の連絡があり，担任が母親に話を聞くと，A美は「しんどい」と言っているが，熱はほとんどないとのことであった。その後もA美は体調が悪いと言い数日間欠席したが，1週間ほどして母親から担任に電話があり，「A美が学校に行きたくないと言い出した」との連絡があった。

　担任が母親経由でA美と電話で話をしようと試みたが，A美は電話に出たくないと言い避けていた。このため担任が家庭訪問を行った。A美の母親と会う

203

第Ⅱ部　子ども育成支援の実際とソーシャル・キャピタル

図13-2　A美の不登校当初の関係図

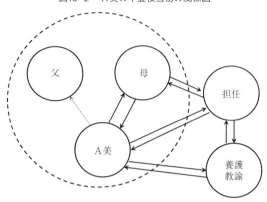

ことはできたが，A美が担任に顔を見せることはなかった。担任は7月にA美が保健室に行っていたことを思い出し，養護教諭と今後の対応について協議した（図13-2）。

　担任はそれまでのA美の様子について，また養護教諭は以前に保健室で話したA美とのやりとりについて担任と共有した。これまでの様子から，A美が学校に行きたくないと言っていることについて何か特別な理由などがあるのではないかと推測された。このため，A美の中学校に配置されているスクールカウンセラー（以下，「SC」という）とスクールソーシャルワーカー（以下，「SSW」という）に相談することとなった。

　②　スクールカウンセラー・スクールソーシャルワーカーの関与

　次に，A美の対応を協議するため，担任，養護教諭，SC，SSWの4名でケース会議を開催し，A美の状況確認と今後との対応について検討した。この会議において，SCが，養護教諭からA美に「話を聞いてくれるSCがいるから学校の保健室で先生と一緒に話をしませんか」と手紙で伝えてはどうか，という提案した。このことから，養護教諭はA美に手紙を書き，担任と母親経由でA美に渡すことができた。

　9月○日午前中，母親が出勤した後，A美が1人で保健室を訪ねてきた。養護教諭がA美と会話後，SCを交えて3人で話をすることとなった。この日は

SCとは簡単な顔合わせと自己紹介などを行い，心理相談室について説明した。そしてA美と相談日を約束した。

　SCとの相談日当日，A美は約束通りに心理相談室を訪れた。SCがA美に話をすると，A美は緊張した様子で「学校に行きたくない。友達に会いたくない」とポツリと言った。このためSCは，A美に「友達との関係がよくないの？」と聞くと，A美は「そうではない」と言ってきたが，それ以上A美から学校に来たくない理由を聞くことはできなかった。

　A美との面談後，SCの呼びかけでケース会議を開催し，このなかでSCがA美と面談した様子について担任，養護教諭，SSWに報告された。この結果，不登校の要因が明らかでなかったため，SSWの意見で担任を交えて保護者と話をすることが必要ではないかということとなり，今後のことを相談したいと担任から母親に連絡し，担任とSC，SSWが学校で面談することとなった。

　③　家庭での生活課題の把握とその後の対応

　9月△日に，担任とSCとSSWが母親と面談した。前回のA美の面談の様子についてSCから伝え，SSWが家庭でのA美の様子や家庭で困っていることなどはないかと母親に尋ねた。すると母親が「実は，A美が学校に行きたくないと言い出した時期と，主人が私に対しての暴言がひどくなった時期がほぼ一緒で……」と伝えてきた。SSWが母親に詳しく聞くと，A美が小学校5年生の頃，父親が仕事のストレスから母親へ強くあたり，母親への暴力（ドメスティック・バイオレンス（DV））があり，この当時もA美は小学校に行くことを嫌がったとのことであった。そして今年の6月下旬以降に父親の仕事がうまくいかず，この頃から父親から母親に対する暴言がみられたとのことであった。母親は「『A美が聞こえるからきつく言わないで』と主人にお願いしても，主人は『そんなのは知らない』と言い，私にあたり続けている。私は耐えるしかないと思っているが，A美にはそれが耐えられないのではないかと思って……」と話してきた。一方で母親によると，父親は外面がよく，よい父親像としてみられたいと思われたい節があるとのことであった。母親との面談後，緊急でケース会議を開催した。このなかでA美の不登校の理由に，父親と母親の

不仲と，父親が母親にきつくあたることが原因の１つとして考えられることが確認された。このため今後の支援として，Ａ美への支援と父親及び母親への支援の両方を行うことが必要と考えられるため，担任とSSWによる家庭訪問（アウトリーチ）による支援と，SSWを中心としたＡ美・父親・母親への家庭支援を意識した働きかけをすることとなった。この後，SSWは担任と連携しながら定期的にＡ美宅へ訪問した。SSWはＡ美・父親・母親のそれぞれ別々に接触し，関係づくりを行った。母親によると，SSWが父親への接触を続けていくなかで母親への暴言も少しずつ減っているとのことである。また後日，Ａ美と話をすると「家がうまくいっていないことを友達や学校の先生に知られたくない。でも取り繕うこともできないから今は友達と会いたくない」と聞くことができた。Ａ美や母親にクラスに入れない場合でも保健室への登校も提案したが，Ａ美は嫌がっている。このため，SSWはケース会議において，Ａ美の気持ちが落ち着くまで市内にある教育支援センターに通うことを提案し，担任や学校の了解が得られたため，Ａ美と両親に説明した。この結果，Ａ美の気持ちとしても通ってみたいとのことになり10月から教育支援センターに通っている。Ａ美も自分自身の気持ちと向き合っており，「（クラス替えされる）新年度には中学校に登校したい。落ち着けば友達と会いたい」などと言う機会が増えている（図13-3）。

（２）事例のポイント

Ａ美が不登校に至るまでに，体調不良や欠席がみられたことは，不登校につながるメッセージが含まれていたと推察される。しかしながらＡ美の性格や抱えていた状況から，学校に直接相談することは困難であったと思われる。このためＡ美のような声に出せない子どもの声をキャッチし，そのメッセージを見逃さないようにすることが不登校に至るまでの予防的取り組みであるといえる。この取り組みのためには，子どもの姿を的確かつ客観的に捉え，日ごろから１人ひとりの子どもの変化に気づくことが必要である。このことからも担任だけではなく教職員をはじめとした関係者間の日常的な関係性の構築と支援方

第13章　不登校と子ども育成支援

図13-3　Ａ美や家族への支援過程での関係図

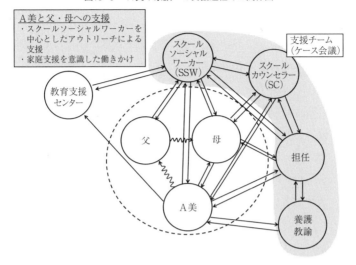

法の共有を図ることが重要であるといえる。

　一方で今回の事例では，Ａ美が6月頃から元気がなかったようにみられた時の担任の主観的な気づきと，その後体調不良を訴えて頻繁に保健室で静養しはじめて，Ａ美と養護教諭とのやりとりでの気づきについては学校内で共有されておらず，結果としてＡ美の不登校後に担任と養護教諭の間で情報共有がなされた。不登校に至る以前のＡ美からのメッセージが出た段階で学校内での支援体制ができることが望まれるが，このように問題が発生してから対応されることも少なくない。

　他方，この事例で評価される点もある。それはＡ美の不登校発生後に担任と養護教諭との協議のなかで，不登校に至った明確な理由がわからず，SCやSSWとの対応を共有した点である。その結果，SCによるＡ美への心理的支援や，SSWによるＡ美及び母親へのかかわりを経て，父親の母親へのDVが背景にあったとことを発見できたことは評価できる。その後のSSWを中心とした，Ａ美・母親・父親に対してアウトリーチによる支援ができていることや，家族の関係修復を視野に入れた家庭支援が取り組まれていることについて，学

校内のみではなくＡ美の生活全般を捉えた積極的支援の１つであるといえる。不登校にある子どもの支援は，時としてその不登校の事象のみにとらわれがちであるが，本事例のように不登校に至る間接的な背景が存在している可能性があることについても留意する必要がある。このことからよりよい支援が展開できるように，不登校の対応は教職員のみで進めるのではなく，SC や SSW などの専門職を交えるなど，多様な専門性にもとづいたチームとして子どもや保護者への支援にあたることが必要である。また，この考え方による支援がソーシャル・キャピタルによる展開であるといえる。

第３節　今後の不登校対応についての方向性

　これまで述べてきた通り不登校への支援や対応について改めて整理したい。不登校に至る要因として，過去に捉えられていたような子ども自身の怠けや学校ぎらいに限定されるものではなく，子どもや家庭の生活や状況に関与することが予測され，このため支援を進めるためにも多様な要因を探りアセスメントする視点が必要である。第２節で取り上げた事例は家族関係に課題があるものであったが，この他にも学校内でのいじめなどの人間関係に起因するもの，子どもと学校との関係性によるもの，子ども自身の心身の状況によるもの，家庭が貧困状態であることに影響するもの，その他子どもや保護者に関連する様々なそれぞれの事情や課題を抱えているものも多い。また，これらの要因は複雑に影響しあっており，要因同士が重なり合っているケースも存在する。このことからも，不登校の解決は容易なものではないと考えられる。

　一方で不登校をソーシャル・キャピタルの視点から捉えると，不登校に至るまでの人間関係が影響しているという指摘がある。そのひとつに，志水宏吉は都道府県別の学力テストの結果と不登校率・持ち家率・離婚率を分析し，この結果から「不登校率の低さ＝学校と子どもたちのつながりの豊かさ」（志水，2014：18）であるという仮説を立て検証を試みている。この仮説が正しいものであるとすれば，不登校に至るまでの子どもたちのつながりを豊かにすること

が，不登校の予防に向けて有効であるといえる。

　また同様に，不登校の状況となった後の子どもの支援についても，子どもや家庭と学校との関係性を良好に保ち，支援できるかが問われているともいえる。具体的には複雑かつ多岐にわたる不登校に至る要因を捉えながら，不登校となった子ども1人ひとりの状況を踏まえ，子どもを責めたり孤立させたりすることなく，子どもとのつながりを意識して支援できるかということである。このためにも，学校のクラス担任や教職員のみならず，必要に応じてスクールカウンセラーやスクールソーシャルワーカーなどの専門職，教育支援センターをはじめとする教育施設，医療機関，また全国のフリースクールやフリースペースなどを含めた子どもの学習・生活支援施設などとも連携し，子どもの学び・育ちと生活を支援することに積極的に取り組むことが必要である。

　最近の動向として，国は不登校の子どもの学びの保障を含めた支援を確立させるために「義務教育の段階における普通教育に相当する教育の機会の確保等に関する法律」（通称：教育機会確保法）を2016年12月に国会で公布させた。本法は児童の権利に関する条約などの教育に関する条約趣旨にのっとり，教育機会の確保等に関する施策に関する基本理念を定めるとともに，不登校に至った子どもへの基本理念として「不登校児童生徒が行う多様な学習活動の実情を踏まえ，個々の不登校児童生徒の状況に応じた必要な支援が行われるようにすること」（第3条第1項第2号）と「不登校児童生徒が安心して教育を十分に受けられるよう，学校における環境の整備が図られるようにすること」（第3条第1項第3号）と定め，個々の不登校の児童・生徒の休養の必要性を踏まえつつ，その状況に応じながら学校以外での学習活動も含めた支援体制の構築を図ることなどが求められている。この法制定からも，不登校支援として学校や学校以外の機関・組織がこれまで以上に緊密に連携を図り，支援体制の構築を進めることが期待される。

引用・参考文献
加藤美帆（2012）『不登校のポリティクス——社会統制と国家・学校・家族』勁草書房。

第Ⅱ部　子ども育成支援の実際とソーシャル・キャピタル

木村淳也（2015）「小中学校を通した不登校児の孤立と支援」幼児教育研究（1），会津大学短期大学部。

学びリンク株式会社（2016）『全国フリースクールガイド2016〜2017年版──小中高・不登校生の居場所探し』

文部科学省（2015）「小・中学校に通っていない義務教育段階の子どもが通う民間の団体・施設に関する調査の結果」。

文部科学省（2016）「不登校児童生徒への支援に関する最終報告──一人一人の多様な課題に対応した切れ目のない組織的な支援の推進」。

文部科学省（2017）「平成27年度児童生徒の問題行動等生徒指導上の諸問題に関する調査（確定値）」。

奥地圭子（2005）『不登校という生き方──教育の多様化と子どもの権利』日本放送出版協会。

志水宏吉（2014）『「つながり格差」が学力格差を生む』亜紀書房。

山野則子・野田正人・半羽利美佳編（2016）『よくわかるスクールソーシャルワーク（第2版）』ミネルヴァ書房。

山下英三郎・内田宏明・牧野晶哲編著（2012）『新スクールソーシャルワーク論──子どもを中心にすえた理論と実践』学苑社。

吉田眞理（2010）『児童家庭福祉──児童の福祉を支える』萌文書林。

全国登校拒否・不登校問題研究会編（2016）『登校拒否・不登校問題資料集』創風社。

第14章
少年非行・矯正・更生保護と子ども育成支援
——非行・犯罪に陥った子どもと社会との絆を取り戻す支援——

加藤誠之

本章では，非行に陥った子どもに対する社会との絆を取り戻す支援について，高等学校への復学支援を中心として論じる。

最近，わが国の非行は，量的に減少している。しかし，今後，非行がなくなるはずもなく，非行少年への支援は子ども・若者支援の柱であると考えられる。

ところで，非行化を促進する大きな要因は，学力不振に起因する学校不適応（特に高校教育からのドロップアウト）である。しばらく前までは，確かに高校教育からドロップアウトした少年が学歴不要の職を得て，社会に再統合されていく道が残されていた。しかし，1990年代以降，中卒者への求人が急減し，この道が閉ざされている。それゆえ，最近では，非行少年の立ち直りを促して社会への再統合を果たしていくうえでは，高等学校への復学指導が必要であり，そのためには，①高等学校側の適格者主義の克服，②定時制・通信制高等学校の活用，③非行少年に対する厳罰主義・必罰主義の克服が必要である。

第1節　少年非行の現状

内閣府は2015年，非行に関する世論調査を実施している。これによれば，「実感として，おおむね5年前と比べて，少年による重大な非行が増えていると思うか，減っていると思うか」という問いに「増えている」と答えた者の割合は75.6％であった（内閣府「少年非行に関する世論調査」）。

しかし，『平成28年版犯罪白書』の「資料3-1　少年・成人の刑法犯　検挙人員・人口比・少年比」によれば，少年非行の量的動向を示す少年刑法犯検挙

第Ⅱ部　子ども育成支援の実際とソーシャル・キャピタル

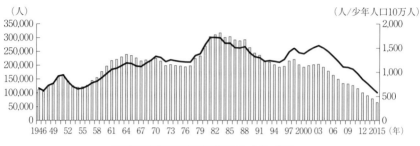

図14-1　少年刑法犯検挙人員及び人口比の推移（1946～2015年）

出所：法務省（2016）「資料3-1　少年・成人の刑法犯　検挙人員・人口比・少年比」『平成28年版犯罪白書』をもとに筆者作成。

人員は，実数・比率のどちらでも減少しており，2015年には1955年以降で最少になっている（図14-1）。わが国の少年非行は，統計的に見れば沈静化しているのである。とは言え，今後，非行がなくなるはずもなく，非行少年への支援は子ども・若者支援の柱であると考えられる。

第2節　非行を促進する諸要因

（1）非行化の要因としての学校不適応・学力不振

ところで，現在のわれわれの社会で，少年を非行に走らせる要因は何であろうか。常識的には，貧困は大きな要因であると思われているかもしれない。しかし，2016年「少年矯正統計（少年鑑別所）」中の「新収容者の非行名別職業及び家庭の生活程度」によれば，2016年中に少年鑑別所に新規入所した少年の家庭の生活程度は，表14-1の通りである。非行少年は，男子でも女子でも，70％程度は生活程度「普通」の家庭で暮らしているのである。

また，常識的には，非行少年の規範意識の欠如も大きな要因であると思われているかもしれない。しかし，加藤誠之は2002年に発表した論文で，法務教官としての実務経験にもとづき，非行少年の以下の言葉を記録している（加藤，

第 14 章　少年非行・矯正・更生保護と子ども育成支援

表14-1　2016年中に少年鑑別所に新規入所した少年の家庭の生活程度

	総　数		富　裕		普　通		貧　困		不　詳	
	人	%	人	%	人	%	人	%	人	%
男子少年	7,163	100	270	4	5,253	73	1,488	21	152	2
女子少年	607	100	27	4	409	67	156	26	15	2

出所：法務省（2017）「少年矯正統計（少年鑑別所）」をもとに筆者作成。

2002：62）。

　僕は，中学生の頃，地元の暴走族の先輩に「お前も吸ってみるか」と誘われたことをきっかけに，シンナーを吸い始めました。もちろん僕も，最初の頃は，シンナーを吸うことに対して「怖い気持ち」や「後ろめたい気持ち」をもっていたし，「薬物だけは絶対にやらない」という不良なりの信念も持っていたので，この誘いを断り続けていました。でも，この先輩に何度も勧められるうちに，友達のなかに，好奇心に負けてシンナーを吸い始める者が出ました。僕はこのとき，「このまま僕だけシンナーを断り続けていたら，絶対に後で何か言われ，弱い奴だと思われる」と思い，結局はシンナーに手を出してしまいました。

　僕は，地元では，あらゆる非行に手を染めた「札付きの悪」として有名でした。でも僕は，本当は，何の抵抗もなく悪いことをしていた訳ではなかったのです。むしろ，僕は，何か悪いことをするときは，いつでも「どうしようか迷い，とてもドキドキ」していました。でも僕は，［非行集団の］友達に誘われる度に「ここで引いたら根性がないと思われ，［非行集団の中で］立場がなくなってしまう」と思い，結局は悪いことをしてしまっていました。しかも僕は，こうやって悪いことをしたとき，心のなかではいつも「罪の意識」を覚えていたけど，その度に「他のみんなもやっているから」・「どうせ僕はどうしようもない不良だし」等と言い訳して，もっと悪いことをしていました。

213

第Ⅱ部　子ども育成支援の実際とソーシャル・キャピタル

表14-2　2016年に少年鑑別所に新規入所した少年の IQ の分布

	総　数		59以下		60-69		70-79		80-89	
	人	%	人	%	人	%	人	%	人	%
男子少年	7,163	100	124	1.7	381	5.3	940	13.1	1,578	22.0
女子少年	607	100	8	1.3	49	8.1	134	22.1	156	25.7

	90-99		100-109		110-119		120以上		不　詳	
	人	%	人	%	人	%	人	%	人	%
男子少年	2,062	28.8	1,227	17.1	443	6.2	146	2.0	262	3.7
女子少年	151	24.9	73	12.0	14	2.3	2	0.3	20	3.3

出所：法務省（2017）「少年矯正統計（少年鑑別所）」をもとに筆者作成。

　以上の言葉によってうかがわれる通り，非行少年は，必ずしも規範意識を欠如させているわけではないのである。

　では，最近のわが国で，非行を促進している大きな要因は何であろうか。内閣府政策統括官（共生社会政策担当）は，2007年に「ユースアドバイザー養成プログラム」を発表し，これを2010年に改訂している。これによれば，「現代の社会において，子どもを非行へと向かわせる最大のリスク要因は，学校不適応であり，その背後にある学力不振である」（内閣府政策統括官（共生社会政策担当）。実際に，2016年「少年矯正統計」中の「新収容者の非行名別　精神診断及び知能指数」によれば，同年中に少年鑑別所に新規入所した少年の知能指数（IQ）の分布は，実数については表14-2の通りである。男子少年の約64％，女子少年の約73％が IQ70〜99であり，ある程度の知的な負因を有していると思われる。また，2016年「少年矯正統計」中の「新収容者の非行名別教育程度」によれば，同年中に少年鑑別所に新規入所した少年の教育程度の分布は表14-3の通りである。教育程度が「中学校卒業」または「高校中退」である者の比率は，男子少年では約52％，女子少年では約49％である。このことは，先にあげたユースアドバイザー養成プログラムの言葉を裏付けている。

214

第**14**章　少年非行・矯正・更生保護と子ども育成支援

表14-3　2015年に少年鑑別所に新規入所した少年の教育程度の分布

	総数	小学校		中学校		高等学校			高等専門学校			短期大学・大学			専修学校			その他
		在学	卒業	在学	卒業	在学	中退	卒業	在学	中退	卒業	在学	中退	卒業	在学	中退	卒業	
男子少年	7,163	16	–	1,015	1,545	1,664	2,176	439	1	3	–	124	25	1	83	33	2	22
女子少年	607	1	–	116	111	141	189	30				5			6	3	1	1

出所：法務省（2016）「少年矯正統計（少年鑑別所）」をもとに筆者作成。

（2）ソーシャル・キャピタルとしての高等学校

　確かに，わが国でもしばらく前までは，中卒・高校中退で学歴を終えた少年も学歴不要の職に就き，それなりの社会的地位を得て，社会に再統合されていった。たとえば，ある暴走族の若者は，1980年に刊行された書籍で以下の通り語っていた（グループ〈フルスロットル〉，1980：253）。

　　　ワシは今年20才。県立高校を中退して京都の肉屋で仕事をしていたけど，一年でやめて今は家業の廃棄物処理収集業をやってる。／この仕事しとると，ゴミ屋，ゴミ屋と言われてハラの立つこともあるが，金はサラリーマンより良いし，もっと大きく仕事していったら将来も安心やと思っとる。人に使われるより自分で仕事する方が好きやし。

　しかし，最近は，中卒者に対する求人が急減している。実際に，厚生労働省の2017年5月19日付け報道発表資料「平成28年度「高校・中学新卒者のハローワーク求人に係る求人・求職・内定状況」取りまとめ」によれば，中学新卒者に対する求人数は図14-2の通りである。1991年3月の中学新卒者に対する求人数（1月末）は5万6,036件であったが，2016年3月に中学校を卒業する中学新卒者に対する求人（1月末）は1,548件であった。中学新卒者に対する求人数は，急速に進行した少子化の影響もあるとはいえ，四半世紀の間に激減しているのである。

215

第Ⅱ部　子ども育成支援の実際とソーシャル・キャピタル

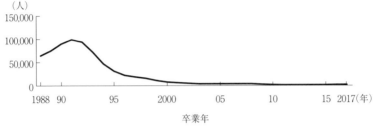

図14-2　中学新卒者に対する求人数（3月末）の推移

出所：厚生労働省（2017）「平成28年度『高校・中学新卒者のハローワーク求人に係る求人・求職・内定状況』取りまとめ」より筆者作成。

　こうした実情のなかで，高等学校は，就学から就労への移行期を生きる若者に対して様々な福祉的支援を行う場になっており，この時期の若者を支えていくうえで他に替えがたい貴重なソーシャル・キャピタルになっているのである。たとえば，神奈川県立田名高等学校総括教諭の岩井容子は，2013年に発表した著作で，以下の通り述べている（神奈川県社会福祉協議会，2013：35）。

　　［田名高等学校に］入学してくる生徒たちは，学習面，経済面，家庭環境，コミュニケーション能力等，さまざまな課題を抱えています。大人へ不信感を抱き，自己肯定感を持てない生徒も少なくありません。田奈高校では，そのような生徒を「困った生徒」ととらえるのではなく，「困っている生徒」ととらえて支援しようとしています。
　　このような子どもたちは，意識してみると決して少なくありませんし，10代後半となったこの子たちに提供可能な社会資源は，少ないのが現実です。彼らのニーズに合った支援をするには教育分野の資源だけでは不可能です。本校では外部機関と協働する体制を整備してきました。その中でも大きな柱となるのは，教育相談と卒業後のキャリア支援の仕組みです。

　逆に，今日の若者は，ひとたび高校教育からドロップアウトしてしまえば，様々な福祉的支援からもこぼれ落ちてしまう。こうした事情に鑑みれば，今日

216

第14章　少年非行・矯正・更生保護と子ども育成支援

の非行少年を支援していくうえでは，①中学校・高校の連携によって綿密な進路指導を行い，高校に進学できない中学生を出さないこと，②高校生を中退させないこと，③高校中退者への復学指導を行うこと，④すべての高校生に高校卒業までの学習及び卒業後の進路を実態的に保障すること，⑤高校をプラットフォームとして，教員以外の様々な専門家による援助を行うことが必要になっていると考えられる。

第3節　非行少年を支援するうえでの課題

（1）適格者主義の克服

　前節であげた課題を達成していくうえで必要になるのは，適格者主義の克服である。

　文部省（当時）は，1963（昭和38）年の初等中等教育局長通知「公立高等学校の入学者選抜について」別紙「公立高等学校入学者選抜要項」で「高等学校の教育課程を履修できる見込みのない者をも入学させることは適当ではない」とし，「高等学校の入学者の選抜は……（中略）……高等学校教育を受けるに足る資質と能力を判定して行なうものとする」としていた。これが適格者主義である。しかし，同省は，1984年の初等中等教育局長通知「公立高等学校の入学者選抜について」で「高等学校の入学者選抜は，各高等学校，学科等の特色に配慮しつつ，その教育を受けるに足る能力・適性等を判定して行う」とし，一律に高等学校教育を受けるに足る能力・適性を有することを前提とする考え方をとらないとしたのである。

　しかし，わが国の高校教育の現場では，今なお適格者主義が根強く残っている。たとえば，神奈川県立田名高等学校教諭の吉田美穂は，2011年に開催された北海道大学大学院教育学研究院附属子ども発達臨床研究センター総合研究企画（2011サステナ企画）「遊ぶ・学ぶ・働く――持続可能な発達の支援のために」で，以下の通り発言している（吉田，2012：62）。

217

第Ⅱ部　子ども育成支援の実際とソーシャル・キャピタル

　（前略）やっぱり高校の中の適格者主義というのは，超えていかなきゃならないんだというふうに私は思います。高校というのが小中と決定的に違うのは，試験があって入学させている，選んで，適格性のある者を合格させている，という感覚が高校の先生にあるという点です……（中略）……やっぱり，この適格性のある者だけが高校で学んでいいのだという大きな流れの中で，いくら支援だ，支援だと言っても，なかなかそれは定着しない。だから，高校の教員集団が持っている適格者主義というものをきちんと見つめて，「高校の役割って社会の中で何なんだろう？」ということを，きちんともう一度問い直していかないと，高校での支援というのはなかなか根付かないんじゃないかなと思います。

（2）定時制・通信制高等学校の活用

　ここであげた課題を達成するうえで次に必要になるのは，定時制・通信制高等学校の活用である。野中繁によれば，わが国の定時制・通信制課程高等学校は，戦後，全日制高等学校に進学できない青年に対して，後期中等教育の機会を提供する目的で制度化され，高等教育の普及と教育の機会均等の理念を実現するうえで大きな役割を果たしてきた。確かに，近年では，進学率の急速な上昇によって高等学校が事実上の義務教育化し，働きながら学ぶ勤労青年の数は減少している。しかし，わが国の定時制・通信制課程高等学校では，全日制課程からの中途退学者，小学校・中学校で不登校を経験した者など様々な入学動機・学習歴をもつ者が増え，「制度発足当時とは著しく異なった生徒の学校となっている」実情にある（野中，2015：23）。

　中卒・高校中退で学業を終えて非行化した少年を高校に復学させ，社会への再統合を果たしていくうえで，定時制・通信制高等学校は現実に利用できる有力な社会資源になっているのである。ただし，定時制・通信制高等学校をこうした仕方で活用していくうえでは，以下にあげるいくつかの問題があると考えられる。

第**14**章　少年非行・矯正・更生保護と子ども育成支援

① 　定時制・通信制高等学校で3～4年間学んで卒業までこぎつけること
　は，中学時代までに学習する習慣のついていない者，貧困・家庭崩壊など
　の理由により落ち着いて学ぶ環境に置かれていない者にとって，決して簡
　単ではない。こうした若者に対して，少年院など強制力のある施設内で指
　導を施すことは，むしろ難しくない。しかし，多くの若者は，たとえ非行
　を行って少年院に送致されたとしても，やがて社会に戻っていくのであ
　る。こうした若者に対して，強制力のない社会のなかでいかにして必要な
　指導・支援を与えていくかを考えなくてはならない。

② 　保護観察（1号観察）または少年院仮退院中（2号観察）[1]の若者を，処
　分歴によらず受け入れる寛容さが必要である。処分歴を理由に入学を拒め
　ば，非行少年は立ち直りの機会を失ってしまう。また，在学中に再非行を
　行って司法的な処分を受けた場合も，性急に退学処分にしないようにすべ
　きである。少年院に収容されている非行少年にとっても，高等学校の学籍
　が残っており，社会に戻ったときに帰る場所が確保されていることは，少
　年院での生活に対してよい影響を与えるはずである。

③ 　定時制・通信制高等学校では，女子生徒の妊娠は時おり遭遇する事案で
　ある。もちろん，10代の女子生徒の妊娠は，基本的には避けられるべきで
　ある。しかし，現に妊娠した女子生徒を性急に退学させれば，彼女を「高
　校中退で乳幼児を抱えるシングルマザー」という立場に追い込みかねな
　い。こうした立場の女性は，就労もままならず，更なる貧困に追い込まれ
　てしまう。こうした女子生徒が赤ちゃんを安価（できれば無料）かつ安全
　に預けられる場所を確保し，高校卒業まで学業を続けていける配慮が必要
　になる。

　筆者自身の知る定時制・通信制高等学校でも，①非行歴のある少年でも受け
入れ，再非行によって少年院に送致されても学籍を保っておく，②定時制課程
在籍中に妊娠した女子生徒は通信制課程に転籍させ，極力退学させないように
する等の努力を行っている例が見受けられる。

第Ⅱ部　子ども育成支援の実際とソーシャル・キャピタル

（3）非行少年に対する厳罰主義の克服

　ここで注意しなくてはならないのが，最近のいわゆる学校警察連絡制度である。たとえば，高知県では，2011年10月から従来の学校警察連絡制度が拡充され，補導事案についても，学校と警察との間で情報が共有されるようになっている（高知県教育委員会「高知県学校・警察連絡制度運用ガイドライン」）。この制度は，確かに，学校として素早く児童・生徒の様々な問題行動に関する情報を得て，指導できるようになるという利点をもっている。しかし，他方では，児童・生徒の補導情報がすべて学校の知るところとなり，進学の際に彼らの不利益になる使われ方をされ，事実上の厳罰化になりかねないという欠点をもっている。

　筆者は，若者の非行を容認すべきだと主張しているわけではない。しかし，若者は未熟であり，時として間違いを犯すものであるから，刑法も第41条で，14歳未満の者の行為は罰しないと定めているのである。彼らに対して過度な厳罰主義・必罰主義で臨めば，一時的には非行を抑制しえたように見えても，長い目で見れば非行少年の立ち直りの機会を根こそぎにし，彼らを本格的なアウトロー集団に追いやって，かえって社会を不安定にしかねない。それゆえ，非行少年に対しては，可能な限り少年時の非行について寛大な態度を取り，社会への再統合を促すかかわりが必要なのである。米国連邦最高裁判所のゴールト事件（in re Gault）の有名な判決文（in re Gsult, 387 U.S. 1（1967））は，この事情を見事に言い表している。

　　　it is the law's policy "to hide youthful errors from the full gaze of the public and bury them in the graveyard of the forgotten past."（少年法の方針は，若いときの過ちを公衆の目から隠し，これを忘れられた過去という墓場に埋葬することである。）

第14章　少年非行・矯正・更生保護と子ども育成支援

第4節　非行少年に対する支援の社会的意義

　ここまでに述べた通り，非行化の大きな要因は学力不振を背景とする学校不適応（特に高等学校からのドロップアウト）である。それゆえ，非行少年を社会に再統合していくうえでは，彼らを高等学校に復学させる指導が必要である。また，この指導を達成するうえでは，①高等学校側の適格者主義の克服，②定時制・通信制高校の活用，③過度の厳罰化・必罰化の克服という課題を解決することが必要である。

　以前，ある講演会で聞いた話であり，録音もとっていないので，確かな出典はないことをお断りしたうえで記しておきたい。少年院が1人の非行少年を1年間（長期少年院の標準的な処遇期間）収容し，矯正処遇を施せば，だいたい500万円の経費を要する。100人の非行少年を収容し，矯正処遇を施せば，だいたい5億円の経費を要する。このうち何人立ち直れば，ペイしたと言えるであろうか。

　筆者が自分の勤務する大学で講義の際に質問してみると「20人」・「50人」等様々な答えが返ってくる。しかし，もしも1人の非行少年が改善更生せず，犯罪者として一生を終えるとすると，彼がまじめに働いていれば得られたであろう給与，社会に与えた損害，司法・警察系の役所の経費等諸々の額を積算して，だいたい5億円になるそうである。それゆえ，少年院で1年間にわたって100人の非行少年を収容し，1年間処遇して，1人立ち直ればペイしたことになるのである。1人の非行少年を立ち直らせ，社会に再統合させていくことは，これほど社会の利益になることを指摘して，本章を閉じることとしたい。

注
(1)　わが国の保護観察は，①家庭裁判所で保護観察処分を言い渡された非行少年に対する処分（1号観察），②少年院仮退院者に対する処分（2号観察），③刑事施設を仮釈放された者に対する処分（3号観察），④保護観察付き執行猶予処分を受けた者に対する処分（4号観察）等，に分かれる。このうち，未成年者にかかわるのは，①1号観察及び

第Ⅱ部　子ども育成支援の実際とソーシャル・キャピタル

②2号観察である。

引用・参考文献

グループ〈フルスロットル〉編（1980）『ボア・アップ！暴走族──暴走列島 '80　part 2』第三書館。

法務省（2017）「平成28年版犯罪白書」（http://hakusyo1.moj.go.jp/63/nfm/mokuji.html, 2017. 11. 11）。

神奈川県社会福祉協議会（2013）『かながわ青年期サポートブック』第2部「現場からみた子ども・若者──青年期サポートの最前線」（http://www.knsyk.jp/s/shiryou/pdf/25kanagawa_seinenkisupport2.pdf, 2017. 5 .20）。

加藤誠之（2002）2002年10月，「非行少年にとっての『仲間の評価』の意味の解明──『世間』に関するハイデッガーの思索に基づいて」，『人間関係学研究』9 （1）。

高知県教育委員会「高知県学校・警察連絡制度運用ガイドライン」（http://www.pref. kochi.lg.jp/soshiki/310801/files/2013010300037/2013010300037_www_pref_kochi_lg_jp_uploaded_attachment_68292.pdf, 2017. 11. 11）。

厚生労働省（2016）「平成28年度『高校・中学新卒者のハローワーク求人に係る求人・求職・就職内定状況』取りまとめ」第6表「高校・中学新卒者のハローワーク求人に係る求人・求職・就職内定状況の推移（3月末現在）」（2）「中学新卒者の状況」（http://www.mhlw.go.jp/file/04-Houdouhappyou-11652000-Shokugyouanteikyokuhakenyukirou doutaisakubu-Jakunenshakoyoutaisakushitsu/0000148882_2.pdf, 2017. 5 . 20）。

内閣府「少年非行に関する世論調査」（http://survey.gov-online.go.jp/h27/h27-shounenhikou/2-1.html, 2017. 5 .20）。

内閣府「ユーズアドバイザー養成プログラム（改訂版）」（http://www8.cao.go.jp/youth/kenkyu/h19-2/html/3_2_4.html, 2017. 5 .20）。

野中繁（2015）「広がる定時制・通信制高校の役割」『月間高校教育』2015年9月号。

吉田美穂（2012）「高校教育における『適格者主義』と『支援』を考える──キャリア支援の取組を踏まえて」（北海道大学大学院教育学研究院附属子ども発達臨床研究センター総合研究企画（2011サステナ企画），シンポジウム報告書（http://eprints.lib.hokudai.ac.jp/dspace/bitstream/2115/49387/1/Yoshida.pdf, 2017. 5 .20）。

第15章
子どもの貧困と子ども育成支援
──経済的・社会的・文化的剥奪に立ち向かう社会的包摂──

小口将典

貧困に伴う最大の犠牲者は，歴史を通じて常に子どもであったといえる。子どもの貧困問題は決して子どもの責任ではない。子どもが生まれた環境によって生きる権利が左右されるものであってはならず，未来を担う子どもたちの保障を社会全体で考えることが求められる。

近年，子どもの貧困に対する社会的な関心が高まりつつある。2013年には「子どもの貧困対策の推進に関する法律」（以下，「子どもの貧困対策法」という）が成立し，子どもの貧困問題は政策的課題として取り組むべき課題となった。本章では，子どもの貧困を生み出す現代の社会構造を整理し，子どもの貧困対策におけるソーシャル・キャピタルの概念を整理する。さらに，全国に広がるこども食堂の取り組みから，貧困対策に向けての若干の手がかりを見出したい。

第1節　わが国における子どもの貧困の実態

（1）子どもの貧困の再発見

終戦直後わが国は，戦争孤児による「浮浪児」や「長欠児童」の問題など，子どもと貧困の問題は社会的問題として取り組まなくてはならない重点的課題であった。1947年に児童福祉法が制定され，児童養護施設や保育所などを中心に子どもへの福祉が整備されることになった。しかし，高度経済成長を迎えた1950年代から貧困問題への関心は次第に低下していった。経済大国をめざして進められた急速な発展のなかで，貧困問題はすでに過去のものであるという認識へと変わり，子どもへの問題に対しても「豊かさのひずみ」として捉えられるようになってきたからである（松本・湯澤・平湯ほか，2016：4）。その後，

第Ⅱ部　子ども育成支援の実際とソーシャル・キャピタル

国は貧困について特に把握することなく，主な政策課題として取り上げることなく40年余りの間が過ぎていった。[1]

　しかし，2000年以降から，再び貧困に対する社会的関心が高まることとなった。経済発展のなかで，わが国の産業構造は大きく変化し，核家族化の進展とともに長く継承されてきた共同体的関係や地域とのつながりが希薄化し，様々な問題が指摘されるようになってきたからである。こうした現状から，2009年には，わが国では初めて貧困率が公表され，2013年の「子どもの貧困対策法」[2]の施行へとつながっていくことになった。

（2）子どもの貧困の定義と相対的貧困という考え方

　子どもの貧困の定義として近年では，「子どもの経済的困難と社会生活に必要なものの欠乏状態におかれ，発達の諸段階における様々な機会が奪われた結果，人生全体に影響を与えるほどの多くの不利益を負ってしまうこと」（子どもの貧困白書編集委員会，2009：10）が用いられる。この定義は，『子どもの貧困白書』によって示されたものであるが，貧困は単に「お金がない」という経済的な問題だけにとどまらず，貧困状態におかれることによって，人生被害ともいえる不利益を負うといように広い視点で捉えられている。

　貧困の概念は多面性をもっているため，容易に定義することは難しいが，その核にあるのは経済的な困難である。つまり，「社会生活をいとなむための『必要』を充足する資源の不足・欠如」（松本・湯澤・平湯・ほか，2016：16）であり，人間が生きていくために「必要なもの・こと」が充足されないことが貧困であると捉えられている。

　これらの貧困の考え方は大きく，「絶対的貧困」と「相対的貧困」の２つに分けることができる。「絶対的貧困」とは，古くから生理的な再生産のための「必要栄養量」を基礎にして考えるものであり，「食べ物がなく飢える」という貧困の一般的なイメージとして用いられるもので，「生存」に近い水準として捉えることもできる。しかし，人間の生活は必要栄養量の摂取にとどまるものではない。常に社会生活として営まれ，その時代における水準や地域によって

も異なる性質がある。たとえば，日本国憲法の第25条に示されている「健康で文化的な最低限度の生活」というように，「最低限度の生活」を考えるなかでは，その時代における社会の一般的な生活様式や習慣によって決まる性格をもつ。このような社会的，相対的に必要なものを欠く状態を「相対的貧困」といい，これらの考え方は国際的にも一般的に用いられるようになってきている。

　以下に取り上げる事例は，沖縄県宮古島市の市議会議員の発言である。この，発言からは，貧困に対して，個人の生活感覚や貧困感によってその捉え方は大きく変わることがわかる。

　　「子どもの貧困対策をここまで手厚くやる必要があるのだろうか。子どもは貧しい状況のなかで育てた方がハングリー精神，挑戦力が高まるのではないか。私が子どもの頃は，こんなものではなかった。生きるか死ぬかのような貧しさのなかでみんなが頑張っていた。……（中略）……私は，子どもは貧乏だからこそ向上心を持って進歩するんじゃないかなと思いますので。」（琉球朝日放送　報道制作部「ニュースＱプラス」）

　市議の発言をめぐって様々な物議があった。おそらくこの市議は，絶対的貧困のイメージで貧困を捉えており，それは自身の幼少期の経験がもとになっていると考えられる。「見えない貧困」を理解するためには，経済的な指標だけにとらわれず，地域や年齢別に，生活の深部から貧困を捉える必要がある。たとえば，その家庭は誰と何時に食事をしているのか，そこで何を食べているのか。病気になったときに，病院に行くことができているのか。休日は，どのように過ごしているのか。最近の家族の思い出はどのようなことがあるのか，などである。

　現代の貧困は見えにくい。その「見えない貧困」に立ち向かうためには，専門職を含め，地域の大人たちが貧困を見る目を養うことが重要である。それは，自身の考え方や価値観による貧困の捉え方ではなく，今の社会における子育てがどのようなものなのかを認識することから始まる。

第Ⅱ部　子ども育成支援の実際とソーシャル・キャピタル

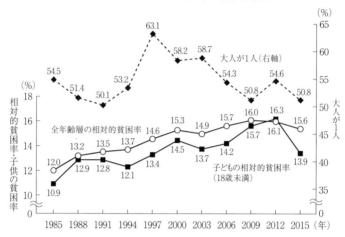

図15-1　子どもとひとり親世帯の相対的貧困率

資料：厚生労働省『平成25年　国民生活基礎調査の概況』。
注：子どもがいる現役世帯（世帯主が18歳以上65歳未満で，子どもがいる世帯）のうち，大人が1人の世帯。事実上ひとり親世帯のことを指す。
出所：松本伊智朗ほか（2016）『子どもの貧困ハンドブック』かもがわ出版，を一部改変。

（3）子どもの貧困率とその実態

　実際にわが国の子どもの貧困はどのような状況になっているのだろうか。2017（平成29）年に厚生労働者は貧困率を発表している（図15-1）。それによると，2015（平成27）年の子どもの相対的貧困率は13.9％であった。これは，17歳以下の子どものうち，貧困世帯で暮らす子どもの割合は，およそ7人に1人であり，日本全国では270万人以上の子どもが貧困状態にあるということになる。

　さらに，「大人が一人の世帯員」の貧困率は50.8％となっており，ひとり親世帯の貧困率が高いとみなすことができる。特に若い世帯の貧困率が高く，生活が「大変苦しい」と答える人が1995年の33.8％から2015年には45.1％と急増しており，20歳代前半で貧困率が高くなっていることが特徴である。[3]

第2節　わが国の子どもの貧困を生み出す社会構造と問題の多重化

（1）子どもの貧困の連鎖的問題構造

　子どもの貧困はある一定のシステムがあるかのように社会的背景としての構造をもって説明することができる。子どもの貧困が発生する社会的背景と構造を整理すると，図15-2のようになる。土台に，「①生活の不安定化と生活不安の増加」があり，その要因には非正規雇用の増加，コミュニティの脆弱化，社会保障制度の諸改悪などがある。さらに，「②所得格差・貧困格差」が現代社会では必然的に生じることとなり，子どもの学習権にかかわる様々な問題へとつながり，就学援助制度率の増加に現れることになる。①②のような社会では，③にみるように，ひとり親世帯や疾病入院者患者を抱える世帯に生活困難が直撃する。さらに，「④家族の養育機能障害」として子どもへの虐待などの問題としてあらわれ，その結果として「⑤児童相談所への相談」へとつながる。そして，社会的養護を必要とする子どもへのケアとして「⑥施設の入所措置」が行われ，児童養護施設や乳児院などの入所児の多くは被虐待児である。こうした社会的背景をみれば，児童養護施設・乳児院は貧困問題が集約された1つの場であるともいえるかもしれない。

　さらに，社会的孤立が進む現代社会では，問題が潜在化し，誰からも見つけられることもなく「⑦ “私的に” 抹殺され潜在化した児童養護問題（親子心中，子殺し）」となって社会問題化する。今日，わが国では約5日に1人の割合で子どもが虐待によって命を落としているという現状である。

第Ⅱ部　子ども育成支援の実際とソーシャル・キャピタル

図15-2　子どもの貧困としての児童福祉問題の構造

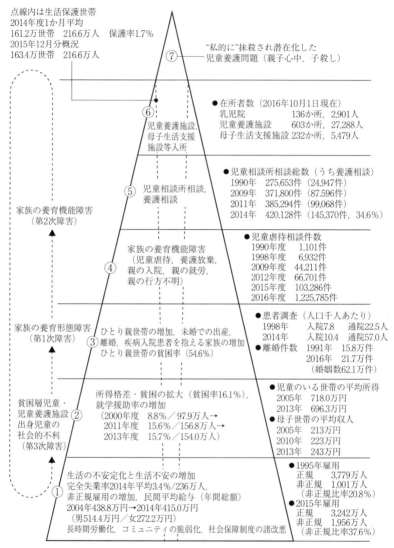

注：厚生労働省編（2015）『平成27年版厚生労働白書』日経印刷，厚生労働省「国民生活基礎調査」「労働調査」ほか，内閣府編（2015）『少子化社会対策白書（平成27年度版）』日経印刷から浅井が作成。
出所：浅井春夫ほか（2016）『子どもの貧困の解決へ』新日本出版社，19，を一部改変。

第15章 子どもの貧困と子ども育成支援

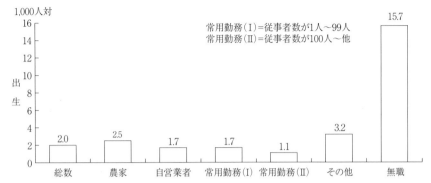

図15-3 幼児死亡率と世帯の職業階層

出所：厚生労働省（2017）「2016年人口動態調査統計」(https://www.e-stat.go.jp/SG1/estat/GL08020103.do?_toGL08020103_&listID=000001191146&requestSender=estat, 2017.10.15)。

（2）貧困が引き起こす子どもの生活への影響

さらに詳しく貧困と子どもの生活への影響をみてみると，保護者が働いて得る収入（稼働所得）が低いほど，家計が厳しくなっている。特に，子どもを育てている世帯では，医療・教育にかかる費用が家計を圧迫することから，所得格差が医療や教育格差などに連動してしまうことになる。

たとえば，乳児の死亡率は，1,000人あたり2.0人（2016年）と日本は世界で最も低い国の1つである。しかし，世帯職業別で乳児死亡率を比較すると，貧困問題が大きく影響していることがわかる（図15-3）。乳児死亡の1,928人の内訳をみると，従業員数の多い企業（常用勤務Ⅱ）に勤務する世帯の死亡率1.1に対して，無職の世帯では15.7％で，両者には大きな開きがあることがわかる。これは，「乳幼児期からすでに貧困は，健康格差・いのちの格差」（松本ら，2016：69）となっているといえるだろう。

また，教育面においても，家庭の所得が不十分であったり，不安定な家庭環境であると，子どもの学力に差が出たり，大学などへの進学機会が奪われてしまうことにもなる。表15-1は，高等学校，大学等への進学率を示したものだが，所得や環境がそれぞれの進学に影響を及ぼしていることがわかる。日本の大学の高額な授業料なども影響しているが，将来の勉学への夢を奪われてしま

第Ⅱ部　子ども育成支援の実際とソーシャル・キャピタル

表15-1　家庭環境と進学率の現状

(a) 高等学校進学率　　　　　　（％）

	生活保護世帯の子ども	全世帯
全日制	67.4	91.4
定時制	11.7	2.0
通信制	5.2	2.0
中退率	4.5	1.5

(b) 大学等への進学率　　　　　（％）

	生活保護世帯の子ども	全世帯
生活保護世帯	33.4	73.2
児童養護施設	23.3	
ひとり親家庭	41.6	

出所：内閣府（2016）「子供の貧困の状況及び子供の貧困対策の実施状況について（平成28年7月14日）」。

図15-4　子どもの虐待事例の家族構成

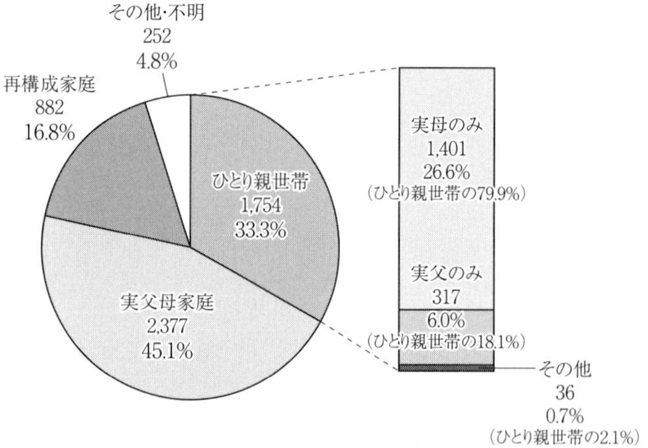

その他・不明
252
4.8%

再構成家庭
882
16.8%

ひとり親世帯
1,754
33.3%

実父母家庭
2,377
45.1%

実母のみ
1,401
26.6%
（ひとり親世帯の79.9%）

実父のみ
317
6.0%
（ひとり親世帯の18.1%）

その他
36
0.7%
（ひとり親世帯の2.1%）

注：2013年度全国児童相談所長会「児童虐待相談のケース分析等に関する調査研究」
　　データをもとに岩田が作成。
出所：松本伊智朗ほか編（2016）『子どもの貧困ハンドブック』かもがわ出版，82。

うことは，学習に対する意欲や，職業選択の機会を限定させてしまうことにも
つながっていくと考えられる。

　さらに，子どもへ虐待と貧困との関係があるとも指摘されている。2015年に
全国の児童相談所が対応した子どもの虐待相談対応件数は10万3,286件であ
り，毎年過去最高値を更新し続けている。この背景には，児童虐待防止法の施

第15章　子どもの貧困と子ども育成支援

表15-2　虐待につながると思われる家庭・家族の状況

	家庭の状況		あわせて見られる他の状況上位3つ		
1	虐待者の心身の状態	2,397件 (32.2%)	①経済的な困難	②ひとり親家庭	③育児疲れ
2	経済的な困難	1,935件 (26.0%)	①虐待者の心身の状態	②ひとり親家庭	③不安定な就労
3	ひとり親家庭	1,799件 (24.2%)	①虐待者の心身の状態	②経済的な困難	③不安定な就労
4	夫婦間不和	1564件 (21.0%)	①DV	②虐待者の心身の状態	③経済的な困難
5	DV	1484件 (20.0%)	①夫婦間不和	②虐待者の心身の状態	③経済的な困難

出所：全国児童相談所長会（2014）「児童虐待相談のケース分析等に関する調査研究」結果報告書，子ども未来財団。

行によって虐待対応のシステムが整備されているという理由があげられるが，一方で若年層の非正規雇用からくる経済的困難が，虐待を増加させているのではないかという見方もある。

　子ども虐待相談の家族背景では，実父母家庭が45.1％，ひとり親世帯が33.3％，となっている（図15-4）。また，虐待の背景には複合的な困難さを抱えているケースが多く，前述した問題の多重化の結果として虐待につながっていると読み取ることができる（表15-2）。

第3節　こども食堂の取り組みとソーシャル・キャピタル

　これまで，わが国における子どもの貧困問題を概観してきたが，子どもの貧困対策におけるソーシャル・キャピタルの概念を整理し，今日全国に広がりつつあるこども食堂の事例を紹介する。

（1）子どもの貧困対策におけるソーシャル・キャピタルの概念

　ソーシャル・キャピタルの概念として，「人々の協調行動を活発にすること

によって社会の効率性を高めることのできる、『信頼』『規範』『ネットワーク』といった社会組織の特徴」（パットナム，2001：206-207）が用いられる。子どもの貧困が発生する社会的背景と構造については，すでに述べてきた通りだが，子どもの貧困対策には，労働政策や社会的保障政策などの包括的な取り組みが必要であり，さらに，おとなたちの責任によって子どもの生活をどのように保障していくのかという根本的な議論が必要である。そのため，子どもの問題を国や自治体の責任として捉えるのではなく，世代間を超えた子どもの貧困を支えるネットワークや支援体制の構築がめざされなければならない。貧困への政策的な取り組みとともに，様々な現場で，貧困の問題を社会の問題として解決する取り組みをしている人たちの具体的なつながりを強めて，社会的な連携の力を強くしていく作業が必要である。

　浅井春夫は，貧困対策として「労働生活への連結」「掲示剤的支援」「健康と食の保障」「学習権・進学権」の4つの方向から取り組むことを提起している（図15-5）（浅井・中西・田村・ほか，2016：26）。

　これらの取り組みを具体化するためには，地域での連携や社会資源の活用が重要となる。さらに，それぞれの機関が別々の支援を行うのではなく，貧困対策のネットワークの構築と連携が必要であり，たとえば，学校と地域で行われる学習支援との連携，時には民間の学習塾との連携などが想定される。その他，子どもの居場所づくり，こども食堂，いつでも気軽に相談できる病院，行政でいえば保健師，福祉事務所職員，民生委員（児童委員）を含めた様々なおとなが，それぞれの専門性と観点から地域の子どもたちに何が必要なのかを話し合い，動いていくネットワーク作りを進めていくことが求められる（浅井・中西・田村・ほか，2016：30）。

　つまり，子どもや保護者，家族が困難から回復する力をより軽快に機能させるためのシステムを作り，そのシステムを動かす戦略をまずは磨き，子どもにかかわるみんなが共有し，力を尽くす一連の活動を，子どもの貧困問題に対するソーシャル・キャピタルであると提起したい。

第15章 子どもの貧困と子ども育成支援

図15-5 子どもの貧困対策への4つの取り組み

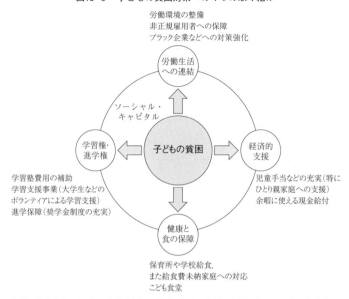

出所：浅井春夫ほか（2016）『子どもの貧困の解決へ』新日本出版社, 26, を一部改変。

（2）全国に広がるこども食堂

　経済的な困窮は，保護者としては保育所や学校などへはみせたくない課題である場合が多い。そのプライドを傷つけることなく，福祉制度につなげていくことができるかがポイントとなる。地域で支えるシステムを構築するなかで，自身の抱えている困難さや悩みを打ち明け，受け止めることのできる関係を作ることが求められる。その1つの役割として，今日全国に広がりつつある，「こども食堂」があげられる。

　こども食堂とは，子どもの貧困問題を背景に，地域のおとなが子どもに無料や安価で食事を提供する，民間発の取り組みである。現在，定義や枠組みは明確にされてはいないが，2016年5月現在，およそ300か所のこども食堂とそれに準ずる取り組みがなされている。しかも，このうち285か所は2013年以降の開設であることから，急速に広がっていることがわかる。

233

第Ⅱ部　子ども育成支援の実際とソーシャル・キャピタル

　こども食堂は近年，子どもの貧困対策としての取り組みとして取り上げられることが多いが，先に述べた「絶対的貧困」への対応ではなく，「相対的貧困」としての課題に対して子どもに食事を提供し，安心して過ごせる場所として始まったものである。したがって，地域のすべての子どもや保護者，地域の大人など，対象を限定しない食堂が今日増えている。また，食堂というかたちを取らず，子どもが放課後に自宅以外で過ごす居場所のなかで食事を出しているところもある。これらのこども食堂の取り組みについて，先に提起した子どもの貧困問題に対するソーシャル・キャピタルの概念から，いくつか事例をあげてその役割をみてみたい。

　①　不登校の子どもの居場所としての役割

　　様々な理由から，学校に通うことができなくなっているＡくんだが，週1回のこども食堂には必ず通っている。こども食堂に通い始めたころは，ただ何もしないで食事をして帰るだけであった。それが，食事の後に1人でマンガを読んだりテレビを見たりして，こども食堂で過ごす時間が長くなっていった。そんなある日，「調理のお手伝いをしたい」と話してきた。これまで1人で過ごしていることが多かったが，お手伝いをするなかで会話が増えていく。学校の先生が，Ａくんに会いにこども食堂を訪ねてきた。そのようなＡくんの様子を見て「以前の学校ではあのような姿や，表情のＡくんを見ることはなかった」Ａくんの変わり様に驚いた。今，Ａくんはこども食堂に来ると学校の勉強をしている。そして，お手伝いをして，テレビを見て帰っていく。

　　不登校の子どもが，こども食堂に通っているケースは多い。Ａくんの場合，こども食堂に通っているなかで，自身の居場所を見つけることができた。そして，1人で過ごすことが多かった毎日から少しずつ外出の機会が増え，人と接する時間ができ，会話が生まれ，自分自身の居場所へとつながっていった。自分を無条件に受け入れてくれる空間が，Ａくんが人とのかかわりのなかで変わるきっかけを作っていった。

第**15**章　子どもの貧困と子ども育成支援

② 「見えない貧困」で抱えている課題を見出す

　はじめは，ただ黙々と食事をしている状況であったのが回数を重ねるごとに，次第に顔見知り同士や初対面の人たちが世間話をしながら食事が進むようになっていった。向かいの席にいた小学生の男の子がよく野菜を残さず食べていたので「えらいね」と声をかけると，母親が「食堂ではしっかり食べようねって，来る途中，話してきたんです」と答えた。また，学校の友だちではなく，隣の中学校のおにいちゃん，おねえちゃんとの交流もこども食堂にはある。食後には，決まったプログラムではなく，子どもたちが思い思いに，マンガを読んだり，ゲームで遊んだりしている。学校とは違う友だちと遊べる場を子どもも楽しみにしている。

　そして，保護者同士も一緒に食事をしながら話しているうちに，お金のことや病気のことが心配という話をいつしか自然に話すようになっていた。

　こども食堂は，子どものみならず，その保護者も利用することが多い。そのため，食事をするなかで，重要な情報をキャッチすることができることが多い。

　Bこども食堂は，「こども食堂というかたちで，誰でも来ていい，悩みを話せる，温かい場所を作りたい」ということが運営の目的であった。温かい食事をともにするなかで，話しやすい雰囲気が自然と生まれ，解決のための工夫や情報交換が行われている。これも，食卓がもつ力であるといえるだろう。こども食堂を運営するスタッフも，様々な家庭状況を具体的に知ることができ，実際に福祉サービスにつながっていくケースもある。

③　生活困難の発見と他機関との連携

　Cちゃん（7歳）は，母親と一緒に月に1回のこども食堂に通ってくる。7歳になっても，箸を上手に使うことができず，スプーンやフォークで食事をすることが多い。お腹を空かしているのか，7歳の平均身長にも満たない小さな身体にもかかわらずおかわりを繰り返し，満腹になるとそのまま眠ってしまう。こども食堂の職員はCちゃんの様子を気にかけていた。母親の表情も少し

235

第Ⅱ部　子ども育成支援の実際とソーシャル・キャピタル

疲れており，あまり他の人とかかわることがなかった。ある日，母親に声をかけたところ「夫が暴力を時々振るう」という話が出てきた。今日も家に帰ることが，「娘のことを考えると迷う」と胸の内を話してくれた。母親は，福祉に関する知識もなくこれからどのように生活をしていいのかわからなかった。こども食堂の職員は，婦人相談所のワーカーを紹介した。Ｃちゃんと母親は，現在Ｄ市にある母子生活支援施設に入り，夫の離婚と新しい街での生活に向けた支援が始まっている。

　こども食堂は，今回のケースのように貧困家庭の子どもの情報を得る拠点，福祉サービスにつながる入口になることがある。さらに，児童相談所などで見守りが必要な子どもをこども食堂に通わせることなどが，新たな社会資源として活用されることが予測される。子どもの生活を知り，行政などの福祉サービスや他機関との連携としての位置づけが期待されている。

第4節　こども食堂における取り組みと貧困問題解決の手がかり

　これまで，わが国における子どもの貧困問題を概観してきたが，本書のテーマであるソーシャル・キャピタルとの関係を踏まえてその解決への手がかりを考えてみたい。

（1）人格形成に大きな影響を与える「食」

　こども食堂での実践から，まずは子どもの成長・発達における食の福祉的な意義と貧困への支援における役割について考えてみたい。

　食の提供とその保障は，社会福祉の原点であり，生活全体を支えることにつながる。体重は子どもの状態や家庭の生活水準を端的に示す指標であり，必要最低限度の栄養をすべての人に保障することは社会福祉の重要な課題である。また，乳幼児期の食の営みは，身体的な栄養の摂取とともに，親子の愛情や親密さの相互伝達の場であり，子どもの発達，家族の絆と愛情を育てるうえでも極めて重要な生活行為である。また，子どものしつけの場としての機能を有

し，保護者からは子どもへの働きが多く行われる場面でもあり，生涯にわたる
生活習慣形成を培う場として重要な機能を有している。室田は「（いつもの家
族）という特定の人と，（テーブルの幅ほどの）近い距離で，（食事が済むまでは
席を立たないのが礼儀という）持続する時間の共有の中で，（毎日，毎回という高
い頻度の）繰り返しの体験をする，という四つの条件が関与する経験であるゆ
えに，人格形成から生活感覚の形成までは決定的なものとなる」。さらに，「食
卓での家族の会話や態度，雰囲気を通して子どもたちは人の考え方や価値観，
物事を処理する感覚，判断基準など多くの手がかりを具体的に取り入れてい
く」（室田，2007：46）と述べ，食卓の人間関係のなかで多くの心理的な感覚と
対人関係の技術（スキル）を手に入れていくとしている。

　つまり，毎日の生活の営みとしての食事は，決して身体的・物理的な栄養の
場というのみではなく，家族相互の心理的な栄養の場としての役割を担い，子
どもの人格形成に大きな影響を及ぼしているといえる。

（2）子どもの目線に立った「食事」ではなく「食卓」の提供

　こども食堂での食の提供から，改めて現代における子育てとはどのような困
難さがあるのか，子どもがどのような生活をしているのかを再認識しなければ
ならない。こども食堂が子どもの居場所として機能するには，まずありのまま
の子どもを受け入れることからはじまる。そのためには，敷居を低くしていつ
でも来ることのできる関係を構築することが大切である。

　さらに，「食事」の「食卓」を提供することである。こども食堂の最大の目
的は，孤食を防ぎ，様々な人たちの多様な価値観に触れながら「だんらん」の
場を提供することにある。したがって，子でもが「何を食べるか」ではなく
「誰とどのような雰囲気のなかで食べるのか」ということへの配慮がされなく
てはならない。食後の会話や，宿題，遊びなど家庭の食卓としての機能をいか
にもたせることができるかが，子どもの居場所づくりでは重要となる。子ども
あるいは，保護者にとって「自分を無条件に受け入れてくれる」「さみしい気
持ちやお腹がすいたことをわかってくれる」という場は，見えない貧困という

第Ⅱ部　子ども育成支援の実際とソーシャル・キャピタル

表15-3　食事を活用した生活理解

援助方法としての可能性	具体的内容
食事を通した人の生活全体の理解	食事の内容がどうかといったことに止まらず，調理や後片付けまでの一連の行為とそこで取り結ばれる物や人との関係（生活関係）をみることでその人の生活全体がよりよく理解できるのではないか。
効果的なアセスメントと援助関係の樹立	援助の基礎としてのより効果的なアセスメントと，援助関係の樹立とが可能となる。
生活習慣変容にむけての援助目標と援助方法の確立	ホームヘルパーのような，在宅福祉の第一線のワーカーによる，生活習慣変容にむけての援助目標と援助方法の確立という，極めて困難な課題にむけて一定の見通しを得ることができる。

出所：窪田暁子（1989）「食事状況に関するアセスメント面接の生まれるまで」『生活問題研究』第3号，生活問題研究会，56-57，より筆者作成。

極めて困難な課題に対して，回復するための入り口となり，支援を支えるシステムが動くソーシャル・キャピタルとしての概念が活かされるともいえる。

（3）食を通しての生活理解と支援の可能性

　さらに，本章では食生活状況を細かく観察することでその人の生活の実態をある程度具体的に捉えることができるのではないかと考えられる。窪田暁子は，社会福祉援助において食に着目することの意義を「食事の仕方とその内容はその人の社会的活動の形態や水準を反映する」（窪田，1989：62）と述べ，食事を単なる日常生活での生命維持のために営まれる生活行為という認識や，食事サービスを在宅福祉サービスの援助として留めるのではなく，社会福祉実践のなかで食事を通して，社会的および心理的な意味を見出すことに深い意義があることを論じており，その可能性を表15-3のように提示している。

　こうした考察に基づくと，こども食堂が，貧困対策として行われるなかで食事を提供する役割を担っているだけではなく，今日の多重化した子どもの貧困問題への解決を見出すことができる。それは，ソーシャル・キャピタルとして幾つかの貧困対策への連携の窓口としての機能と，貧困状態にある当事者の居場所が地域を結びつける場としての役割を果たすといえるだろう。また，子ど

もや保護者の置かれている生活状況の複雑さをつかみ，より具体的な生活理解につなげていかなくてはならないが，こども食堂における食卓の場は子どもの発達と家庭の本質にかかわる領域であり，効果的なアセスメントと支援関係の樹立が可能になる要素を含んでいる。

こども食堂における取り組みを，すべての貧困問題の解決に結びつけることは困難である。しかし，解決に向けてのシステムを作り，そのシステムを動かすためにも地域の拠点として，「見えにくい貧困」をかかわりのなかで可視化し，おとなたちの協働のなかで支援の輪を子どもの生活場面に作り出すことが求められる。

注
(1) 厚生省（当時）は，低消費水準世帯の推計を1965年で取りやめ，2009年に相対的貧困率を公表するまで貧困を把握することなく主な政策課題として取り上げられることはなかった。
(2) 子どもの貧困対策の推進に関する法律の第1条には次のように目的が示されている。
「子どもの将来がその生まれ育った環境によって左右されることのないよう，貧困の状況にある子どもが健やかに育成される環境を整備するとともに，教育の機会均等を図るため，子どもの貧困対策に関し，基本理念を定め，国等の責務を明らかにし，及び子どもの貧困対策の基本となる事項を定めることにより，子どもの貧困対策を総合的に推進することを目的とする。」
(3) 阿部彩「貧困統計ホームページ」(https://www.hinkonstat.net/, 2016.12.26)。

引用・参考文献

浅井春夫・中西新太郎・田村智子ほか（2016）『子どもの貧困の解決へ』新日本出版社。

加藤彰彦（2016）『貧困児童──子どもの貧困からの脱出』創英社。

子どもの貧困白書編集委員会（2009）『子どもの貧困白書』明石書店。

パットナム，ロバート，D., 河田潤一訳，(2001)『哲学する民主主義──伝統と改革の市民的構造』NTT出版。

窪田暁子（1989）「食事状況に関するアセスメント面接の生まれるまで──生活の実態把握と理解の方法としての臨床的面接」『生活問題研究』。

松本伊智朗・湯澤直美・平湯真人ほか（2016）『子どもの貧困ハンドブック』かもがわ書店。

室田洋子（2007）「家族コミュニケーションを食卓からみる」『発達』111, ミネルヴァ書房。

第Ⅱ部　子ども育成支援の実際とソーシャル・キャピタル

琉球朝日放送　報道制作部「ニュースQプラス」(http://www.qab.co.jp/news/2016031878
414.html，2016. 06. 20)。

第16章

外国にルーツをもつ子どもたちの育成支援
──教育機会と教育内容の差別待遇をなくすグローバル社会への転換──

大津尚志

日本国憲法第26条は「すべて国民は……（中略）……教育を受ける権利を有する」「すべて国民は……（中略）……その保護する子女に普通教育を受けさせる義務を負ふ」と規定しているのみである。外国籍の子どもに関しては，憲法上の教育を受ける権利は明文化されておらず，また義務教育の対象にはなっていない。国際人権規約や子どもの権利条約の趣旨からは，国籍に関係なく教育を受ける権利の保障が必要とはいわれている。

本章では，「外国にルーツをもつ子ども」（日本国籍を有していても，たとえば父母のいずれかが外国籍で離婚などの理由で，一方の親に育てられていて日本語能力が十分でない子どもも多数存在する）を対象とする。外国にルーツをもつ子どもが現代日本社会におかれている状況，及び政府（国，地方）の対応について論じる。また，問題点を指摘し，実態をよりよい方向にむけるための提言を試みる。

第1節　外国にルーツをもつ子どもの現状

（1）外国人の子どもの学校など在籍状況

法務省統計によると，在留外国人の数は，2016年12月の時点では238万人（うち，出身国として多いのは中国70万人，韓国45万人，フィリピン24万人，ブラジル18万人，ベトナム20万人）に達している（法務省，2017）。2014年に国内で生まれた子どもの29人に1人，3.4％は親が外国人である。統計に出ないものや，帰化して日本国籍を取得したもの，国際結婚をへて生まれた子どもをふくめると，何らかのかたちで「外国にルーツをもつ者」は300万人ちかく，人口の

第Ⅱ部　子ども育成支援の実際とソーシャル・キャピタル

表16-1　学校における外国人とその比率

	総児童・生徒数 (A)	うち外国人 (B)	比率 (B÷A)	在留外国人数 (C)	通学比率 (B÷C)
小学校	648万3,515人	4万9,662人	0.77%	7万3,363人	67.7%
中学校	340万6,029人	2万1,532人	0.63%	3万3,094人	65.1%
高校	330万9,342人	1万3,893人	0.42%	3万9,298人	35.3%

出所：文部科学省（2016a）『学校基本調査（平成28年度版）』及び法務省「在留外国人統計」(2016) にもとづき
筆者作成。

2.5%程度と宮島喬は推計している（宮島，2014a：1）。1989年の出入国管理及び難民認定法改正以来，「ニューカマー」と呼ばれる人の数が増えている。南米からの日系人の来日が増加した。

　憲法上は就学義務の対象にならない外国人の通学率は表16-1の通りである。「学校基本調査」では，幼稚園の在籍については調査されていない。市町村によっては，幼稚園・保育所の在籍に関するデータが把握されているところもあるが，全国の統計はない。

　義務教育の年齢であっても通学比率が100%にならないのは，いわゆる「一条校」のなかでも小・中学校以外に特別支援学校や中等教育学校に通学する子どもがいる他，外国人の子どもを担う教育施設（「各種学校」として認可されている，あるいは無認可。私立学校として一条校の認可を受けている場合もある）で，いわゆる「インターナショナルスクール」「民族学校」などと呼称される学校に通学する子どもや不就学の子どもがいるためである。なお，「重国籍」ゆえに就学義務の猶予・免除を受けている児童・生徒は3,286人いる（文部科学省，2016：916）。

　日本の学校制度にかかわる情報がいきわたらない，あるいは日本の学校に就学をはじめたものの，「なじめない」などの理由で不就学となる子どももいる。不就学の子どもが何をしているかというと，「就労（本来，違法である場合がある）」「家にいる（弟や妹の面倒を見ているなど）」「何もしていない」の3つに分かれる（小島，2016：38-39）。

第 **16** 章　外国にルーツをもつ子どもたちの育成支援

高校生の年齢になると通学比率が急減しているのは明らかである。公立高校入試は都道府県単位で行われるが，県によっては「特別枠」「特別措置」（入試問題にルビをふるなどの）を設けているところもある。それは県の判断に任せられている。まったく行われていないところもある。高校生の年齢になると，外国にルーツをもつ子どもにとって学習についていくことの困難さは大きくなる。

学校に在籍することは，児童・生徒にとって，友人関係や学力，情報取得など多くの面でソーシャル・キャピタルを形成する大きな要因となる。小学校の年齢から不就学の子どもが少なくないこと，高校生になると不就学率が上がることは，外国にルーツをもつ子どもが社会から「排除」される傾向をもたらしかねない。

（2）日本語指導が必要な子どもの状況

文部科学省（2015）によると，日本の公立学校で「日本語指導が必要な児童生徒」（「日本語で日常会話が十分にできない児童生徒」及び「日常会話ができても，学年相当の学習言語が不足し，学習活動への参加に支障が生じており，日本語指導が必要な児童生徒」をさす）は外国人で2万9,198人である。児童生徒の母語はポルトガル語，中国語，フィリピノ語（フィリピンの公用語），スペイン語で合計すると80％を占める。

日本人（帰国児童生徒，重国籍者，国際結婚ゆえに家庭内が日本語ではない場合）7,879人である。うち，日本語指導を受けている外国人は2万4,197人で81.9％，日本人は6,182人で78.3％である。フィリピノ語を母語とする者が30％近く，ついで日本語，中国語，英語で合計すると80％ちかくとなる。「日本語指導が必要か」は学校の対応によって判断されるため，十分に必要性が判断されているかどうかという問題もある。「日本語指導が必要な児童生徒」が学校に1人ということもありうる。ゆえに，すべての日本語指導が必要な子どもに対して人員配置ができるわけではない。絵やボディーランゲージによる指導をせざるをえないということがある。確かに人員配置には予算の限度がある

第Ⅱ部 子ども育成支援の実際とソーシャル・キャピタル

が、Eラーニング（パソコンを使用する学習など）による日本語学習指導の教材開発は喫緊の課題といえよう。

第2節 外国にルーツをもつ子どもへの政府の対応

（1）外国にルーツをもつ子どもへの国レベルの対応

文部科学省は2006年に「外国人児童生徒教育の充実について」（文科初第368号）という通知を出し、「外国人の子どもが義務教育諸学校への入学の機会を逸することのないよう、その保護者に対し、……（中略）……住民基本台帳の情報に基づいて、公立義務教育諸学校への入学手続等を記載した就学案内を通知すること。また、市町村又は都道府県が発行している広報誌、市町村又は都道府県のホームページ等を利用し、外国人の子どもの就学について広報することにより、就学機会が適切に確保されるように努めること」と述べ、さらに就学援助制度の周知徹底も求めている。外国人住民・特別永住者の子どもの就学機会の確保に努める方針は、従前からとりつづけている。

文部科学省は「子供を日本の学校へ入学させる意思を伝える」ことからはじめて、申請書の提出などの入学のための手続き、また日本の教育制度などに関するガイドブックを英語、韓国・朝鮮語、中国語、ポルトガル語ほか計7か国語で作成している。国によって義務教育の年齢からして異なるので、そういったことまで周知徹底することが必要である。

文部科学省は2009年から、「定住外国人の子どもの教育等に関する政策懇談会」という審議会を設置している。基本方針として、「日本語指導の充実等を図るとともに、制度面についての検討を行い、小中学校に入りやすい環境を整備する。また、外国人学校の各種学校・準学校法人化を促進する。さらに、留学生に対する日本語教育等の体制の充実を図る」をあげている。

「入りやすい公立学校」の実現のために、「第一に日本語指導の体制の整備」「第二に定住外国人児童生徒が、日本の学校生活に適応できるよう支援体制を整備」「第三に公立小中学校へ入学・編入学する定住外国人児童生徒の受入れ

第**16**章 外国にルーツをもつ子どもたちの育成支援

体制について，制度面の検討を含め，環境整備を行うとともに，上級学校への進学や就職に向けた支援を充実」をあげている。

2011年には「外国人児童生徒受入れの手引き」のいう冊子を関係する教育委員会や学校に配布している（文部科学省，2011）。そこでも，「日本語指導加配教員」を配置することがいわれている。

現行法制上，公立義務教育諸学校の学級編制及び教職員定数の標準に関する法律第15条及び同施行令第5条第2項（高校の場合は高等学校適性配置教職員定数標準法）にもとづき「特別の配慮が必要と認められる事情を有する児童又は生徒」のために，教員を加配することは可能である。加配の人数に関しては文部科学省から県教育委員会に事前にヒヤリングを行い，教育委員会から提出される書類を勘案して，全体の予算枠のなかを考慮して決定される。また，県・政令市・中核市にスクールソーシャルワーカーを置くことができ，その際に国は補助金を負担している。

同冊子は教職員の研修会の必要性をとき，たとえば「日本と外国の文化の違い」の具体例として表16-2のようなものをあげている（文部科学省，2011：59）。

「日本語指導が必要な」児童生徒に関しては以前から「取り出し指導」が行われていたが（二井，2016：21-35），文部科学省は2014年4月より学校教育法施行規則第56条の2の追加によって，学習指導要領に必ずしも依拠しない「特別の教育課程」によって教育を行うことを明文化した。しかし，同規定は中学校に準用する規定はあるものの，高校には準用規定はない。

いわゆる「夜間中学」には外国籍の生徒が80％を超えていることが報道されている（毎日新聞，2015年7月6日）。2015年7月30日通知「義務教育修了者が中学夜間学級への再入学を希望した場合の対応に関する考え方について」で「実質的に義務教育を十分に受けられておらず，……（中略）……再度中学校に入学を認めることが適当と認められる」場合に，既卒者であっても夜間中学への入学を認めるよう，従前の見解を改めた。さらに2016年には「義務教育の段階における普通教育に相当する教育の機会の確保等に関する法律」が制定さ

245

第Ⅱ部　子ども育成支援の実際とソーシャル・キャピタル

表16-2　日本の学校とブラジルの学校の文化の違いの具体例

項　目	日　本	ブラジル
学校で過ごす時間	全日（8：15頃～16：00頃）	半日（7：00頃～12：30頃）
給　食	有り	無いことが多い
おやつの時間	無し	有り（お菓子等）
遊び用具等の持参	おもちゃ等の持参は不可	おもちゃ等の持参は可
服装等	ピアス，染め毛禁止	ピアス等自由
飲料水の持参	禁止	ジュースもよい
掃除当番	有り	無し（清掃員が行う）
家庭訪問	有り	無し
欠　席	欠席の場合は学校へ連絡	連絡なしで欠席しても問題ない場合もある
個別懇談	有り	無し
カバン	ランドセル，リュック	キャスター付きバック
夏休み	約40日間（宿題有り）	約3か月間（宿題無し）
冬休み	約2週間（宿題有り）	約1か月間（宿題無し）

出所：文部科学省（2011）『外国人児童生徒受入れの手引き』59。

れ，「年齢又は国籍その他の置かれている事情にかかわりなく，その能力に応じた教育を受ける機会が確保される」べきことが法律に明記された。子どもの学力は学校通学という形式的な面だけでなく実質的な面で保障されなければならないことは，いうまでもない。

（2）地方レベルでの対応　——兵庫県の場合

兵庫県内には外国人集住地区都市会議に加盟している市はない。県内には約9万8,000人の在留外国人がいる（47県中で7位の数）。2016年には，県内に中学生が16万人いるが，うち外国籍は962人である。日本政府が1979年に，インドシナ難民の定住を受け入れたために，姫路市に「姫路定住促進センター」を開設したこともあり（同所は1996年に閉所），現在もベトナム，また，中国，韓国・朝鮮などアジアにルーツをもつ人の割合が高い。

2000年8月には兵庫県教育委員会は「外国人児童生徒にかかわる教育指針」

を出している。「基本的な考え方」としては，以下の通りである。

1　外国人児童生徒が民族的自覚と誇りを持ち，自己実現を図ることがで
きるよう支援する。

2　すべての児童生徒に，外国人に対する偏見や差別の不当性についての
認識を深めさせるとともに，あらゆる偏見や差別をなくしていこうとす
る意欲や態度を身につけさせる。

3　共生の心を育成することを目指し，すべての児童生徒に多様な文化を
持った人々と共に生きていくための資質や技能を身につけさせる。

4　外国人児童生徒にかかわる教育指導の充実に向け，教職員一人一人が
人権意識の高揚に努めるとともに，実践的指導力の向上を図るための研
修体制を確立する。

2015年には「ひょうご多文化共生社会推進指針」を制定している。その基本
指針としては以下のものがあげられている。

1　多文化共生の意識づくり

2　多文化共生の人づくり

3　暮らしやすい生活基盤づくり

4　誰もが参加できる活力ある地域づくり

上記の1では「日本人県民」と「外国人県民」のあいだでの誤解や摩擦等の
「こころの壁」の解消，2では「外国人児童生徒等が将来地域社会で活躍でき
るよう，地域における日本語教育，母語教育の充実」，3では「多言語での情
報提供」，4では「地域構成員としての地域づくりの参画」，「海外からのビジ
ネス人材や留学生等を積極的に受け入れることで，活力ある地域づくりを目指
す」ことがいわれている。

上記2での，「外国人県民」にとって出身国の文化を知ることやアイデン
ティティの確立のための母語教育の必要性，また4でいわれていることは2015
年に新たに付け加えられたことである。「外国人県民」にとっても地域づくり
の参画の機会を保障をすすめることは，「日本人県民」とともに生活するため
に有用と考える。また，2016年には18歳選挙権導入とともに各種の高校用教材

第Ⅱ部　子ども育成支援の実際とソーシャル・キャピタル

がつくられた。たとえば，総務省・文部科学省（2015a）は各高校に配布され
たが，「模擬選挙」「模擬請願」ともに言及があるものの，選挙権はともかく請
願権は外国人を含めた「何人も」有する（憲法16条）ことに関しての言及はな
い。同書の「活用のための指導資料」は外国人にも「自分の意見を正しく表明
する力」が必要，18歳未満では日本人同様に選挙運動が禁止されることに言及
するのみである（総務省・文部科学省，2015b）。兵庫県教育委員会は「選挙権を
有さない生徒への配慮」として「外国人の政治参加」について，憲法上の請願
権の存在や，「兵庫県外国人県民共生会議」「神戸市外国人市民会議」の存在な
どに言及している教材を作成している（兵庫県教育委員会，2016a）。「外国人生
徒の地方参政権を認めるべきか」についてディベートを行う，さらに「外国人
の人権」の問題を考えることにつなげるという授業もありえよう（おまかせ
HR研究会，2016：107-110）。

　兵庫県教育委員会発行の「就学支援ガイドブック」（兵庫県教育委員会，
2016b）は日本語（ルビ付き）のほか，英語，スペイン語，フィリピノ語，韓
国・朝鮮語，ポルトガル語，ベトナム語，アラビア語，インドネシア語，タイ
語の計11か国語で作成されている。日本の学校への入学・編入学の方法，奨学
金制度，関係団体への連絡先などが明記されている。なお，公立高校入試に関
しては，うち３校が「特別枠」として入試を行っており，外国人生徒への「ル
ビ」や「時間延長」は校長（事前に中学校長と高校校長が協議）の判断での配慮
が行われている。

　2016年現在４校の小学校が「日本語指導研究推進校」に指定されている。
2003年には県立芦屋国際中等教育学校が開校された。外国籍の児童，帰国子女
（１年以上海外に滞在経験がある），日本人で外国生活や留学をめざす児童に入学
試験を受験する資格を認めている。2015年度の生徒数合計は合計471人，うち
外国人は165人，海外から帰国した生徒は185人である。日本の小学校で「外国
にルーツをもつ子ども」の同級生がおらず，孤立しがちだった子どももいると
考えられる。芦屋市は兵庫県南部のほぼ中央に位置するが，神戸市と阪神南地
区・北地区（兵庫県南部）一帯から生徒が通学している。学校教育の目標とし

て「言語環境や文化的背景の異なる子どもたちの相互理解により，共に生きる心をはぐくみ，多文化社会に生きる人間形成を図る」をあげており，学校経営の重点として「生徒の滞在国や出身国等の言語や文化の学習機会を提供するなど，自尊感情や自己肯定感をはぐくむとともに，豊かな共生の心を培い，自己自身を図るための支援を行う」とある。中国語，韓国・朝鮮語，ポルトガル語，タガログ語，タイ語を話すことができる職員が配置されており，日本語が十分にできない子どもの通訳や，総合的な学習の時間において「言葉，文化に触れる」学びにかかわっている。生徒同士のルーツをもつ国の相互理解を深めることにつなげている。

　同校の敷地内部には「子ども多文化共生センター」がおかれている。センターには指導主事（教育委員会事務局の職員として教員研修の企画などを行う）が10人配置され，研修・イベント等の情報提供，外国人児童生徒等にかかわる教育相談，教材など（図16-1）の展示・貸出，子ども多文化共生をめざす交流活動などを行っている。子ども多文化共生サポーター（教員ではないが，「日本語指導が必要な外国人児童生徒とのコミュニケーションの円滑化を図るとともに，生活適応や学習支援，心の安定を図るなど，学校生活への早期適応を促進する」役割を果たす非常勤職員として雇用され，日本語指導などにたずさわる。母語が日本語の人とそうでない人もいる）を派遣したり，ボランティア登録を受け付けていたりする。

　同センターに寄せられる相談内容としては，「外国人児童生徒の急な転入に伴う支援の方法がわからない」「転入，進路に関する情報を教えてほしい」「支援に関する共通理解ができていないので教えてほしい」などであり，およそ外国にルーツをもつ子どもにとっても支援する側にとっても情報提供の場として機能している。たとえば，日本（兵庫県）の高校入試のシステムは複雑であるが，「あなたは，どの高校をえらびますか」（兵庫県教育委員会，2016c）という冊子（11か国語）を作り，日本の高校の様々なタイプ（普通科・専門学科・総合学科，全日制・定時制・多部制・通信制），通学区域，入試選抜方法などを説明している。また，主として経済的に困窮している家庭に対しての奨学金や授業

図16-1 「子ども多文化共生センター」の貸し出し用教材
（外国の楽器）

出所：筆者撮影。

料減免制度などを説明するために，「高校生等に対する修学支援ガイドブック」というものも作成されている（兵庫県教育委員会，2015）。ただし，こちらは日本語版のみしか作成されていない。

　兵庫県内には外国にルーツをもつ子どもの日本語学習支援のみならず，文化交流関係の活動を行うNPOなど非公営の団体も存在する。「神戸定住外国人支援センター」「兵庫県在日外国人教育研究協議会」「多文化共生センターひょうご」「ひょうごラテンコミュニティ」などである。「コミュニティ放送局FMわぃわぃ」は10か国語による多文化，多言語の情報発信を行っている。

第3節　外国にルーツをもつ子どもの支援事例

　以下にスクールソーシャルワーカーが外国にルーツをもつ子どもの支援をした事例をあげる。

第**16**章　外国にルーツをもつ子どもたちの育成支援

（1）事　例

　2013年に，小学生の兄妹を連れてフィリピンより母子家族が，日本の父親のもとに来日した。当初は，父親のもとで暮らしていたが，2015年に離婚することになった。母親は経済的基盤が失われたため，家賃が安い市営住宅に申し込み，長い間待ってようやく入居となった。

　小学生の兄妹は中学校3年生と小学校6年生に進級していたが，中学生の兄は特別支援学級に在籍しており，時々周囲に迷惑をかけることがあり，母親は悩んでいた。ある日，兄が妹と一緒に妹の友達の家に遊びに行った時，兄が妹の友達の家でトラブルを起こしてしまった。妹の友達の両親は激怒し，フィリピン人の母親に対して，市営住宅を出ていくように迫ったり，近所に悪い噂を吹聴するなどした。さらに，市営住宅の自治会長に市営住宅を出ていく内容の通知を出させた。

　スクールソーシャルワーカーは，問題が教育分野にとどまらないことから，外国人相談のある豊橋市の多文化共生・国際課と，市営住宅を管理する市の住宅課を交え，対応を協議した。住宅課も問題を把握しており，両者が納得するかたちの解決を模索していた。結局，同じ市営住宅内で少し離れた場所に空き室ができたことで，フィリピン人家庭は転居し，引っ越し費用の負担や子どもの転校を免れることができた。また，住宅課や自治会長から抗議をした両親を説得してもらい，両者納得のうえ，現在も落ち着いて生活している（文部科学省，2016）。

（2）事例からみえるもの

　このケースの場合，日本国籍の父との離婚という事情があり，おそらく母子のみで来日していると思われる母親は地域で親族などとのつながりが希薄だと考えられる。フィリピンからの移住者は女性の比率が高いが，親の出身国による男女比はどこでも同じではない。日本の母子家庭の世帯所得が特に低いことはよく知られているが，本件も例外ではないであろう。低賃金で長時間労働をせざるをえない状況では周囲とのつながりをつくる時間的余裕がないことが多

第Ⅱ部　子ども育成支援の実際とソーシャル・キャピタル

い。豊橋市という外国人集住都市でのケースであったことから，市の「多文化共生・国際課」が「外国人」の問題を理解していたということがあったであろう（ただし同市に，英語・ポルトガル語で対応する職員は配置されているが，フィリピノ語はない）。そのため，すべての市町村でこのような対応ができるわけではない。近隣でおきたトラブルも日本人と外国人とのあいだの「文化的背景」との差異にもとづくものである可能性が高い。母親に日本語能力が十分でないことが，近隣との意思疎通の不十分さを招いた可能性もある。特別支援の必要性がある子どもを抱える親にとっては，医療へのアクセス，どこへ相談すべきか，どういう障害者福祉制度があるのかなどがわからない，といったことも容易に生じるであろう。本ケースは，スクールソーシャルワーカーとつながることができたことなど，条件に恵まれたケースであったといえよう。

第4節　外国にルーツをもつ子どもの支援の改善にむけて

　今後，外国にルーツをもつ子どもが増加し，そのサポートの必要性が高まることは容易に推測できる。日本政府が「移民（あるいは難民）」の受け入れに消極的であることはよく指摘されることであるが，今後少子化のなかで生産年齢人口の減少は確実ということもあり，どこかで政策転換が生じることは考えられる。外国にルーツをもつ子どものソーシャル・キャピタルの脆弱性を改善の方向にむけるために，以下の3点にわたっての提言を行いたい。

（1）教育機会の保障

　すでにみてきたことから，外国にルーツをもつ子どもへの対応は義務教育段階では比較的行われているものの，就学前教育段階に関して，また義務教育を修了した年齢の後になると十分とはいえないことがわかる。幼児期の教育，高校教育がほぼ義務的なものとなっている現在において，「義務教育」の年齢であるかないかはさほど考慮すべき要因ではないであろう。

　外国にルーツをもつ子どもにとって就学前の年齢を保育所・幼稚園で過ごす

ことが，小学生になってからの学校適応を容易にしやすくすることはいうまでもない。日本の生活習慣や文化に慣れておくことにつながるためである。保育所・幼稚園において保護者同士の関係ができること，「つながり」の形成ができることが，子どもの学力や生活条件の向上につながる。

　高校生の年齢になると，小中学校で十分な学力を身につけられなかった生徒，また10代で来日する生徒も多くなることもあり，日本語能力の問題が大きくなる。高校入試での配慮（試験問題にルビをふるなど）は各県に任せられているが，全く配慮のないところもある。私立高校に入学せざるをえず，学費が払えないために中退してしまう生徒もいる。事実上全入となっている定時制高校は外国籍の子どもの比率が高い。大学進学率も外国籍の子どもは日本人の半分に満たない。

　また，小学校，中学校もデータ上は在籍していても，学習についていけない，学校になじめない，家庭の経済状況が厳しいなどの理由で学校に行けず，学習権が実質的に保障されていないことがある。生徒にとっては，学校に通学していても「日本語を十分に使いこなすことができない」「授業についていけない」といった無力感のみを身につけてしまう結果になることもある。「夜間中学」に「形式的卒業生」の入学を認めたのは学習権の実質的な保障のために一歩前進であったと評価できよう。

　学習権が十分に保障されていない現実は，子どもの将来の選択肢を狭めることにつながることでもある。それはつまり，収入面などで条件の良い職業に就くことができる可能性を低下させることになる。親の世代が「ニューカマー」であり，貧困状態にある場合，その子どもの世代の貧困を呼ぶという「貧困の連鎖」をもたらすことにつながりかねない。また，経済状況が厳しいことや日本語が理解できないゆえにいじめの標的や不登校につながりやすい点などがあるため，このような現状を理解したスクールソーシャルワーカーのさらなる拡充によって問題解決の必要性があるといえる。

第Ⅱ部　子ども育成支援の実際とソーシャル・キャピタル

（2）外国にルーツをもつ子どもの支援者の研修の必要性

　学校において日本語指導が必要な子どもがいることは，教員の加配の理由となる。経済的状況（保護者が不安定な状況におかれていることが多い）や，日本語が理解できないゆえの学校不適応（いじめ，不登校につながることもある）の子ども及び保護者にはスクールソーシャルワーカーの対応も必要であろう。加配教員，スクールソーシャルワーカー，保育士，支援者のいずれにせよ，外国にルーツをもつ子どもの支援を行う際に特別の資格は要求されない。任意に研修を受けることや NPO などによる講座を受けることに任せられているのが実情である，ということを問題点としてここでは指摘しておきたい。

　すなわち，日本語指導を行うこと（日常会話と学習言語の違いについての理解などを含めて），生活習慣の差異を考慮しなければならないことなどの技能を身につけることは自主性に任せられているのが現状である。また，外国にルーツをもつ子どもは出身国によっても異なる多様な家庭的背景をかかえており，その違いに関する知識なども必要である（荒牧・榎井・江原・ほか，2017参照）。「出稼ぎ」としてできるだけ早期に帰国を考えていて日本の学校教育に「あまり期待しない」親もいれば，子どもに日本で高度な教育をうけさせようとする親もいる（宮島・太田，2005：7）。

（3）多文化共生教育の必要性

　文部科学省が告示としている，学習指導要領及びその解説書において，「海外から帰国した生徒などについては学校生活への適応を図るとともに，外国における生活経験を生かすなどの適切な指導を行うこと」とあり，日本語能力が十分でない子どもへの対応や，海外から帰国した生徒の外国経験を他の生徒の学習にも生かすこと，「一人一人の実態を的確に把握し，当該生徒が自信や誇りをもって学校生活に自己実現を図ることができるように配慮することが大切である」（文部科学省，2008：67-68）などといわれている。しかし，外国にルーツをもつ子どもの多くが学校不適応などを理由に「困難な状況におかれている」というのが実態といわざるをえない。

第 **16** 章　外国にルーツをもつ子どもたちの育成支援

　日本国内に外国人が定住することを好意的に感じない市民の割合も一定数は
あるわけであり（たとえば，豊橋市，2014），一部に存在する外国人犯罪報道な
どに起因する偏見も存在する。日本の学校に異質性を排除する傾向があるこ
と，同化主義的な傾向があることはこれまで数多くの指摘がされてきたところ
である（たとえば，志水，2002：69-92）。

　外国にルーツをもつ人との「共生」の必要性が将来存在することは，およそ
すべての日本人にありうることである。「外国にルーツをもつ子ども」という
少数派の人権を保障することが，多数派にとっても有益であることを理解した
うえで，教育政策や教育実践をすすめていくべきであろう。

参考文献

荒牧重人・榎井縁・江原裕美ほか編（2017）『外国人の子ども白書——権利・貧困・教育・
　文化・国籍と共生の視点から』明石書店。

二井紀美子（2016）「日本の公立学校における外国人児童生徒の就学・卒業認定基準問題」
園山大祐編『岐路に立つ移民教育——社会的包摂への挑戦』ナカニシヤ出版。

外国人の子どもの未来を拓く教育プロジェクト（2015）『未来ひょうごすべての子どもが
　輝くために——高校への外国人等の特別入学枠設置を求めて』ブックウェイ。

法務省（2017）「在留外国人統計」。

兵庫県（2016）「ひょうご多文化共生社会推進指針」。

兵庫県教育委員会（2000）「外国人児童生徒にかかわる教育指針」。

兵庫県教育委員会（2015）「高校生等に対する修学支援ガイドブック」。

兵庫県教育委員会（2016a）「参画と協働が拓く　兵庫の未来」。

兵庫県教育委員会（2016b）『就学支援ガイドブック（改訂版）』。

兵庫県教育委員会（2016c）「あなたは，どの高校を選びますか」。

小島祥美（2016）『外国人の就学と不就学——社会で「見えない」子どもたち』大阪大学
　出版会。

教育再生実行会議（2016）「全ての子供たちの能力を伸ばし可能性を開花させる教育へ（第
　九次提言）」。

松尾知明（2013）『多文化教育がわかる事典——ありのままに生きられる社会をめざして』
　明石書店。

宮島喬（2014a）『外国人の子どもの教育——就学の現状と教育を受ける権利』東京大学出
　版会。

宮島喬（2014b）『多文化であることとは——新しい市民社会の条件』岩波書店。

宮島喬・太田晴雄（2005）『外国人の子どもと日本の教育——不就学問題と多文化共生の

第Ⅱ部　子ども育成支援の実際とソーシャル・キャピタル

　課題』東京大学出版会

宮島喬・梶田孝道（1996）『外国人労働者から市民へ──地域社会の視点と課題から』有
　斐閣。

毛受敏浩・鈴木江理子（2007）『「多文化パワー」社会──多文化共生を超えて』明石書店。

文部科学省（2008）『中学校学習指導要領解説　総則編』ぎょうせい。

文部科学省（2011）『外国人児童生徒受入れの手引き』。

文部科学省（2015）「日本語指導が必要な児童生徒の受入れ状況等に関する調査（平成26
　年度）」。

文部科学省（2016a）『学校基本調査（平成28年度版）』。

文部科学省（2016b）「平成27年度スクールソーシャルワーカー実践活動事例集」。

中條桂子・澁谷昌史（2016）「外国籍の子どもたちへの対応とスクールソーシャルワーク」
　山野則子・野田正人・半羽利美佳編『よくわかるスクールソーシャルワーク　（第２版）』
　ミネルヴァ書房。

おまかせ HR 研究会（2016）『これならできる主権者教育──実践アイディア＆プラン』
　学事出版。

佐久間孝正（2011）『外国人の子どもの教育問題──政府内懇談会における提言』勁草書
　房。

佐久間孝正（2015）『多国籍化する日本の学校──教育グローバル化の衝撃』勁草書房。

志水宏吉（2002）「学校世界の多文化化」宮島喬・加納弘勝編『変容する日本社会と文化』
　東京大学出版会。

志水宏吉・中島智子・鍛治致編（2014）『日本の外国人学校──トランスナショナリティ
　をめぐる教育政策の課題』明石書店。

総務省・文部科学省（2015a）『私たちが拓く日本の未来──有権者として求められる力を
　身に付けるために』。

総務省・文部科学省（2015b）『私たちが拓く日本の未来──活用のための指導資料』。

田巻松雄（2014）『地域のグローバル化にどのように向き合うか──外国人児童生徒教育
　問題を中心に』下野新聞社。

豊橋市（2014）「豊橋市多文化共生推進計画　2014-2018」。

第Ⅲ部
海外における子ども育成支援の展開と
ソーシャル・キャピタル

第17章
イギリスにおける子どもの権利と保育・教育

牧田満知子

イギリスは早くから個人の尊重や自由の思想など，市民社会の成立を促す理論家を多く排出してきた国として知られる。なかでもJ.ロックの思想は，子どもは大人の働きかけで良くも悪くもなり得る蜜蝋状態であり，良質な環境を構築することが重要であると説いて広く教育分野に影響を与えてきた。しかし「子どもの人権」に主眼をおいた法が確立されてくるのは20世紀半ば以降である。現在では早期教育に重点をおいた様々な形態の保育サービスとともに，保育・教育への親や地域社会のかかわりを一層強く働きかける政策がとられるようになっている。この章ではイギリスの保育・教育政策を概観し，家族やコミュニティというソーシャル・キャピタルを通して，地域社会が見守る子どもの育ちを考えてみたい。

第1節　子どもの人権・権利の歴史

(1)「児童法」の成立と親の権限尊重
18世紀後半に世界に先駆けて産業革命が起こったイギリスでは，資本主義の発達とともに急速な都市化と貧困，児童労働などの問題が起こった。そのようななか，19世紀末にはすでに「児童虐待防止・保護法」（1889年）が制定されるなど，子どもへの保護は制度化されていったが，子どもはあくまで労働力予備軍と考えられていた。この認識が覆されるきっかけとなったのはデニス・オニール事件（1945年）である。当時この事件を調査した委員長の名をとった「カーティス委員会報告」（1946年／正式名「児童ケアに関する委員会報告」）は，里親による虐待死というオニール少年の痛ましい死の詳細を明らかにし，「子

第Ⅲ部　海外における子ども育成支援の展開とソーシャル・キャピタル

どもの人権」や「親による保護」の必要性を強く社会に呼びおこすきっかけとなった。これを受けて政府は，第2次世界大戦後の1948年にはじめて「子どもを福祉の対象」と考え，法的に保護する「児童法」を制定した。さらに，14歳以下の少年犯罪を福祉問題と捉え，罰より治療（処遇）によって社会復帰させようとする考え方にもとづいて「児童青少年法」（1969年）を成立させるなど，「子どもの人権」をめぐる法制度が盤石なものとなっていった。

　一方，地方自治体でも児童の健全育成に対する取り組みが積極的に行われるようになり，1968年にはイギリス社会福祉制度の改革のための委員会報告（通称「シーボーム報告」）が提出され，同報告書にもとづいて，「地方当局社会サービス法」（1970年）が制定された。これにより地方自治体社会サービス部が再編され，児童ケア領域についても制度的な責任をもつことが推進されることになった。こうして家族を主体として，地域との連携による「児童の保護と育成」という基本的合意が形成されていくことになったのである。

（2）「改正児童法」から「新児童法」へ

　1970年代から1980年代にかけて，悲惨な児童虐待事件が相次いで報告されるようになり，児童の健全な育成問題に重大な社会的意味が投げかけられるようになった。その引き金となったのが，1973年のマリア・コンウェル事件である。8歳のマリアが委託里親のもとから実母のもとに帰された直後，継父によって虐待死させられたこの児童虐待事件をめぐって，これまでの「家族中心ケア」，「血縁を強調しすぎるケア」への国民の疑念が噴出することとなった。この後も児童虐待は後を絶たず，事態を重くみた政府は，1975年に「改正児童法」を成立させた。同法は，親の権限尊重より児童の安全を第一主義にするもので，地方当局の権限を強化するねらいもあった。しかしその後，ソーシャルワーカーたちの責任回避に対する批判が続出し，また財政問題も逼迫してきたため，政府はその解決を図ることを目的に「児童ケアと家族サービスに関する法（白書）」（1987年）を発表した。この同じ年，クリーブランド地方の総合病院で，121人の少女が各家庭において，僅かな期間のうちに性的虐待を受けて

いたクリーブランド事件が発覚し，社会に衝撃を与えた。この事件では，家族から子どもを強制的に引き離した小児科医やソーシャルワーカーらに，分離措置が適切だったのかなどの批判が向けられ，「国家が家族にどこまで介入できるのか」という重い課題が問われることとなった。これを受けて，翌1988年に提出されたワグナー報告（Wagner Report）は，財政上の理由から施設保護を減らす方向性とともに，家族，地域福祉へ重点を移す必要性を改めて強調し，ここに「保健医療サービス及びコミュニティー・ケア法（1990年）」成立の基盤が形成されることとなった。

（3）1989年「新児童法」と子どもの人権

国連の「子どもの権利条約」の批准をめぐって，世界的にも「子どもの人権」に関する法制度の成立が急がれるなか，イギリスはこれまでの親責任の重視，財源不足，児童ケアに関する蓄積研究の知見を集大成した「新児童法」（1989年）を成立させた。これにより，①歴史的には別々の流れをもつ公法と私法が統一され，児童の権利，親の権利・義務・責任，公的機関・団体の権限・義務・責任が一体的に図られるようになり，②「児童の最善の利益」という視点から，「子どもの福祉」の原則が明らかにされた。また，③「児童の希望と感情の聴取と尊重」という重要な原理が盛り込まれ，処遇決定にあたって子どもの側の意見表明が反映されることになった。さらに，④それまでの「親の権利」に変わって「親の責務」が明確にされるなど，「子どもの人権」への眼差しは法という明瞭な形をもって確立されていくことになった。

（4）2004年改正「児童法」と子どもの権利

「新児童法」によって子どもの権利への理解は深まったかにみえたが，2000年にヴィクトリア・クリンビー事件が発覚し，社会に深刻な打撃を与えることになった。ヴィクトリア・クリンビー（死亡時8歳3か月）は，行政によるケアサービスを受けていたにもかかわらず長期の虐待にさらされた結果死亡しており，行政のずさんな対応とともに，児童福祉政策のあり方そのものが問われる

ことになった事件である（Lord Laming/government report, 2003）。政府はこの経緯を重くみて，緑書「Every Child Matters（どの子も大切である；児童福祉改革の提案書）」（2003年3月）を提出し，福祉，教育など幅広い分野の関係者らと協議を重ねた末，0歳から19歳までの子どもの養育，教育，職業訓練，福祉について，すべての子どもたちを大切にする方針を具体的に取り決め制度化した。それが「2004年改正児童法」である。同法は子どもの教育，健康，社会福祉，社会復帰などに関し，広範囲にわたる専門家たちの協議と協働を求めると同時に，直接に住民とかかわる地方教育当局（地方自治体）にも少なからぬ責任を課すものとなっている（神，2008：42）。

第2節　近年のイギリス保育政策の変遷

（1）労働党政権と保育政策

　保守党のサッチャー政権時（1979-1990）には財政再建が最優先課題とされたため，福祉削減のあおりを受けてきた保育・児童政策であるが，労働党のブレア政権（1997-2007年）下では，子どもの保育と教育，及び雇用促進と職業訓練という，次世代を担う若年層への積極的な方策が打ち出され，大きな進展を遂げることになった。なかでも当時の財務大臣G.ブラウンが1998年に発足させた「シュア・スタート・ローカル・プログラム」（Sure Start Local Program：SSLP）は，子どもの貧困と社会的排除の世代間連鎖を断つことを目的に，地域基盤（area-based）と証拠基盤（evidence-based）にもとづき，包括的に子どもの福祉及びコミュニティのエンパワメントをめざす試みであった（尾島，2014：155）。プログラムは1999年から全面展開され，2001年には「近隣保育所イニシアチブ」が施行され，貧困地域に比較的安価な質の高い保育を提供する民間保育所が設置されるなど，地域での基盤構築が行われていった（椨，2014：62）。しかし，SSLPは2003年に発展的に解消され，シュア・スタートの機能をもった包括的な保育施設としてのチルドレンズ・センター（Children's Center）の設立へと継承され，2004年からはチルドレンズ・センターを中心に

シュア・スタートの具体的な支援が行われていくことになった。とりわけ子どもの貧困問題は深刻で，イングランドではこれまで格差のあおりを受けてきた貧困層の子どもたちへの手厚い保育支援が急務となっていた。政府はこのことを受けて，イングランド全区域のうち最貧困区20％を選出・指定し，当該地区の3歳未満児に優先的に保育を提供するチルドレンズ・センターを設置し，さらに親には保育料の70％まで勤労税額控除が受けられるようにし，チルドレンズ・センター内で家族の就労支援なども行うなど，経済格差から家族を含めて子どもの保育・教育の機会を護る施策が講じられた。

　シュア・スタートの対象はむろん貧困層の子どもたちばかりでなかった。児童の学力向上を図るため，就学前からのスタートが不可欠という信念のもとに，保育予算の増加（1997年以降は3倍）と保育サービスの増加が計画された。早期からの教育の要請の強いフリー・ナーサリーに通う3，4歳児への補助やサービス利用を，民間の保育施設に限定せずチャイルド・マインダーでも利用可能とするなど，子育て世代の保育ニーズにあわせた利用しやすい制度へと柔軟な対応策を講じた。こうしたことによって，保育の費用が高く質が低い問題，及び障害のある子どもや移民の子どもへのサービスの欠如などにも対応できる，評価の高い制度が整えられていったのである[1]。

　2004年には「子育て支援10ヵ年計画」（Choice for parents, a ten year strategy for childcare, 2004）が発表され，2010年を目途にしたマイルストーンとして，①3歳児と4歳児の早期教育につながる包括的な保育サービスの実現，②5歳～11歳児の全日の保育，学校教育の保証，③中等学校校舎での全日の延長保育の提供の実現，④3,500の地域にチルドレンズ・センターを設置すること，⑤父親に12か月有給産休を実現する，などが具体的な目標に掲げられた（内閣府政策統括官，2006）。また，保育職の質の向上に向けての大胆な改革として「子ども職戦略」（Children's Workforce Strategy, 2005）が発表され，「乳幼児期専門職位」（Early Years Professional Status：EYPS）の創出が宣言されるなど，保育教育職の分野に高度な専門性の確立が実現されていった[2]。

（2）労働党政権とチルドレンズ・センター

　2007年にブレア首相からブラウン首相（2007.6 - 2010.5）へと首班が交代すると，同年11月に『子ども支援計画』（Children's Plan）が公にされた。同計画は2008年から10年間を見越したもので，その理念として，イギリスを「子どもと若者が育つうえで世界最良の場所にすること」が謳われている（子ども支援計画，2007）。同計画は「政府が子どもを育てるのではなく，親が育てること」，「子どもの養育と教育に基本的な責任を持つものは「親」であること」を再確認し，そのために政府は「親と家族をこれまで以上に支える必要があること」，「子どもたち一人一人にかけがえのない可能性があることを認め，どの子どもも健やかに成長して社会的役割を果たし幸せになれること」をめざすものであると結ばれており，「親」の養育責任に大きな比重がかけられると同時に，親そして家族を守る地域社会の取り組みの必要性が読み取れるものとなっている（鈴木，2009，神，2008：43）。

　一方，教育政策の分野においても，それまで「教育と技能省」と名付けられていた中央省が「子ども・学校・家庭省」（Department for Children, Schools and Families）と再編成され，2010年には「子ども事業従事者資格」が新設されるなど，保育教育政策及び保育の質の向上へと一層の拍車がかけられることになった。

　チルドレンズ・センターの規模も拡大していった。元来，チルドレンズ・センターは，「アーリー・エクセレント・センター」（1997年に開始）に端を発する流れと，シュア・スタートの事業を担う流れ（2003年）という2つの出自をもつものであるが，2009年に「2009年見習い・技能・子ども・学習法」（Apprenticeships, Skills, Children and Learning Act）に修正条項として規定されたことによって，イギリスの保育史上初の設置義務規定を伴う保育機関となり，それまでの貧困家庭対象の限定的な事業から，全家庭対象の事業へと転換されることになった。チルドレンズ・センターの数は2010年には3,631か所にまで拡大したが，労働党政権の終焉とともに，以後その数は減少していくことになった。

第17章　イギリスにおける子どもの権利と保育・教育

次の保守党政権（キャメロン政権）では，2010年の法定指針，そしてその後の2013年の改定指針にもとづいてチルドレンズ・センターの評価が行われ，70％以上の満足を引き出しつつも，その数の減少と予算の削減が行われることになった（辻，2015：213）。必ずしも前政権の遺産であるチルドレンズ・センターが否定されたわけではなく，さらに効率的で効果的な取り組みが必要という見解が示されたものである。これと並行して，「子ども・学校・家庭省」は「教育省」（Department for Education）と名称変更され，高度な教育力をめざした保育資格（EYPS）は廃止され，2012年に「乳幼児教員免許」「乳幼児期教育者資格」として今日に至っている（椛，2014：52-62）。

第3節　イギリスの障害児教育と豊かな育ちをめぐって

イギリスは障害のある乳幼児，及び児童の保育・教育に関しては，早くから教育制度の充実に取り組んできたが，とりわけ保育・教育分野に力を入れる労働党のブレア政権が誕生して以来，移民など文化的背景を異にする民族の教育的融合も踏まえてインクルージョン教育の実践に重点が置かれるようになった。この節ではその流れを概観しておく。

（1）施設からメインストリームへ

「障害児」という定義は1913年の「知的障害者法」によって明らかにされ，障害者の施設収容が開始された。1944年には教育法によって障害児のための特別教育が開始され，1970年には就学免除規定が撤廃され，障害児の全員就学が実現した。さらに1976年の教育法によって，普通学校で教育を受けることも可能になった。画期的と言われるウォーノック報告が提出されるのはその2年後の1978年である。ウォーノックは，すべての子どもは教育を受ける権利をもつこと，保護者を教育者のパートナーと位置づけることなどを盛り込んだSEN（Special Educational Need）概念を規定した。この概念は，これまでの学校教育における障害児・その家族の発言権を教育の現場に反映させるものとして需要

第Ⅲ部　海外における子ども育成支援の展開とソーシャル・キャピタル

な意味をもつものであった。

（2）競争原理と教育を受ける権利

　1988年に教育改革法が施行されると，産業界からの影響による教育界への競争原理が導入された。ナショナル・カリキュラム，ナショナルテストの設置が義務づけられ，学校の財政，人事，教育方針などが親との契約関係で運営されることになるなど，教育行政上画期的な内容を含むものであった。しかし学校の統一評価を上げるために，「競争原理」になじまない福祉制度の部面で，障害児の受け入れを拒否する学校が出現し，新たな「人権問題」が起こることになった。事態を重視した地方当局は，1992年に障害児の特別教育の判定と判定書の手続きを保護者に説明するなどの措置をとり，また教育法でインスペクション（第三者による査察による学校評価）制度の導入を図るなど，直ちに障害児の人権擁護の対応策を講じた。

（3）インクルージョン教育をめぐる課題

　インクルージョン教育とは，障害のあるなしにかかわらず，すべての子どもが「個」に応じて教育を受ける権利を有するという教育のあり方を指すものである。イギリスでは1995年に「障害差別法」（Disability Discrimination Act）が制定され，翌1996年には教育法で特別教育の定義が再確認され，「特別な教育的ニーズコーディネーター」（Special Educational Needs Co-ordinator：SENCO（1997）が創設されるなど，この分野で様々な進展がみられた。2001年には特別な教育的ニーズ障害法（Special Educational Needs and Disability Act, 2001）が制定され，2002年9月より施行された。これは学校の入学，教育サービスに関する差別，隔離などの法的規制を，地方教育当局，保育園，小・中・高等学校，私立大学，大学等にも適用するというもので，ここに至ってはじめて「障害児」のインクルージョン教育の基盤が確立されたのである。

　障害児の教育の場として，①乳幼児期（0～3歳）は子ども病院でのセラピー，ナーサリー，プライベートの治療機関，LEA（the Local Education

Authority：地方教育局）がもつ早期の療育機関での養育が行われ，②幼児期（3〜5歳）になると，ナーサリー，幼稚園，学校内にある保育学級での保育が行われている。分離クラスもあればメインストリーム（一般の保育所やプレイグループ）もあるが，あくまで「個」の選択に重点をおいて決定される。

　インクルージョン教育は，現在では民族問題，経済格差問題，そして移民問題など，人種，肌の色，性別，母語，宗教，政治的信条，国籍，民族，社会的出自，障害の有無，家柄，貧困，他の境遇などを理由に，排除や差別してはならないという包摂的な概念で用いられるようになっている。移民労働者や国籍をもたない外国人居住者の場合も，これまではこうした制度が彼らの子どもにまでは十分に及んでいなかったが，シュア・スタートの発足とともにこの状況は改善され，多くの子どもたちがこの制度を利用して保育・教育を受けることが可能となっている。さらにこれらを可能にするインクルージョン社会（高齢者・障害者・その他社会的弱者を社会から排除しない）の実現がめざされているが，2016年6月のEU離脱選択にみられるように，経済の低迷とともにイギリス社会には不寛容な空気が漂っていることも否めない事実である。

第4節　イギリスの保育・教育制度

　多様化する保育の選択肢のなかで，幼児・児童を抱える親のナーサリー（保育所）需要に供給が追い付かない状態が続いている。イギリスの学齢の始期は5歳の誕生日以降の指定日と定められているので，保育は一般的に5歳未満が対象であるが，実際には4歳の誕生日直後の学期はじめからレセプションクラスに入学させる地域も多く，現在では3歳児が保育・教育選択の始点となっている。イギリスでは保育は原則として無償である。前労働党政権下（1997-2010）で，すべての3，4歳児に対する「週15時間」「年38週分」のナーサリー教育の無償化が実現し，これは現政権下でも維持されている（榊，2014：51）。しかし働く母親の増加とともに3歳児未満からの保育ニーズも高くなっており，親の経済的負担が大きな課題となっている。以下に3歳児未満，3歳児以

第Ⅲ部　海外における子ども育成支援の展開とソーシャル・キャピタル

降と分けて保育制度を概観してみよう。

（1）3歳児未満の保育

一般的な家庭の場合，3歳児未満の保育には政府の補助金はなく，原則として自費で保育サービスを受けることになる。選択肢としては，①ナニー，②ベビーシッター，③チャイルド・マインダー（Child minder，以下「C.M.」という）がある。①ナニーと②ベビーシッターは教育制度に根差した資格の有無を問わないため質の保証はなく，費用も個別の交渉に任されている[3]。両者の違いは，ナニーが資格はないものの「伝統的な乳・幼児の保育の専門家」であるのに対して，ベビーシッターは，学生や主婦などで夜や週末にベビーシッターのアルバイトをする人であるという点である。これに対して，③C.M.は，イギリスで古くから継承されてきた制度で，自身も子どもがいる女性が自宅で他の子どもを預かり，家庭内で少人数保育を行うシステムである。C.M.は国家資格でオフステッド（Office for Standards in Education：OFSTED，英教育基準局）の監査が入るなど「質」が保証されており，信頼も高くニーズも多いが費用も相当な金額となるのが難点とされている[4]。

（2）3歳児以降の保育

3歳児以降になると公的な補助金が支給される。現行制度（2017年）では3，4歳児の保育には週15時間（年38週）分の費用が無償となる。しかし現実にはこれでは十分な保育時間を得られないので，不足分は私費でC.M.などを雇うことになる。このため親は時間単位でカリキュラムを作成しなければならず，こうした作業を通して保育に積極的にかかわることになる。選択肢としては，①ナーサリースクール／ナーサリークラス，②レセプションクラス，③デイナーサリー，④プレイグループがあげられる。

① ナーサリースクール／ナーサリークラス

イギリスにおいてはもっとも一般的な，無償の就学前教育を提供する保育学校である。2〜4歳向けの保育園（ナーサリースクール）と4〜7歳向けの幼

稚園（インファントスクール）に併設された保育学級（ナーサリークラス）がある。ナーサリースクールのほとんどは，地方教育当局などによって運営される独立した保育学校であり公立が大部分を占めるが，私立も存在しており，私立は有料である。一方，ナーサリークラスは，ナーサリースクールに比べて施設面や教育面（教員）で不十分であることから，入学できる子どもの年齢については3歳からとなっている（Jinkawiki, 2016）。

② レセプションクラス

義務教育年齢に達していない，主として4歳児（場合によっては3歳児を含む）を，義務教育年齢の5歳以上の子どもと一緒のクラスに受け入れている小学校の学級である。ナーサリースクールやナーサリークラスが大きく不足し，それに代わる他の保育も極めて不十分な状況のなかで，全国的に急速に拡大した。拡大の背景には，小学生の減少に伴う教室や教員の余剰が生じたことがあり，また，早い時期に就学前児を小学校へ入れたい，という親の強い要求が(5)る。

③ デイナーサリー

伝統的に保険省の所轄下に置かれてきたデイケア（保育）の施設である。公立のものは，親が共働きである子ども，単親の子ども，親が病気の子どもなど保育ニーズの高い家庭の子どもや，貧困層の子どもに入所の優先権が与えられている。受け入れられる子どもの年齢は，生後数週間から5歳までであるが，大部分は2～5歳である。保育料については，基本的には，資産・収入状況などによって差をつけるスライディングスケール方式を採り，低料金である。(6)

④ プレイグループ

以上の伝統的な保育形態とは異なり，親のボランタリーな活動を主に成り立っているのがプレイグループの特徴である。昨今はナーサリースクールに入れなかった子どもたちのセーフティネットのような位置づけとなっている。利用する建物も，公民館や教会のホールなど多様である。

第５節　保育における親のかかわりとソーシャル・キャピタル

イギリスには「親が子育てする」という慣習が根強いが，働く母親の増加にともない保育を外部化せざるを得ないのが現状だ。こうしたなかで，子どもの健全な育成のために親同士が親睦を深め，地域で協力して子育てを行う様々な取り組みが広がりをみせている。また地域にある NPO やボランティアなどと協働する事例もみられる。このように人と地域・社会の関係性をもとに，元来なら金銭によって成り立つ様々な制度を相互協力によって置き換える方法がソーシャル・キャピタルである。さらに置き換えるだけではなく，その善意の関係性は蓄積されてさらなる関係性を生み出しても行く。次にあげる取り組みには地方当局から予算配分などを受けたものも含まれるが，善意の関係性を基盤として組織的に動かしてゆくためには一部経済的な支援が必要なものもあり，こうした支援体制がソーシャル・キャピタルを持続させてゆくための方策の１つと言えるかもしれない。

（1）プレイグループ

プレイグループは，1960年頃から主に就学前の子どもたちに集団遊びなどによる社会性を身につけさせることを目的に，民間非営利団体や母親たちによって自主的に始められた活動に端を発しており，その後イギリス全土に広がる大きな活動へと発展するようになったイギリス独自の就学前保育の取り組みである。プレイグループが正式のものとして認可されるためには，オフステッド（OFSTED）に登録する必要があり，またスタッフのうち最低大人１人は有資格者でなければならず，それが使用する施設・設備，大人対子どもの比率，運営方法などについて一定の基準を満たしていなくてはならないなどの厳しい要件がある。プレイグループの活動は教会や公共施設などで週に数回開かれるのが一般的で，親子が遊びを通して学び，地域社会のなかで交友関係を築いていく大切な出会いの場ともなっている（Jinkawiki, 2016；椨，2014：55-56）。

（2）チルドレンズ・センターの役割

　チルドレンズ・センターはシュア・スタートの実質的な機関として2004年から各地に設置されるようになった施設である。その活動は広く，施設内ではナーサリー部門とともに親子サポート，親の就労・学習支援などが行われ，地域の子育て世代包括支援センターという位置づけである。たとえば親子サポートの場合，非行行為1つをとってもその相談援助のためには親と子の双方を巻き込んだカウンセリングを行う必要がある。そのためチルドレンズ・センターでは，その間の親の休職保障も一部で施行されている。しかし，チルドレンズ・センターの活動のうち何よりも重要なのは，ソーシャル・キャピタルの蓄積と展開，つまり支援を受けて立ち直った親たち，就労を果たした親たちが，今度はボランティアとして，あるいは職員としてチルドレンズ・センターの活動を支える側になり，後続への支援活動を展開するなど，そこにプラスの循環が生み出されている点であろう（大石，2015：270-271）。

　一方，チルドレンズ・センターの課題としては，親との接触の困難さ，職員の離職率の高さ，そして財源の厳しさがあげられる。チルドレンズ・センターでは職員が家庭訪問を行い児童の安否の確認や生育に関しての相談に応じたりするが，親が仕事等で連絡が取れなかったり，職員との接触を拒否したりすることなどがあり，児童は預けられっぱなしか行方知れずという状態もみられる。また職員の離職率の高さは，支援を拒否する家族との関係など人間関係に由来するものと，賃金の低さからくるものが代表的な理由としてあげられている。これらの理由は社会福祉に関連する職種にはよくみられるものだが，チルドレンズ・センターの運営にとっては大きな痛手であることに変わりはない。残念なことに現保守党政権下ではチルドレンズ・センターの予算は大幅に削減され，その運営に関しても評価基準が導入されるなど，センター数も縮減していく傾向がみられる。せっかく培われたソーシャル・キャピタルの方法，考え方が制度の低迷によって失われることのないよう見守っていきたい。

（3）地域の NPO 活動

　子どもの健全育成のために地域で取り組むボランタリーな活動として「発生抑制」への取り組みがある。子どもの人権などについての広報活動を行うことで広く周知徹底することや，チャイルド・ラインを設け子どもからの直接のS.O.S. をキャッチして早期にサポートする体制がこれにあたる（Childline：https：//childline.org.uk）。チャイルド・ラインは1986年に児童虐待の早期発見を目的に設けられた取り組みで，現在では国家児童虐待防止委員会（NSPCC）によって活動が担われている。スタッフは専門の訓練を受けたボランティアがあたっており，財政面は個人や団体の寄付，国によって賄われている。

　イギリスで子育て支援，障害児支援関係の NPO 活動，市民ボランティア活動など多くの市民ボランティアが活発に活動している背景には，世界に先駆けてロッチデール生活協同組合を発足させた相互扶助，地域社会での良好な人間関係の醸成を伝統的に守ってきたイギリス人のメンタリティーの果たす役割が大きいが，1989年の「児童法」の制定も見逃せない（神，2008：41-42）。なぜなら同法の施行によって，地方当局は公共サービスを提供する機関に止まらず，様々なサービス機関を NPO や市民ボランティアなどと協働させるコーディネーターの役割を担うようになったからである。先に述べたチルドレンズ・センターの取り組みをはじめ，CPAG（Child Action Poverty Group：貧困から子どもを護る団体）（大石，2015：273-277），HAFAD（Hammersmith & Fulham Action on Disability ＝ハマースミス地区の障害児（者）擁護団体），GLAD（Greater London Action on Disability ＝ロンドン全域を対象にした障害者（児）支援団体）など多くの市民ボランティア団体の意欲的な活動は，こうした伏線の下に可能となっているのである。

（4）今後のイギリスの展望

　近年の保育・教育政策では，労働党政権下で大きな進展がみられたが，再び保守党政権になり，かつ経済情勢も悪化していることから，保育・教育など乳幼児・児童福祉関連の予算は低迷している。2016年6月23日には EU 離脱の是

第**17**章　イギリスにおける子どもの権利と保育・教育

非を争点とした国民投票が行われ，僅差でEU離脱が決まったことから，増加する外国籍の居住者，なかでも乳幼児を抱える貧困家庭にどれほどの教育的配慮，あるいは予算が投じられるのか不透明であり，ハードルは高いと思われる。このような国の制度のニッチを埋めるのがNPOや地域の市民ボランティアなどのソーシャル・キャピタルである。幸いなことにイギリスは伝統的にボランタリーな活動を醸成してきた国民性がある。また親が保育の主体であって政府はこれを護る立場にあることが「子ども支援計画」(2007)にも明言されており，親と家族をとりまく地域社会が共に子育てを遂行していこうとする気概がある。移民問題に起因する様々な保育・教育問題の困難な状況については日本人である私たちの想像の域を出ないが，チルドレンズ・センターという中核的な機関を得て，子どもの保育・教育には明るい展望もみられる。ソーシャル・キャピタルの輪を活かして，豊かな相互扶助の力を地域社会にいかに根づかせ，広げていけるかがイギリス国民1人ひとりの姿勢にかかっていると言えよう。

注

(1) 2014年の大石の調査では，平均的な保育料は週25時間保育で週110ポンド（2歳児未満。2歳児以上は105ポンド）であり，日本の認可保育所と比較するとはるかに高額であるという（2017年10月2日現在，1ポンド＝約150円）（大石，2015）。

(2) EYPSの養成は2006年に開始され，2013年の養成停止までの期間に約1万人が排出された（楠，2014：64）。

(3) ナニーは通いでフルタイムの場合，雇い主が税金や国民保険料も支払うので，月間約2,000-3,000ポンド（約28-42万円）ほどと高額である（イギリス育児の現状：www.nihon-u.ac.jp/research/careerway/SNS/kaigai/pdf）。

(4) C.M.はエリア毎に相違があるが，一応の相場は1日10時間で50ポンド（約7,000円）程度とされている。保育スペースなど環境により年齢別に預かってよい乳児・幼児の数が決められるなど厳しい査定があり質が担保されている（イギリス育児の現状：www.nihon-u.ac.jp/research/careerway/SNS/kaigai/pdf）。

(5) Jinkawiki, ibid. 初等教育・中等教育における義務教育では，日本のような1学年毎ではなく2〜3学年をひとまとめにしたキー・ステージの各段階毎に，日本の学習指導要領にあたる「ナショナル・カリキュラム」によって必修科目とその内容が定められている。16歳になるとGCSE（General Certificate of Secondary Education）という義務教育

第Ⅲ部　海外における子ども育成支援の展開とソーシャル・キャピタル

修了試験を受ける。
(6)　デイナーサリーは，フルタイム（8：00-18：00）では安いところで月1,000ポンド
　　（約14万円），高いところ（英仏バイリンガル・ナーサリー）では月2,500ポンド（約35
　　万円）イギリス育児の現状：www.nihon-u.ac.jp/research/careerway/SNS/kaigai/pdf，
　　2017.6.29）ほどかかる。保育料の多くは就労税額控除で賄われる（大石，2014：269）。

引用・参考文献

Childline（https://childline.org.uk）。

Department of health（2003）"Community Care Statistics 2003".

Department for Children, Schools and Families（2007）「子ども・学校・家庭省」"DCSF
　子ども支援計画2007".

Department for Education "Every child matters"（http://www.gov.uk/government/
　publications/every-child-matters）。

原田恒恵（2011）「チルドレンズ・センターにおける子どもと家族への支援」『教育福祉研
　究』第17号。

イギリス教育技能省（2004）『Choice for parents, the best start for children』。

イギリス育児の現状（2016）（www.nihon-u.ac.jp/research/careerway/SNS/kaigai/
　kaigaiikuzi_v2_index.html）。

Jinkawiki（2016）「イギリスの就学前教育」（kwww3.koshigaya.bunkyo.ac.jp/wiki/index.
　php/，2016.12.13）。

楠瑞希子（2014）「イギリスの保育制度価格」『『幼児教育史研究』第9号，51-66。

神陽子（2008）「英国が展開する総合的な子ども政策」『英国における青少年をめぐる諸問
　題』平成19年度国際政策セミナー報告書，国立国会図書館.

Lord Laming（2003）"The Victoria Climbie Inquiry by Lord Laming"（http://www.gov.
　uk/government/organizations/victoria-climbi_inquiry，2017.5.22）。

内閣府政策統括官（2006）『少子社会対策に関する先進的取組事例研究報告書』。

大石亜希子（2015）「イギリスの児童福祉・家庭政策についてのヒアリング調査報告」『千
　葉大学経済研究』29（4）。

尾島豊（2014）「労働党政権下のイギリスにおける児童福祉政策に関する考察──シェア・
　スタートからチルドレンズ・センターへの政策移行」『長野県短期大学紀要』No.69。

清水隆則（2014）「英国の地域貧困児童家庭政策（シュアスタート）の示唆するもの─児
　童の発達・生活支援と地方自治体」『都市とガバナンス』Vol.21。

鈴木慎一（2009）「イギリスの幼児教育政策──未婚の母と父への呼びかけ」CHILD
　RESEACH NET12/25。

スミス.P.K.・編著森田洋司監訳（1998）『世界のいじめ──各国の現状と取り組み』金子
　書房。

辻弘美（2015）「英国の子育て支援政策・事業実践とその評価の現状に関する文献調査」
　『大阪樟蔭女子大学研究紀要』第5巻，213-216。

U.K. government（2009）"Apprenticeships, Skills, Children and Learning Act 2009"（http://www.legislation.gov.uk/ukpga/2009/22/contents）。

山田敏（2007）『イギリス就学前教育・保育の研究——連合王国の詳細な実態及び現在進行中の諸改革の実態の考察』風間書房。

第18章
フランスにおける移民政策と子ども育成支援

橋本一雄

　フランスでは，1980年代後半以降，移民（immigrés）の社会統合をいかに果たすかが，主に学校教育のありようをめぐって議論されてきた。1960年代以降に増加した北アフリカ諸国からの移民は，当時のフランスの急速な経済成長を支える労働力となった一方，異なる文化を有する彼らとの多文化共生をいかに図るかが絶えず議論されてきたところである。フランス文化への不適応を解消するため，移民にフランス語の能力をいかに身につけさせ，職業上の成功の可能性を保障するとともに，彼らの文化をも尊重する多文化共生の実現がめざされてきた（Secrétariat d'État aux travailleurs immigrés, 1977：5, 99-100）。

　そうしたなか，2000年代に入り，フランスの移民政策，とりわけ教育政策には共和国の一員としての自覚を促す傾向が顕在化するようになり，イスラム系移民は独自の私立学校を設置することを通じて自らの教育の自由を確保する動きをみせている。本章では，その分水嶺を画することになったとみることのできる公立学校でのイスラム教徒のスカーフ着用をめぐる問題を皮切りに，イスラム系移民に対する教育政策がどのように展開しているのかを概観することにしたい。

　本章の第1節では，戦後のフランスにおいて移民が増加した背景及びそれに対応する政策がどのように推移してきたのかについて概観する。特に1980年代以降の政策において，移民の社会的統合をめざす政策へと質的に変化した点が1つの転換点といえる。そのうえで，第2節では，移民の社会統合にかかわる問題としてクローズアップされたイスラム・スカーフ事件の議論の推移を辿り，とりわけイスラム系移民との共生と社会統合をどのように果たすこととなったのか，議論が収斂されていく過程をみる。第3節では，2000年代以降の

政策の特徴と傾向を指摘している。2000年代以降，イスラム教徒が公立学校でスカーフ等の宗教的標章を着用すること等を禁止する法律が制定されたことに象徴されるように，共和国への統合をめざして相次いで法律が制定されてきた経緯について概説する。

　上記の検討を踏まえて，第4節では，この点に関する大方の評価がイスラム系移民に対する共和国への統合と価値の強制であるという否定的なものであることに対し，イスラム系私立学校の運営に対して補助金を交付することを通じ宗教的少数者との共生をめざすフランスの教育行財政制度について，フランス国民とイスラム系移民との間にソーシャル・キャピタルの構築を志向するものとして取り上げる。

第1節　移民の増加

（1）フランスにおける移民の定義

　フランスにおける移民の定義は，フランスの国立経済統計研究所（Insee: L'Institut national de la statistique et des études économiques）が定義するように，「フランス以外で生まれたフランスの在住者（フランス国籍の有無とは関係しない）」とされている（図18-1）。この定義にもとづくフランスの移民の推移は表18-1の通りであり，2008年の統計では人口のおよそ8.4%を移民が占める。また，その国籍別の推移を見ると（図18-2），1970年代以降，とりわけヨーロッパ系移民が漸減傾向にあるのに対し，アルジェリア，モロッコ，チュニジアといったマグレブ諸国を中心とするアフリカ系の移民の総数が漸増傾向にあることを読み取ることができる。

（2）移民政策の変遷

　フランスにおける移民の子どもへの対応について，池田賢市（2001：220-221）は，1980年代前半までの対応とそれ以降の対応とに二分することができると指摘する。すなわち，フランスにおける移民の子どもに対する教育は，

第18章　フランスにおける移民政策と子ども育成支援

図18-1　外国人と移民

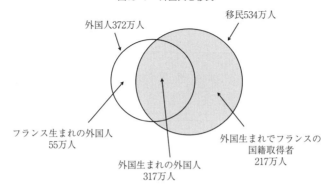

出所：Insee, *Immigrés et descendants d'immigrés en France, édition* (2012) 97, 翻訳筆者。

図18-2　国籍別の人口の推移

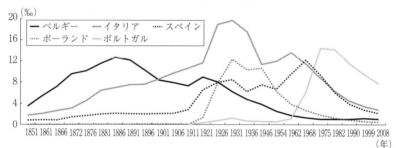

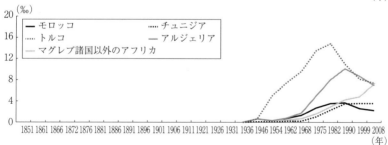

出所：Insee, *op. cit.*, 13, 翻訳筆者。

279

第Ⅲ部　海外における子ども育成支援の展開とソーシャル・キャピタル

表18-1　移民人口の推移

(千人)

居住地	年	総人口	フランスで出生			外国で出生			(a)＋(b) 移民の合計
			フランス人	フランス国籍を後に取得	外国人	フランス人	(a)フランス大国籍を後に取得	(b)外国人	
フランス都市部	1911	39,192	37,652	85	218	127	168	942	1,110
	1921	38,798	36,847	80	277	164	174	1,255	1,429
	1926	40,228	37,384	45	325	187	204	2,084	2,288
	1931	41,228	37,937	55	291	216	306	2,423	2,729
	1936	41,183	38,220	100	288	248	416	1,910	2,326
	1946	39,848	36,908	301	310	343	552	1,434	1,986
	1954	42,781	39,571	295	245	377	773	1,520	2,293
	1962	46,456	42,133	336	220	905	931	1,931	2,861
	1968	49,756	44,009	297	402	1,766	1,019	2,262	3,281
	1975	52,599	45,907	280	667	1,858	1,112	2,775	3,887
	1982	54,296	47,169	254	845	1,991	1,167	2,870	4,037
	1990	56,652	49,556	472	739	1,719	1,308	2,858	4,166
	1990	58,111	50,919	473	743	1,738	1,319	2,918	4,238
フランス全土	1999	60,187	52,888	803	524	1,585	1,573	2,814	4,387
	2008	63,962	55,724	580	547	1,769	2,174	3,168	5,342

出所：Insee, *op. cit.*, p.99，翻訳筆者。

1970年1月に各学校に「入門学級（classe d'initiation）」を設置する方針が示され，その後，1973年には「適応学級（classes d' adaptation）」（後に「受け入れ学級（classes d' accueil）と改称」）と呼ばれる補習授業の措置が規定された。これらはいずれも学業の成否を決めるフランス語能力の習得がめざされたものである。また，補習授業の目的は移民の子どもを普通学級の授業に適応できるようにすることであるが，そこには，フランスの学校への移民の適応を図る同化主義の発想を見て取ることができる一方，他方で，移民とフランス人の子どもとが接触しながら学習を進めるようにも配慮されており，相互理解と文化の尊重を図る側面も有しているものとみることができる。1970年代には，1973年のポルトガルを皮切りとして，移民の出身国のうち8か国との間に異文化教育協定が結ばれ，相手国政府から派遣された教師により，外国語教育や文化を取り扱う出身言語・文化教育（Enseignement des langues et cultures d'origine：ELCO）が行われるようにもなった。

こうした1970年代の移民に対する教育政策には移民のもつ文化的特殊性を尊重する傾向があったのに対し，池田（2001：220）は1980年代後半以降においてはそれが質的変容したと指摘するのが重要であろう。すなわち，それは，「統合」や「市民性の獲得」という要請の下，移民の子どももまたフランス共和国の構成員として，フランス共和国の共通の価値や知識等の獲得を求める教育へと展開したことを意味するものである。

1985年に始まった社会的に低階層の地域に居住する子どもを対象とした教育優先地域政策（Zone d' education prioritaire：ZEP）はその最たるものであり（岩橋，1997：257-278），それまでの政策が，主にフランス人と移民という区分にもとづいて展開したものであったのに対し，この政策では社会的に低階層の地域に住む子どもにより手厚い教育を施す政策へと転換し，「『移民』としての性質に注目することを越えて『子ども一般』という移民か否かの区分を取り払った政策」へと転換する（池田，2001：98）。これは，池田賢市氏が分析するように，70年代の移民の子どもの特性に配慮する教育政策が，結果として「孤立化を招き，また，出身言語・文化教育の措置が学習の負担増につながり，フラン

第Ⅲ部 海外における子ども育成支援の展開とソーシャル・キャピタル

表18-2 移民の出身国による教育水準

(%)

	総 数 (千人)	免状なし CEP	BEPC, CAP, BEP	バカロ レア	バカロレア＋2 年の高等教育	より長い 高等教育
移民全体	1,970	38	20	16	9	16
UE27か国の移民	530	33	24	15	10	18
UE27か国以外の移民	1,440	41	19	16	9	16
非移民	15,330	15	35	18	16	16
30-49歳の計	17,300	18	33	17	15	16

出所：Insee, *op. cit.*, p.165. 翻訳筆者。

ス語の学習時間を彼らから奪うことになってしまったとする『反省』」にもと
づくものである。結果として1980年代以降，教育政策は，文化や言語の領域か
ら，社会・経済的な領域の差異に着目した政策へと転換することとなった。

　近年の移民の教育水準に関するデータにおいても移民と非移民の間の修学状
況については依然として看過できない差異があり（表18-2），ZEP政策の成否
を含め，その学業達成をどのように果たし，格差を解消して行くかは依然大き
な課題となっている。[1]

第2節　移民の文化的・宗教的衝突をめぐる
1990年代の教育政策と判例

（1）移民政策の変容と宗教的対立

　「移民」の区分から「居住している地域」による区分へと見立てを変え，そ
れに応じて教育格差の是正を図ろうとする1980年代後半の移民政策の転換は，
移民の子どもにもまたフランス共和国の一員としての連帯を求めるというフラ
ンスの「実質的な異文化尊重のあり方」（池田，2001：220-221）と評されてい
る。それは，移民との文化的差異に注目した教育から共和国の普遍的な文化や
価値の共有を求める教育モデルへの転換ともいえるだろう。しかし，そのこと
は同時に，移民の子どもに対し，彼らの文化的差異をどこまで尊重することが
できるのかという新たな課題に直面することをも意味した。

第**18**章 フランスにおける移民政策と子ども育成支援

1980年代後半には，まず，多様な宗教的背景を有する移民の子どもが宗教的行事に参加するために授業を欠席することができるのかをめぐり問題となった。宗教的祝祭日がキリスト教徒とは異なるユダヤ教徒やイスラム教徒の子どもが，宗教的儀式に参加するため，授業への出席の免除を要求するケースが増加し，政府は，学校長に対しこれらを許可するよう通達し，実務上は出席の免除が容認されていた（Bulltin official l'Education nationale, 1987：1400）。しかし，宗教的理由による出席の免除が法的根拠にもとづくものではなかったため，行政最高裁判所であるコンセイユ・デタ（Conseil d'État）は，宗教的理由にもとづいて公教育を欠席する権利は法的に保障されるものではない旨の判断をも示していた（Conseil d'État, 1995：481）。

（2）イスラム・スカーフ事件

公教育の場面においてイスラム系移民の子どもの宗教をめぐる問題がより深刻なものとなったのは，1989年にパリ郊外の公立のコレージュ（collège：日本の中学校に相当）で起こったイスラム・スカーフ事件においてである。この事件は，公立学校に通うイスラム教徒の女子生徒がスカーフを着用したまま授業に出席したことについて，政教分離原則を意味するライシテ（laïcité）の原則を理由に学校側がその着用を認めなかったため，子どもの宗教的自由を主張する生徒・保護者との文化的な対立が顕在化した事件である。学校側はスカーフの着用を理由とする出席停止処分を下し，その適否をめぐって行政訴訟が提起された。当時，この事件がメディアによって大々的に報じられたこともあり，公教育のライシテの原則と子どもの宗教的自由との調整のありようをめぐる論議を呼ぶこととなった。

1980年代後半に移民政策の転換を図り，子どもの出身国や言語ではなく，社会的・経済的なカテゴリーに着目した教育政策を展開していたフランスでは，この事件への対応をめぐり世論を二分する大論争が巻き起こる。当時の社会党政権の国民教育大臣であったリオネル・ジョスパン（Lionel JOSPIN）は，差別に反対する立場からスカーフを容認すべきだとしたのに対し，国際人権運動の

283

第Ⅲ部 海外における子ども育成支援の展開とソーシャル・キャピタル

立場からは，一夫多妻制や女性の権利を制限するイスラム教のシンボルを公教育にもち込ませることを許すべきではないとする論陣が張られた。この点について，コンセイユ・デタは1989年11月27日付で，宗教的な標章（signes）そのもの，着用の状況，着用に伴う行動及び着用することで他人に与える影響という4つの観点から着用の限界を示しつつ，宗教的標章の着用は生徒の信仰の自由から導かれうるものだとし，宗教的標章を着用したとしても，直ちに公教育のライシテの原則に反するものではないとの見解を示して事態の鎮静化を図った（Conseil d' Etat, 1990：39）。

その後，1994年9月20日には，当時の国民教育大臣であったフランソワ・バイルー（François Bayrou）が，イスラム原理主義への世論の非難の高まりと宗教的標章の着用の禁止を立法化しようとする一部の政党の動きを背景として，「誇らしげに」（ostensiblement）スカーフを着用することを校則で禁止するよう通達を発出したが（Bulltin official de l'Education nationale, 1994：2528），コンセイユ・デタは1996年5月20日の判決で従来の判例の立場を維持して，スカーフの着用それ自体が勧誘や圧力をもつものではなく，校内の秩序を混乱させたといえない場合の退学処分を違法と判断し，退学職分を取り消した（Actualité juridique droit administratif, 1996：709）。

このような行政府と司法府との間の二元的な方針に象徴されるように，世論もまた，1990年代においてはこの問題についての議論は二分される状況が続いた。

（3）1990年代の移民政策の特質

1980年代後半からの移民政策の方針の転換は，移民であるか否かという区分ではなく，子どもの社会的・経済的なカテゴリーに着目した優先教育政策へという方針の転換を図るものだった。前述のように，それは，フランス共和国に共通の価値や知識等の獲得をめざすという点で近代公教育の黎明期である第三共和制期以降のフランス共和主義の理念を受け継ぐものとしてみることができる。しかし，宗教的背景の異なる移民の子どもへの教育は，イスラム教徒のス

284

カーフという宗教的標章の着用をめぐり，共和国における普遍的な概念とされてきたライシテの価値と対峙することとなる。この問題にどう折り合いをつけるかが1990年代のフランスにおける移民政策の重要な論点であったとみることができる。

第3節　宗教的標章着用禁止法の成立と共和国の価値共有化の原則

（1）宗教的標章着用禁止法の成立

　1990年代に行政と司法の判断が分かれていたイスラム教徒のスカーフの着用問題は，2000年代に入り，立法的に解決がめざされることとなる。この立法的な解決が図られた背景には2002年の政権交代によるコアビタシオン（Cohabitation：保革の二元的共存）の解消と，同年の大統領選挙における野党社会党の政策の変化という政治的事情があり，これを受けてシラク大統領が2003年7月3日にベルナール・スタジ（Bernard Stati）を委員長とする調査委員会を発足させた。委員会は同年12月11日付で公立学校で宗教的標章の着用を禁止することを定めた2004年の法律（以下，「2004年法」という）の制定を提起する報告書（以下，「スタジ報告書」という）を提出した。のちに宗教的標章の着用を禁止する2004年法案の骨子となるこの報告書では，公教育のライシテは社会的平和と国民統合を基礎づける重要な要素であり，共生（vivre ensemble）と多文化主義を実現するための原理であるという意義が表明された。また，この法律によって定義されるこのライシテの原理を，公民教育を通じて改めて習得する（réapprendre）機会を保障することによって，ライシテの概念の確立をめざすべきことが宣言されている。

　このスタジ報告書を踏まえ2004年3月15日に宗教的標章着用禁止法が上下両院の賛成多数によって可決・成立した。この法律は，教育法典第 L.141-5 条の次に「公立の小学校，コレージュおよびリセにおいて，生徒がこれ見よがしとなるように自己の宗教への所属を表明する標章を着用することは禁止される」とする条項（第 L.141-5-1 条）を置く法律である。同法が制定された背景の1つ

第Ⅲ部　海外における子ども育成支援の展開とソーシャル・キャピタル

図18-3　スカーフの着用禁止に抗議する人々

出所：LeMonde, Voile：après dix ans d'interdiction, de nouvelles tensions
（ル・モンド紙「ヴェール：禁止と新たな緊張から10年」（2014年3月17日版），翻訳筆者）．

には，事件が表面化して以降蓄積された1990年代からのコンセイユ・デタの判例が，生徒の宗教的自由の保障に軸足を置き，結果として「ライシテの弱体化を招いた」という危機意識があった（Commission présidée par Bernard Stasi, 2003：127-128）。加えて，2001年のアメリカにおける9.11テロ以降，反イスラム感情（Islamophobia）が従来に増して強まったという側面を指摘することができる。この法律の制定によって，公立学校においては，イスラム教徒の女子生徒がスカーフを着用することが禁じられ，法律の制定以降，スカーフ着用をめぐって提起されてきた行政訴訟は激減することとなった。法律の制定から10年が経過した2014年3月17日付のル・モンド紙には，スカーフを脱いで学校に通学する生徒や退学した生徒の状況など，スカーフ禁止法制定以降の10年を振り返る記事が掲載され（図18-3），この問題の本質的な解決が図られていないことが示唆されている。

（2）2005年学校基本計画法の制定

　他方で，2005年には，事実上の改正教育基本法を意味する学校基本計画法が制定された。この法律は社会党政権下で成立した1989年教育基本法（この法律が制定された当時の国民教育大臣リオネル・ジョスパンの名を冠して，「ジョスパン法」と呼ばれる。以下，「1989年法」という）の抜本的な改正がなされた法律である[4]。

　2002年に組織されたジャン＝ピエール・ラファラン（Jean-Pierre Raffarin）内閣の国民教育大臣に就任したリュック・フェリー（Luc Ferry）は，大臣就任の直後に，『学校を愛するすべて人への手紙』という著作を発表し（Luc Ferry, 2003），現行の学校教育の荒廃が，1989年法の理念によってもたらされたものであるという認識を示した。このフェリー大臣の主張に牽引されるかたちで事実上の改正教育基本法となる学校基本計画法が2005年に制定（以下，「2005年法」という）されることとなった（Journal Officiel, 2005：7166）。

　この法律においては，児童・生徒に共有させるべき価値として登場した「共和国の価値」という概念が法律に明記され，公立学校の使命は，児童・生徒に「共和国の価値」を共有させることであるという条項が新たに置かれた（教育法典第L.111-1条第2項）。国民討論委員会が提出した上記の報告書を踏まえ，2005年法では，「児童・生徒に共和国の価値を共有させることを公立学校の第一の使命として定める」（第2条）ことが規定された。

　この際に留意すべきは，「共和国の価値」という用語の定義について，政府答弁で，「共和国の価値」が「1958年第5共和制憲法に引き継がれている1789年人権宣言と1946年第4共和制憲法前文において定められた諸価値」という，いわゆる「憲法ブロック」を意味するものとして説明されたという点である[5]。この点は，後述するイスラム系私立学校の教育課程にも関連する事柄である。また，学校の使命として規定された「共和国の価値」の共有化という概念は，2004年法の意義を説明する通達でも表出した概念であった（Journal Officiel, 2004：9033）。こうして成立した2004年法と2005年法は，ともに「共和国の価値」の「共有」や「伝達」を掲げるという点で，フランス共和主義が強調され

第Ⅲ部　海外における子ども育成支援の展開とソーシャル・キャピタル

る特徴を有するものであった。

（3）2000年代の移民政策の特質

　政治的安定が伴った2000年代のフランスの教育政策では，児童・生徒に共有化が求められた「共和国の価値」という概念が表出する。2005年法に規定された「共和国の価値」の共有化の原則は，2004年法の通達においても表出している概念であり，2000年代の教育政策を象徴する概念であるとみることができる。2004年法はフランスにおけるライシテを再定義することにより，学校が脱宗教的な空間であることを強調することで宗教的標章の着用を禁止する法的な正統性が説明された。

　法律の制定過程において，政府は「共和国の価値」とは，事実上の憲法的価値を意味するものとの説明を行い，実際に法律施行後に出版された各種の教科書でも，同様に説明がなされている。解釈の幅をもつこの「共和国の価値」の共有化の原則が，多様な文化的・宗教的背景を有する移民の子どもにとっても共有できるものであるのかが新たに問われることとなった。

第4節　フランスの教育行財政政策とソーシャル・キャピタル

（1）イスラム系私立学校の設立の政府からの私学助成

　2004年法の制定以降，スカーフの着用を理由とする退学処分等の有効性をめぐる行政訴訟は影を潜めている。そうした背景の1つには，イスラム教徒側からの政府への要求の構図の変化を指摘することができる。それまで，イスラム教徒側は，公立学校におけるスカーフの着用を宗教的自由として求めてきたのに対し，同法の制定以降は，イスラム系宗教団体が独自に私立学校を設置し，その学校を設置・運営するための私学助成の要求へと運動の構造を変化させている。

　イスラム系移民の公立学校におけるスカーフの着用を求める宗教的自由の要求は，主体の違いはあるものの，1880年代にフランスで世俗化された公教育が

組織されて以降，絶えず論争がもたらされてきた公教育における宗教的自由の主張と軌を一にするものである。また，その一方で，宗教系私立学校の設置の要求も，第三共和制期以降のフランスの近代公教育における私学教育の自由として繰り返し主張されてきたものといえる。その意味においては，イスラム団体の教育の自由を求める運動はフランスの伝統的な教育の自由をめぐる論争によって，すでに政教分離をめぐる憲法上の争点も克服したものである。

この点，フランスでスカーフ禁止法制定以降に私立学校の設置を積極的に進めてきたイスラム系宗教団体のうち，フランス最大規模の組織を有する UOIF（Union des Organisations Islamiques de France）は，2004年のスカーフ禁止法の制定以降，先陣を切ってイスラム系私立学校の設置を進めてきた団体の１つである。同団体が設置・運営する学校は，フランスの法律にもとづく私学助成を受けるべく，学校の設置と，当該学校を政府の契約下におく助成化の運動を進めている。[6]

フランスの私立学校の設置形態は，1959年の私学助成法の制定以降，教育課程を公立に準拠させ教員の人件費や経常費の補助を受ける協同契約（contrat d'association）（教育法典第 L.442-5条），教育課程の編成に際しては協同契約よりも自由度を増す代わりに補助金は教員の人件費等に限られる単純契約（contrat simple）（教育法典第 L.442-12条），政府の監督は教育課程の合憲・合法性の審査だけに限られる分一切の補助金を受けない非契約の私立学校の３つに区分されるが，上記の UOIF の運動は，設置・運営する学校を段階的に協同契約下の学校とすることをめざすものである。

この団体が設置する小中高等学校は2016年３月現在でフランス国内に55校（小学校33校，コレージュ14校，リセ８校）あり，うち，小学校１校（マルセイユ），リセ１校（リール）が協同契約下の学校として補助金を得ている。また，この他に，協同契約の締結を最終的な目標としつつ，単純契約を締結している学校がコレージュ３校（マルセイユ，リヨン，モンティニー・ル・ブルトンヌー），リセ１校（リヨン）があり，その他の非契約校も併せ協同契約の締結をめざすとともに，新たな学校の設置も進めている状況にある。

第Ⅲ部　海外における子ども育成支援の展開とソーシャル・キャピタル

図18-4　イスラム系私立学校

注：教員，生徒ともにスカーフを着用している。
出所：筆者撮影。

　協同契約及び単純契約の下で補助金を受ける際には，当該学校が政府の監督に服することになり，また，原則として，教育課程は公立学校と同様の基準が求められるが，当該学校の「固有の性格」は尊重されるべきものとして扱われるため，協同契約下にあるリセにおいても教員及び女子生徒のスカーフの着用が容認されている（図18-4）など，ライシテの原則の適用の譲歩が認められている点も注目される。

　加えて，教育内容との兼ね合い，とりわけ，先述した「共和国の価値」の共有化原則の取扱い等について，学校及び教師に課せられた「共和国の価値」の共有化という命題には，当然に，共和国におけるライシテの意義を理解し，その価値を共有させることが含まれることになるため，政府からの補助金を受けるイスラム系私立学校において，「共和国の価値」の共有化の原則はどのように受け止められているのかが問題となる。

　この点について，筆者が現地調査を行ってきたUOIFが設置・運営する学校のうち，協同契約を締結しているリセにおいても，設置科目やその学習時間等は原則として公立学校に準じており，「共和国の価値」という概念が憲法的

価値である旨を教科書を用いて提示し，フランス第五共和制憲法が保障する良心の自由とライシテの関係について生徒自身に考えさせる方法によって授業が行われている。

こうした点に鑑みると，イスラム系私立学校において，この「共和国の価値」という概念は，先述した政府答弁と同様に，フランス共和国が掲げる憲法的価値として解釈されており，それがライシテをどのように解釈するかという点を含む解釈の幅をもつ規定であるがゆえに，当該イスラム系学校においても矛盾することなく受け入れられ，教育されているものとみることができるだろう。

こうしたイスラム系私立学校設置の動きは，一面で，イスラム系移民の宗教的自由を抑圧し，イスラム教徒を独自の私立学校へと追いやる社会の分断とみることもできる。しかし他方，公立学校に準拠する教育課程等の審査要件を整えた学校であれば，イスラム系団体が設置する学校に対しても他の宗教団体が設置・運営する学校同様に補助金を交付し，かつ，スカーフの着用等を当該学校の「固有の性格」（caractère propre）（教育法典第 L.442-1 条）として容認することで彼らの教育を受ける権利を保障していることは移民の社会統合の1つの形として注目されるべき事柄といえる。

当該イスラム団体は，他のイスラム団体と連盟を組織し[7]，自らが設置・運営する学校の協同契約の締結に向けての動きをさらに活発化させている。

（2）フランスの教育行財政制度とソーシャル・キャピタルの構築

フランスの移民政策は，移民の文化や言語の尊重を掲げた1970年代，フランス共和国共通の価値や知識の獲得がめざされた1980年代，イスラム系移民との文化や価値との衝突に混迷した1990年代，そして，アメリカでのテロを契機として高まった反イスラム感情を背景として，共和国の学校の普遍性が強調された結果，宗教的価値や文化は私的領域へと追いやられることとなった2000年代の政策に大別することができる。2010年代に至り，2000年代の教育政策によって，いったんはフランス共和国の社会統合が強く求められたイスラム系移民

第Ⅲ部　海外における子ども育成支援の展開とソーシャル・キャピタル

が，共和国の掲げる教育課程への準拠を誓約することで，独自の私立学校を設置・運営する私学教育の自由が実質的に保障されるようになりつつある。

　このことは，それまで，主に共和国への統合を求めるかたちで進められてきた移民政策とは様相を異にするものといえる。こうした教育行財政制度の展開は，移民との間に生じている社会的障壁を取り払い，学校教育を介した共和国の価値の共有化を通じて1つのソーシャル・キャピタルの構築をめざすものとみることもできるであろう。

　欧州各国におけるテロが勃発し，フランスにおいても反イスラム感情の高まりが懸念されるなかにあって，こうした社会統合のあり方をめぐる今後の動向が注目される。

注
(1)　学業の修業に関するの略語は，BEPC（中学修了証），CAP（職業適格証：高校2年課程），BEP（職業教育修了証：高校2年課程）を意味する。
(2)　女子生徒が着用したヴェールについては，これをチャドルやヒジャブ（またはヘジャブ）などとする呼称もあるが，フランスの判例上は一貫して「スカーフ（foulard）」という用語が使用されている。本章でも同様に「スカーフ」と呼ぶ。
(3)　1997年の総選挙では，シラク大統領の所属政党（共和国連合）を含む右派勢力が敗北し，社会党を含む左派勢力が過半数の議席を獲得したため，2002年の総選挙に至るまで，大統領の所属勢力と下院議会の多数派勢力が異なるコアビタシオンの状態が続いた。
(4)　フランスでは，公教育に関連する法律を集成した教育法典（Code de l'éducation）が2000年6月に制定され，1989年教育基本法もこの教育法典の一部を構成する法律という位置づけとなった。このため，1989年の教育基本法を改正するための2005年学校基本計画法も，手続的には，この教育法典を改正するための法律という体裁をとっている。
(5)　「共和国の価値」の定義は，フランスの憲法訴訟で用いられている「憲法ブロック」（bloc de constitutionnalité）に関する説明と同様である。「憲法ブロック」とは，1971年7月16日の「結社の自由」判決以降，フランスの憲法院が，基本的人権を保障するために法律の合憲性を審査する過程で承認されてきた，1789年人権宣言及び1946年第四共和制憲法前文等を中心とする人権保障の規範である。
(6)　筆者が行ってきた現地調査による。
(7)　こうした連盟として，FNEM（Fédération Nationale de l'Enseignement privé Musulman）がある。

第**18**章　フランスにおける移民政策と子ども育成支援

引用・参考文献

Actualité juridique droit administratif, 1996.

Bulltin official l'Education nationale, 1987.

Bulltin official de l'Education nationale, 1994.

Conseil d'État, assemblee, 14 avril 1995, Consistoire centrale des israélites de France et autres, Recueil Dalloz Sirey, 1995.

Conseil d'État, Assemblée générale plénière, Actualité juridique droit administratif, 1990, 39.

Commission présidée par Bernard Stasi, *Laïcité et République*, La documentation française, 2004.

橋本一雄（2012）「フランス公教育における『共和国の価値』概念の変容──公教育のライシテと『教育の自由』」上田女子短期大学児童文化研究所報，第34号，15-44。

橋本一雄（2011）「フランス公教育におけるライシテの現代的意義とその特質」上田女子短期大学児童文化研究所報，第32号，11-30。

池田賢市（2001）『フランスの移民と学校教育』明石書店。

岩橋恵子（1997）「教育優先地域（ZEP）政策の展開とその意義」小山順子編『21世紀を展望するフランス教育改革』東信堂。

Journal Officiel, 22 mai 2004, p.9033.

Journal Officiel, 24 avril 2005, p.7166.

小泉洋一（1998）『政教分離と宗教的自由』法律文化社。

Luc Ferry, *Lettre à tous ceux qui aiment l'école : pour expliquer les réformes en cours*, Odile Jacob：Sceren CNDP-CRDP, 2003.

内藤正典・阪口正二郎（2007）『神の法 vs. 人の法──スカーフ論争からみる西欧とイスラームの断層』日本評論社。

Secrétariat d'État aux travailleurs immigrés, La nouvelle politique de l'immigration, La Documentation Française, 1977.

園山大祐＝ジャン・フランソワ・サブレ（2009）『日仏比較──変容する社会と教育』明石書店。

園山大祐編（2016）『岐路に立つ移民教育──社会的包摂への挑戦』ナカニシヤ出版。

山本須美子（2010）「フランスの初等教育における中国系新移民受け入れの現状」『東洋大学社会学部紀要』第47-2号，109-126。

※1　本章の執筆にあたっては，UOIF の Latifa GHAZI 氏と lycée d'Enseignement Privé Musulman 副校長の Makhlouf MAMECHE 先生のご協力を得た。ここに記して感謝の意を表する。

※2　本章は，平成27-29年度科研費助成事業（学術研究助成基金助成金）若手研究（B）（JSPS 科研費 JP15K21578）による研究成果の一部である。

第**19**章
スウェーデンの地域子育て支援

吉岡洋子

　スウェーデンは世界のなかでも「子育てしやすい国」として知られる。その土台には，すべての親子を対象とし，子どもの権利保障を核とするという，子ども関連の公的施策の明確な理念がある。本章ではまず第１節で，すべての親子を対象とする幅広い公的施策を概観し，個々の親子の生活基盤が支えられていることを示す。充実した子育て支援策は社会への安心と信頼を生むかたちで，ソーシャル・キャピタルを高めている。第２節では，子どもから大人までが余暇活動で多様な組織団体に参加し，子育てを含む地域での人々のつながりの土台となっていることを描く。活発な組織団体の存在は，国際的にみてもスウェーデンのソーシャル・キャピタルが非常に高いとされる主な要素である。第３節では，地域での子育て支援の実際として，ファミリーセンターやコンタクトパーソンなど，４つの典型例を紹介する。第４節では，スウェーデンから日本が得られる示唆を述べる。

第１節　すべての親子の生活基盤を支える公的支援

（１）スウェーデンにおける多様な家族のかたち
　スウェーデンは人口約997万人（2016年[1]）の小国だが，1970年代以降発展したワーク・ライフ・バランスを支える施策の充実（高橋，2007：77-81）により「子育てがしやすい国」と注目されることが多く，合計特殊出生率も1.85（2016年）と比較的高い。実際に現地で町を歩くと，育休中と思われる父親や母親がベビーカーを押す姿があちこちで見られ，ゆったりと子育てをしている印象を受ける。母親に優しい国ランキング（Save the Children, 2015：66）等の国際比

295

第Ⅲ部　海外における子ども育成支援の展開とソーシャル・キャピタル

図19-1　スウェーデンにおける子育て支援の全体像
　　　　のイメージ

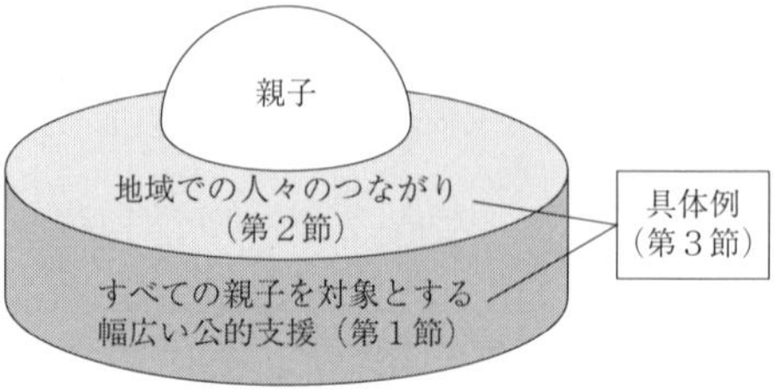

較でも，常に上位に位置している。

　しかしもちろん，育児休業等の両立支援策だけで，子育てしやすい社会が実現するわけではない。スウェーデンにおける子育て支援の特徴は，すべての子どもができる限り平等に発達や教育の機会を得られるよう環境を整えるという目的が明確であり，そのために公的制度が幅広く整備されている点である。その基盤を通して，またその基盤のうえで，それぞれの親子が地域のなかで人々とつながりをもち生活している。この全体像を，本章の構成とあわせて示したのが図19-1である。

　スウェーデンでの子育て支援を考える時，前提としてまず，日本とはかなり異なる家族のあり方を確認しておく必要がある。いわゆる高福祉高負担型の福祉国家であるスウェーデンは，男女を問わず就労し納税することで成り立っている。男女平等が浸透しており，子育て家庭も共働きが基本的な姿で，専業主婦や三世代同居はごく稀である。

　また家族形態の多様化が進み，同棲カップルでの出産が半分以上，またひとり親家庭や再婚家庭はごく一般的である。さらに，積極的な移民難民の受け入れにより，現在では外国に背景をもつ人口が約4分の1を占める多文化な社会である。こうしたスウェーデン社会の特徴は，善積京子（2011）等に描かれている。

（2）子育て支援の理念と捉え方

　個人の自律した生き方や多様な家族のかたちを支えるのが，社会保障制度による柔軟な労働環境と，公的責任において提供される充実した教育や福祉，保健等の支援・サービスである。スウェーデンをはじめとする社会民主主義型の福祉国家は，平等・連帯を理念として，社会権にもとづき，ニーズのあるすべての人に対して普遍的に支援を提供する（Esping-Andersen, 1990）。

　そのなかで，今日の子ども関連施策は子どもの権利保障の視点が中核に位置付けられ，大きな資源が投入されている。子どもは未来の担い手であると同時に，自ら選ぶことはできない親の状況によって発達や学力等に大きく影響を受ける存在だからである。スウェーデンの家族関係社会支出の対 GDP 比は3.6％と国際的にも最高レベルにある（日本1.3％，OECD 平均2.1％）（OECD, 2016）。政府の強力な所得再分配機能で，経済的格差が軽減されている。

　しかし興味深いことに，スウェーデン語には日本でいう「子育て支援」や「少子化対策」という用語は見当たらない。様々な分野（雇用・住宅・保健・医療・福祉・教育など）の制度やサービスが徹底的に親子の生活基盤を支え，実質的に社会全体での子育て支援として機能しているためである。すべての親子に対する支援・サービスを充実させるという政府の方針は，数十年を経て今日に続いている。

　一方で「親支援」という概念はあり，2008年の国家戦略「親支援──全ての人にとっての利益」では，普遍的なアプローチによって，親役割を果たせるように支援することで問題を予防し，個別支援を必要とする親子の発見機会を増やすことが，親子本人また社会にとっても望ましいという視点が明確に示されている（Socialdepartementet, 2008：17-18, 23）。また政府は近年，全国各地の親支援の取り組みを集約し，施策を充実すべきとの方向性を展望している（Folkhälsomyndigheten, 2014）。

（3）親子を支える制度と社会資源

　すべての親子を支えるため幅広く整備されている公的制度や社会資源とは，

第Ⅲ部　海外における子ども育成支援の展開とソーシャル・キャピタル

表19-1　親子を支える主な公的制度，社会資源

妊娠出産期	・ 妊娠出産の経費はほぼ無料 ・ 父親休暇 ・ 妊産婦保健センター ・ 小児保健センター，ファミリーセンター（これらは乳幼児期が中心）
乳児期	・ 育児休業，親手当（父親育休取得9割，パパ／ママの月は3か月） ・ 児童手当（〜15歳） ・ 子どもの保健医療は無料 ・ オープン型就学前学校 ＊乳児保育制度はない
幼児期	・ 就学前学校（一部，いわゆる家庭的保育もあり） ・ 育児休業（分割利用） ・ 一時看病休暇 ＊夕方遅くの延長保育，週末・休日保育，病児保育はない
学童期	・ 就学前クラス ・ 基礎学校（〜大学院までの学費は無料） ・ 学童余暇活動センター ・ 10代の若者のための各種相談センター ・ ペアレンティング講座（親対象）

出所：筆者作成。

具体的にどのようなものだろうか。主な内容を一覧に示し（表19-1），子どもの発達段階に沿い概観していく。[2]

　なお，スウェーデンでは全国に290あるコミューン（市町村に相当する基礎自治体）が教育・福祉の大半について最終責任を有しており，保健医療は広域自治体の管轄である。通常，大規模な建物としての子育て支援センターのようなものはなく，地域ごとに小規模な拠点がある。そうした地域拠点には，各年齢段階でほぼすべての親子が何らかのかかわりをもつことになり，問題発生の予防と気になるケースを専門職につなぐ仕組みとなっている。

　① 妊娠・出産期

　20世紀前半から重視されてきた母子保健施策が発達しており，妊娠・出産にかかる経費はほぼ無料である。出産時の入院は通常1〜2日と短いが，約10日の「父親休暇」取得が一般化しており，育児・家事両立のスタートを支えている。妊婦検診等は「妊産婦保健センター」で，また出産後から子どもの就学前

298

までは地域ごとの「小児保健センター」で計画的な予防接種検診や相談が行われる（秋朝，2006：3-21）。2000年代以降，上記のような保健分野と，社会福祉や幼児教育の専門職配置により多機能化した「ファミリーセンター」という場も増えている（第3節第1項参照）。

②　乳児期

乳児期は，親が安心して休業し，在宅で子育てができるよう支えるための制度設計である。まず，極めて充実した「育児休業」と「親手当」の制度が浸透している。1歳過ぎまでは「親手当」（480日有給，うち420日まで休業前所得の80％保障）を受給して休業し，職場復帰後は分割（12歳まで数時間単位で分割可能）で利用するかたちが一般的である。失業中等でも最低額（4,000円弱／日）は支給される。父親の育休取得率が90％弱で，ママ／パパの月の制度（相手に譲れないクオータ制）は，2016年から3か月に各々延長された。

また，すべての0〜15歳に対する約1万5,000円／月の児童手当，必要な家庭には住宅手当が支給される。子どもの保健医療，義務教育以降の教育はすべて無料である。一方，「1歳までは家庭で」という考えが浸透しており，乳児保育の制度はない。

就学前の子どもと親（主には育休中の親）が自由に利用できる，「オープン型就学前学校」という場所もある（第3節第2項参照）。日本の子育てセンターや常設型子育てひろばに類似した身近な場で，就学前学校に併設されていることも多く，幼児教育の専門職が遊びの提供や相談を行う。

③　幼児期

職場復帰以降は，子どものための教育・ケア提供と親の労働環境整備が支援の柱となる。1〜5歳の子どもの教育・ケアの場の中心は就学前学校で，情報提供や他の社会資源へつながることができる重要な窓口でもある。利用率は1歳児で約50％，2歳児以降はほぼ90％以上で，今日では待機児童問題はない。就学前教育は有料で，全国共通の負担上限額が設定されている（2016年の上限額は利用児1人目が約1万9,000円）。また，親の就労状況を問わず3歳以上の全児童に一定時間（3歳児で週15時間）の教育・ケアを無料で受ける権利が保障

第Ⅲ部　海外における子ども育成支援の展開とソーシャル・キャピタル

されている。就学前学校は朝6時半頃から開き簡単な朝食を出すことも普通で，お迎えは4時台など早い時間が一般的である。なお，2008年から「乳幼児の教育とケア（ECEC）」はすべて教育部門に統合され，就学前学校からすべて生涯教育の1つと位置付けられている（白石・水野，2013：3-9，17-24）。

　親の労働環境は，子育てに対応できるよう柔軟に整備されている。一般的な労働時間自体が週36時間と短く，有給休暇（年間5週間）の完全消化が当然の社会である。子育て中は，上述の育児休業制度のほか，一時看病休暇も12歳未満の子どもの場合で年間計120日まで取得可能である。このように，親の仕事の側が子どもにあわせて融通をきかせることを強くバックアップする労働環境整備の一方で，スウェーデンには基本的に延長保育や週末・休日保育，病児保育等の制度はない。

④　学童期

　7歳から義務教育の「基礎学校」（小中学校に相当）が始まり，支援や社会とのつながりの核となる。ほぼすべての6歳児は1年間「就学前クラス」（基礎学校の敷地内にあり学習面が中心）を利用している。6～12歳の子どもが放課後を過ごす場が，「余暇活動センター」（学童保育に相当）であり，6～9歳では80％以上，10～12歳の約20％が通う。

　また，乳幼児期，学童期とも親対象のペアレンティング講座が一般化している。全国に浸透しているいくつかのプログラムがあり，行政や民間団体が公的施設や保護者会を通じて学校等で行う。内容は様々だが，特に学童期以降は，親子の関係性に関するテーマが主流で，講演会ではなく「週1回夕方2時間のクラスを4週連続」といったかたちで設定されている。

　養育環境に課題がある家庭に対しては，スウェーデンは「児童保護型」ではなく「家庭支援志向」で，多様な在宅型・予防型施策を講じるアプローチがとられる（Wiklund, 2006：15）。子どもの社会生活が不十分な場合に，地域の個人・家庭と週末などを過ごすコンタクトパーソン／ファミリーという制度（第3節第3項参照）や，親子と専門職が定期的に家事や遊びを通してともに過ごしながら，子どもへのかかわり方を伝え助言するような形態の支援も存在す

る。こうした福祉的支援はほぼすべて無料である。

その他，主に10代以降の若者を対象として，コミューンの福祉や保健部門は「若者相談」などの気軽に足を運べる場所やウェブサイトを運営し，家族関係や性の相談に応じ，在駐の保健師等が検査を行ったりもする。

第2節　子育てを支える地域社会のかたちとソーシャル・キャピタル

（1）社会への高い信頼

公的制度のありようと同時に，子育てを支える地域社会や実践のかたちは国により様々である。スウェーデンには，日本で地域子育て支援としてイメージされるような，保育所での一時保育や地域行事，地域住民による子育てサロン，ファミリーサポートセンターといったかたちの活動は存在しない。では，スウェーデンでの子育てを支える地域社会とはどのようなものだろうか。本節では，ソーシャル・キャピタルの視点から捉え描いていく。

ソーシャル・キャピタルとは，「人々の協調行動を活発にすることによって社会の効率性を高めることのできる「信頼」「規範」「ネットワーク」といった社会組織の特徴」（Putnam, 1993＝2001）とされる。この概念が注目された1990年代頃以降，行政や政治への信頼が高いという世界価値観調査の結果，また組織団体数の多さや参加率の高さから（岡沢，2006：66-72），国際比較においてスウェーデンはソーシャル・キャピタルの高い社会と指摘されてきた。これに対して現地では，ソーシャル・キャピタル論が特に脚光を浴びることはなかった。新たな概念を通して，ロシュテイン等（Rothstein & Stolle, 2003）の政治学者が，民主主義や組織団体といった伝統と，それを支え促進してきた福祉国家の意義を再確認するような反応がほとんどであった（Milner & Ersson, 2000：3-4）。

この状況を，パットナムが重視する「互酬性」規範の視点から検討してみたい。日本を含む多くの国では，地域住民同士の助け合い活動にみられるような近隣での互酬性規範への注目度が高く，少子高齢社会に必然の対応策として期

第Ⅲ部　海外における子ども育成支援の展開とソーシャル・キャピタル

待されている。一方，スウェーデン社会に特徴的なのは，数万人規模の地方自治体を単位としてみられるような互酬性規範である。人々は，自分が居住するコミューンへ高負担で納税する一方，そのコミューンから日常的に教育・福祉・保健などの面で利益を享受しており，必要な時には必ず支援を受けられるという安心感を有している。子育て支援でいえば，第1章で示した公的制度や資源は，そうした意味での互酬性規範を構築し，社会への一般的な信頼を高めていると捉えられる。

（2）多様な組織団体は子どもたちの活動の場

　各コミューンによる普遍的かつ総合的な生活基盤の保障は，親子をはじめとする地域住民の組織活動やインフォーマルな活動の下支えにもなっている。教会によるママとベビーのためのカフェや，ベビーマッサージのサークルなどもあるが，スウェーデンの地域社会における人々の活動の場の中心は，数多く存在するテーマ型の組織団体（伝統的な民間非営利の市民活動）である。

　スウェーデンは，「組織の国・スウェーデン」と称されるほど，19世紀以降今日に至るまで市民による組織団体の設立や参加が活発である（岡沢，2006：66）。人々の日常生活に最も身近で数も多いのはスポーツや文化，学習サークルの活動で，子どもから大人までが大抵は何らかの団体のメンバーとなっている。地域のなかに，サッカーやアイスホッケーなどのスポーツ，合唱，語学，野外活動など実に多種多様な活動を行う団体が存在している。こうした団体は，社会的に重要な存在とみなされ，伝統的に一定の公的助成を受けているが，講師もボランティアベースである。

　幼児期や学童期になると，何らかの活動に参加することが一般的だが，子どもの活動には送迎や応援など親のコミットも大いに必要となる。実際，仕事や子育てを通した活動が必然的に増えるため，スウェーデンの市民社会に関する調査では長年，ボランティア活動が最も盛んなのは子育て世代である（Essen, Jegermalm, & Svedberg, 2015：19-22）。それを可能にしているのは，第1節で記したワーク・ライフ・バランス重視の施策でもある。

第19章　スウェーデンの地域子育て支援

　10代以降の子ども・若者が学外で参加できる活動や若者団体が充実している
点も，スウェーデン社会の特徴である（特定非営利活動法人 Rights, 2010 : 41-
81）。若者が政治系の協議会，スポーツや音楽，環境保護活動に携わることも
珍しくない。また，いじめ予防のための団体（若者が設立したもの）や，全国
各地に支部をもつ児童権利擁護団体のセーブ・ザ・チルドレン（第3節第4項
参照）のプログラムを，若者たちが学校で実施することもある。障害や疾病の
種類ごとの当事者団体も極めて活発である。

　こうして社会に浸透している各種の組織団体は，人々の結びつきや社会参
加，市民としての成熟を醸成しており「北欧デモクラシーを支える社会文化資
本」とも評される（岡沢，2006 : 68-69）。活動のプロセスで，意見を出し合い
物事を決める経験を積むことが，民主主義の学びと見なされているからであ
る。

　このようにスウェーデンの文脈では，人々が日常的に参加する水平的で自発
的な団体が，ソーシャル・キャピタルの向上や熟成に大きく貢献している。子
ども時代から，学校以外で活動する場所とそれにつながる人々のいる地域は，
子育てを支える土壌となっている。

（3）新たな諸課題への対応

　しかしもちろん，公的なセーフティネットで守りきれない部分や，地域団体
に参加しない，できない状況の親子も存在する。21世紀の今日，拡大しつつあ
る経済格差，子どものメンタルヘルスなどの新たな諸課題も顕在化している
（BRIS, 2014）。近年では特に，難民としての背景をもつ家族への対応が大きな
課題の1つである。同じ権利をもつ者として普遍的な公的施策の対象ではあっ
ても，現実には経済的困難に陥りがちであり，異なる文化や宗教ゆえの難しさ
もある。たとえば，スウェーデンでは1979年から家庭内も含めて体罰禁止が法
規定されているが，子育ての慣習によっては一部摩擦も生じている。また，
2010年代に単身での難民少年を多く受け入れたため，児童保護が急増し，少年
らの社会参加に関する支援も模索が続けられている現状である。

第Ⅲ部　海外における子ども育成支援の展開とソーシャル・キャピタル

　上記のような新たな課題は，伝統的なスウェーデン社会の既存の価値観や仕組みの枠内では，十分な対応は困難である。スウェーデンには，福祉や子育てに特化した民間非営利での施設運営や直接的支援活動はごく僅かであるため，赤十字などの人道系団体が支援の手を差し伸べている。また，複数の児童権利擁護団体は，子どもと親の声を拾い上げるためのチャイルドラインを運営しており，社会啓発と政策提言で大きな影響力を発揮している。

　社会的包摂のあり方が模索されるなか，政府は地域の組織団体を，社会的包摂の場としても期待している。社会活動が不十分な環境の子どもが，地域団体でのスポーツ等を通じてつながりができるよう支援するアプローチである。また一部，移民・難民の背景をもつ住民が多いエリアで，行政と民間団体の協働で地域センターを運営し，住民同士（母親，若者等），各種団体，公的支援の結びつきを作るという実践もみられる（Panncentralen HP）。

　さて，次節では第1〜2節で記した様々な取り組みのなかから，スウェーデンに特徴的な地域での子育て支援の実際を，いくつかの文献と筆者の現場訪問[3]経験にもとづいた4つの例から紹介する。

第3節　地域での子育て支援活動の実際

（1）ファミリーセンター

　就学前の親子が通う地域の交流拠点が，多機能型で運営されているのがファミリーセンターである。場所により形態や事業内容は多種多様だが，妊産婦保健，小児保健，オープン型就学前学校，社会福祉の予防的支援の4つの機能を備えるかたちが基本で，類似のタイプも含めれば全国に約250か所ある（Föreningen för familjecentralernas främjande, 2013）。1970年代から原型となる実践はあり，目新しい存在ではないが，2000年代以降の社会状況から改めてその役割が重視されるようになった。

　ある人口約11万人のコミューンでは，3か所のファミリーセンターを設置している。うち1か所は移民・難民の背景をもつ住民が多いエリアで，筆者訪問

時には中東系の妊婦や乳幼児を連れた母親たち5〜6人が，ダイニングテーブルでコーヒーを飲みながら社会福祉職員と談笑していた。集合住宅の1階部分を用いた拠点で外からは目立たないが，ドアを開けるとすぐにオープン型就学前学校があり，居心地のいい空間が広がっていた。各種相談や地域のイベントのチラシも多数おかれ，職員全員の大きな写真と名前も掲示してあり，話しやすい工夫がなされていた。このセンターでは，オープン型就学前学校は平日毎日オープンしており，ペアレンティング講座や個別相談に使える部屋と隣接していた。助産師，小児保健センターの看護師，社会福祉専門職は基本的に固定曜日のみ在室のため，パンフレットには電話番号，予約の要不要の時間帯も明記されていた。

　ほぼすべての親子が何らかのかたちで必ずかかわる地域の支援拠点で，個別支援を必要とする親子についてはチャンスを逃さず予防的な視点でかかわろうとするスタンスは，まさに今日のスウェーデンに典型的な子育て支援のあり方といえる。

（2）オープン型就学前学校

　乳幼児の親子が自由に過ごせる，日本の子育て支援センターに近い場所をオープン型就学前学校という。主に育休中の親子が利用しており，一般の就学前学校の建物に併設されていることもある。色々なコーナーで遊べる他，幼児教育の専門スタッフが話し相手になったり，読み聞かせなどのプログラムを提供したりする時間もある。キッチンがありワンコインでコーヒーが飲めるなど，リラックスして楽しく過ごせる場所である。そのなかで，地域の親子が知り合い，子育てのネットワークを作るきっかけを作っている。

　個々の親子のための場であるのに加えて，曜日や時間帯によって地域のグループの集いの場としても使われる。双子のママのためのクラス，ベビーマッサージのグループ，ひとり親家庭の団体の集まり等である。地域での子育て支援として重要な拠点の1つで，乳幼児の親子にとって身近な場所だが，実数は全国で約1,100か所（学童向けのオープン型余暇活動センターと合算値のため，実

第Ⅲ部　海外における子ども育成支援の展開とソーシャル・キャピタル

質はもっと少ない）で，拡充の方向性もみられない。オープン型就学前学校と
して独立して運営を続けている場合もあるが，近年では上述のファミリーセン
ターのように，保健や福祉部門等との連携で，親の相談対応を強化するような
場が促進されている（Skolverket HP）。

（3）コンタクトパーソン／ファミリー

　社会福祉的な観点から，子どもに社会的なつながりがもっと必要と判断され
た場合，コンタクトパーソン（受け入れ先が家族の場合，コンタクトファミリー）
という制度がある。児童家庭福祉の予防型支援は，各コミューンが自由に幅広
く展開しているが，そのなかで法規定され全国で実施されている数少ないメ
ニューのひとつである。要認定のため利用率自体は約1％だが（Socialstyrelsen,
2015：tabell 25），社会で認知され定着している。

　コンタクトパーソンは，地域における公的ボランティアである。定期的に対
象の子どもと会い，映画に出かけたり家で遊んだりと好みにあわせて過ごすも
ので，活動に対して実費程度の謝礼が行政から支払われる。障害など成人の福
祉分野でも従来から使われている制度で，公的制度の介在により，孤立しがち
な個人と地域の人々をつなぐゆるやかな仕組みである。たとえば，家庭の養育
環境に困難があり社会活動に普段参加しにくい子どもに対して，利用が認定さ
れる。また，近年では難民としての背景をもつ少年も対象であり，社会保健福
祉庁は支援の一環として「この子に社会のネットワークをあげてください」と
広報し，コンタクトパーソンを募集している（Socialstyrelsen HP）。保護され
て衣食住が安定しても，子どもの生活や育ちにとって，地域でのつながりが必
須と明確に認識されていることがうかがえる。

　なお，スウェーデンでは社会的養護や一時保護について，学童期までのケー
スの大半，また全年齢平均でも60％（Socialstyrelsen, 2015：tabell.15）が里親家
庭に委託されている。里親は手当や経費を受け取るが，基本的にボランティア
である。このように地域のなかのコンタクトパーソンや里親も，行政と連携し
て個別支援を要する親子を支える存在になっている。

306

第 **19** 章　スウェーデンの地域子育て支援

（4）セーブ・ザ・チルドレン・スウェーデン

国内最大の子どもの権利擁護団体として社会に浸透しているのが，約7万6,000人の会員を有するセーブ・ザ・チルドレン・スウェーデンである。国際協力分野で知名度が高い団体だが，スウェーデン国内でも，貧困や性的虐待など声をあげにくい状況にある子どもたちの声を社会に届ける活動をしている（Rädda Barnen HP）。

国内では，全国各地の支部を拠点とした，会員によるボランティア活動が基盤となっている。駅前に小さな事務所をもつある町の地方支部を筆者が訪問した際は，ボランティアのうち十数人を核とした活動がなされ，スタッフはパートタイムで2人だった。最大の活動は募金活動で，他には学童の宿題サポート（困難な家庭環境や母国語が異なることが要因で支援を要する場合），14歳向けのプログラム（20代の同性の若者たちと学校内で語るという，全国中央組織が開発した企画）の準備・実施，子育て中の親からの相談等も行っていた。ある保育士経験者のボランティア女性は，地域に友人のいない母親の相談に数回のっていたところ，偶然道端で出会い地域でのつながりが広がる契機になったと話してくれた。

各地域での活動で発見された情報や課題は，全国中央組織の専門職スタッフにより報告書にまとめられ，政治・行政への説得力のある政策提言として用いられる。各地方支部でも，子ども関連施策について市議会議員に提案をすることもある。セーブ・ザ・チルドレンの例は，日常の地域活動が政策決定過程への参加とつながり，長期的な視点で子ども・子育て環境の改善に貢献するという，スウェーデンの市民活動の典型的なタイプといえる。

第4節　日本への示唆

最後に，ソーシャル・キャピタルの観点において，スウェーデンから日本が得られる示唆を2点述べる。

第1に，地域での子育て支援実践は，親子の生活基盤を支える十分な社会保

第Ⅲ部　海外における子ども育成支援の展開とソーシャル・キャピタル

障や公的制度と両輪であってこそ，その良さや意義が強く発揮されうるという点である。スウェーデンでは，個々の親子の自律した生活を，育児休業や経済的給付，医療や教育制度が徹底的に支えている。その土台と安心感のうえで，地域住民は自分たちにしか担えない部分，つまり協調的な人間関係・信頼関係の構築や地域づくりの部分で活発に活動するが，行政責任の範疇には基本的に踏み込まない。スウェーデンの場合は，社会保障や公的制度と地域での実践が，役割分担しつつ両輪として機能することで，人々の社会への一般的信頼は高まり，ソーシャル・キャピタルが高いとされる社会を形成しているのである。

　この視点で日本に目を向けると，親子の生活基盤に対する公的施策不足のまま，不安定化する子育て環境（親の不安定な就労，養育経験の不足等）への対応を，地域子育て支援の現場に委ねてしまう部分が過大にもみえる。地域住民やNPO，保育所，福祉施設等によるいかに熱心な相談や支援も，個人の経済状況や労働環境の部分に立ち入ることは不可能である。そのうえ，政府は近年，少子高齢社会と公的財源不足を理由に，地域での互助を促進する姿勢を強めている。そのような偏狭な捉え方で，せっかくの子育て支援活動が，ソーシャル・キャピタルを高めるというより，安上がりな担い手の役割に押し込められる懸念がある。現存する様々な地域子育て支援の良さを発揮するためには，日本でも改めて，社会保障・公的施策で一体どこまで親子の生活基盤を支えるのかの真剣な議論が必須であると考えられる。

　第2に，子ども・若者や働いている親たちを含め，人々が日常生活の一部としてつながり参加できるような，地域団体の存在意義についてである。スウェーデンでは，地域のスポーツクラブや保護者会等，多種多様な組織団体が水平的なネットワークを生むかたちで社会のソーシャル・キャピタルを高めている。直接的な子育て支援活動とは言いがたいが，各団体が行政とは異なる立場で地域の拠点となり，人々の自発的で自然なつながりを蓄積させて，子どもの育ちを支える地域を豊かにしている。

　このスウェーデンの例に照らすと，日本で子育てを支える地域というと，活

第19章　スウェーデンの地域子育て支援

動や支援の対象が子どもの乳幼児期に集中しており，支援者や関係者が限定されがちな面があるようにもみえる。そして，子どもの乳幼児期が過ぎると，親は学校以外での地域とのかかわりを失うことが多い。日本で子育てを支える地域のソーシャル・キャピタルのさらなる向上をめざす時，既存また狭義での支援事業という枠にとらわれ過ぎないよう意識することが必要であると思われる。テーマは何にせよ，子ども・若者，また親たちが，余暇活動などで気軽かつ継続的につながり合う機会が増えれば，地域のソーシャル・キャピタルは高まる。今後，子どもや親による活動団体の存在意義をより強く認識し，運営・活動を一部社会的に支援することも求められるのではないだろうか。

　以上本章では，障害児への支援等には言及できなかったという限界があるものの，スウェーデンの徹底的に親子を支える公的施策や，地域社会における活動・支援の姿を，ソーシャル・キャピタルの視点から描き捉えてきた。歴史文化的な背景も福祉国家のタイプも日本とは異なるが，スウェーデンという国のレンズを通すことで，そもそも子育て支援，親支援とは？　育ちを支える地域に必要な要素は何か？　など，根本的な問いに立ちかえる契機となったように思う。社会に支えられていると感じる時，私たちは周囲に信頼を感じ，つながりを形成していくことができる。現代の子育ち・子育てを支えるために，国や社会としての理念がより明確化され，方法論もさらに拡充されることで，日本がもっと子育てがしやすいと実感される社会になることを願う。

注
(1)　第1節で用いた人口動態統計は全て，スウェーデン統計局 HP のデータベースを参照。
(2)　第1節第3項のデータは2016年についてで，社会保障関係はスウェーデン社会保険事務所（förälder の項），就学前教育はスウェーデン学校庁の HP（förskola と fritidshem の統計）を参照。
(3)　第3節が依拠した文献は，1. ファミリーセンター：Föreningen för familjecentralernas främjande（2013）と資生堂社会福祉事業団（2012：53-59），2. オープン型就学前学校：白石・水野（2013）と Skolverket HP，3. コンタクトパーソン：Socialstyrelsen（2015），4. セーブ・ザ・チルドレン・スウェーデン：Rädda Barnen の HP と吉岡（2010）。

309

第Ⅲ部　海外における子ども育成支援の展開とソーシャル・キャピタル

引用・参考文献

秋朝礼恵（2006）「出産・育児事情」，岡澤憲芙・中間真一編著『スウェーデン──自律社会を生きる人びと』早稲田大学出版部，1-37。

BRIS（2014）"Alternative report 2014（Report to the United Nations）".

Esping-Andersen, Gøsta.（1990）"The three worlds of welfare capitalism", Policy Press.

Essen, Johan.Von, Jegermalm, M., & Svedberg, L.（2015）" Folk i rörelse: medborgerligt engagemang 1992-2014".（Ersta sköndal högskola arbetsrapportserie Nr.85）Ersta Sköndal Högskola.

Folkhälsomyndigheten（2014）" Föräldrar spelar roll-Vägledning i localt och regionalt föräldrastödsarbete".

Fösäkringskassan（スウェーデン社会保険事務所）HP.（www.fosakringskassan.se, 2016. 10. 19).

Föreningen för familjecentralernas främjande（2013）"Familjecentralernas historia och nuläge".（www. http://familjecentraler.se/, 2016. 12. 9).

Milner, Henry & Ersson, S.（2000）"Social capital, civil engagement and institutional performance in Sweden: An analysis of the Swedish regions."（Paper prepared for the ECPR Joint Sessions of Workshops, University of Copenhagen, 14-19 April 2000).

岡沢憲芙（2006）「第3章スウェーデン」久塚純一・岡沢憲芙編『世界のNPO──人と人との新しいつながり』早稲田大学出版部，61-89。

OECD（2016）Social Expenditure Update（October, 2016).

Putnam, Robert. D.（1993）"Making Democracy Work: Civic Traditions in Modern Italy". Princeton University Press.（＝パットナム，ロバート・D，河田潤一訳（2001）『哲学する民主主義──伝統と改革の市民的構造』NTT出版）。

Panncentralen HP.（http://www.panncentralen.se/se, 2017. 12. 3).

Rothstein, Bo. & Stolle, D.（2003）Introduction: Social capital in Scandinavia. "Scandinavian Political Studies". 26（1），1 -26.

Rädda Barnen（セーブ・ザ・チルドレン・スウェーデン）HP（https：//www.raddabarnen.se/, 2016. 11. 6)。

Save the Children（2015）"State of the World's Mothers 2015".（https：//www.savethechildren.net/state-worlds-mothers-2015, 2016. 10. 19).

SCB（スウェーデン統計局）HP.（www.scb.se, 2016. 11. 6).

白石淑江，水野恵子（2013）『スウェーデン保育の今──テーマ活動とドキュメンテーション』かもがわ出版。

資生堂社会福祉事業団（2012）「2011年度　第37回資生堂児童福祉海外研修報告書──スウェーデン・デンマーク児童福祉レポート」。

Skolverket（スウェーデン学校庁）HP.（www.skolverket.se, 2016. 10. 19).

Socialstyrelsen（2015）"Barn och unga-insatser år 2014（Bilaga）".

Socialstyrelsen（スウェーデン社会保健福祉庁）HP.（www.sos.se, 2016. 11. 6).

Socialdepartementet（2008）"Föräldrastöd -En vinst för alla".（SOU 2008：131)

高橋美恵子（2007）「スウェーデンの子育て支援—ワーク・ライフ・バランスと子どもの権利の実現」『海外社会保障研究』160，73-86.

特定非営利活動法人 Rights（2010）「特定非営利活動法人 Rights スウェーデンスタディツアー報告書」。

Wiklund, Stefan（2006）"Den kommunala barnavården". Socialhögskolan, Stockholms universitet.

吉岡洋子（2006）「第4章社会とかかわる　NPO 論」，岡沢憲芙・中間真一編著『スウェーデン——自律社会を生きる人びと』早稲田大学出版部，103-118.

吉岡洋子（2010）「スウェーデンにおける福祉と NPO のアドボカシー役割に関する研究」日本 NPO 学会第12回年次大会報告用フルペーパー（2010年3月京都）.

吉岡洋子・佐藤桃子（2015）「スウェーデンの子ども・子育て環境」，岡澤憲芙・斉藤弥生編著『スウェーデン・モデル　—グローバリゼーション・揺らぎ・挑戦』彩流社，125-150.

吉岡洋子（2015）「「親子であること」を社会はいかに支えられるか——スウェーデンの児童家庭福祉施策を例として」『日本子育て学会第7回大会要旨集』（2015年11月兵庫）.

善積京子（2011）「スウェーデンの家族変容——家族政策と生活実態」『家族社会学研究』23（2），196-208.

おわりに

　近年，経済学者や政治学者，社会学者である諸先達が，「ソーシャル・キャ
ピタル」について，多くの研究内容を発表してきた。さらには，ソーシャル・
キャピタルに関して，多くの書籍が刊行されてきた。それは「ソーシャル・
キャピタル」というキーワードが時代の欲する概念であり，現代社会や世の中
の人々が待ち望んだキー概念であったからに他ならない。

　これまで，世界各国や日本国内において諸先輩が，「ソーシャル・キャピタ
ル」というキーワードを取り上げて概念化を試み，「ソーシャル・キャピタ
ル」を世に知らしめてきたことは，脈々と人類の歴史のなかで受け継がれてき
た「人間（個や集団）と人間（個や集団）の信頼関係」「地域や集団での生活に
おける社会規範」「人や家族との間をつなぐネットワーク」等といった，ごく
日常にありふれたものを可視化してきたことに他ならない。さらには，「ソー
シャル・キャピタル」が単なる人間関係やネットワークの蓄積に留まらず，文
化構築・経済情勢・社会政策などにも影響を与えていることを，世に知らしめ
てきたのである。本書が，先達の功績の意義を引き継ぎ，さらに社会に対する
啓発や可視化を担えるのであれば，これ以上の喜びはない。

　将来へと視点を転じれば，「このままの少子化状況で推移すれば，日本の国
内人口は年々減少し，約1,000年後には国内人口は１人になってしまう」と推
測されている。さらに，現在の日本では子どもを取り巻く問題が山積してお
り，それらの問題を改善・解決していく方策を早急に拈出・創案していかなけ
れば，次代を担う子どもたちを健全に育成できないどころか，先達から脈々と
受け継いできた様々な英知や財産を後世に継承できず，もっと早期にわが国は
国家として立ち行かなくなるだろう。

　しかし，これまで社会福祉学領域の現場実践者や研究者が上梓してきた

「ソーシャル・キャピタル」に関する書籍では，「子育て支援」「子育てストレス」「児童福祉」「児童の教育」等のキーワードが，一部の章や節のタイトルとして取り入れられているが，子どもの問題を中心柱に据え「子育て」「児童教育」「児童福祉」という各分野の様々な課題に特化した「ソーシャル・キャピタル」に関する書籍はほとんど存在しなかった。

　そこで，われわれ編者一同で協議を重ね，「孤独」や「孤立」の問題を整理し，ソーシャル・キャピタルという視点から，子どもにかかわる各領域で豊富な実践経験や研究経験がある18名の先生方に執筆をお願いし，現状と課題に加え，具体的事例や改善策・展望まで執筆をいただいた。編集の観点から，執筆者の先生方にも無理なお願いをすることもあったが，その要望にも快く応えていただき感謝している。

　今改めて読み返してみると，至らぬ点も多く，十分に議論を深められていない部分もあるため，各方面よりご指摘をいただければ，幸いである。

　発刊にあたり，その意図を理解し意欲的に取り組んでくださった執筆者の皆様方に深く感謝するとともに，企画から出版に至るまで多大なご支援やアドバイスを頂いたミネルヴァ書房の代表取締役社長・杉田啓三様並びに営業部・部長の神谷透様にこの場を借りて感謝の意を表したい。

2017年11月吉日

編著者を代表して　　立花直樹

索　引

あ　行

アサーション・トレーニング　57
新しい社会的養育ビジョン　138
イクメン　34
いじめ　20, 179
いじめ防止対策推進法　182
イスラム・スカーフ事件　283
移民政策　278
インクルーシブ社会　160
インクルーシブ保育　153
インクルージョン教育　266
インターナショナルスクール　242
SNS　58
大津市中2いじめ自殺事件　185
オープン型就学前学校　305
オレンジリボン運動　126

か　行

外国にルーツをもつ子ども　241
カウンセリング　47
学力不振　212
学校教育法　104
学校不適応　212
家庭支援専門相談員　143
義務教育の段階における普通教育に相当する教
　育の機会の確保等に関する法律　209, 246
教育基本法　26
教育を受ける権利　8
共和国の価値　290
グループホーム　137
グループワーク　55
公認心理師　47
幸福に生きる権利　14

合理的配慮　163
子育て支援　34
子育て世代包括支援センター　30, 84
子どもオンブズマン制度　15
子ども・子育て支援　37
子ども・子育て支援新制度　97, 170
子ども・子育て支援法　38
こども食堂　232
子どもの権利　4
子どもの権利条約→児童の権利に関する条約
子どもの発見　7
子どもの貧困　56
子どもの貧困対策の推進に関する法律　223
子どもの貧困率　226
子供・若者育成支援推進大綱　61
子ども・若者育成支援推進法　8
コンタクトパーソン　306
コンタクトファミリー　306

さ　行

里親　139
サラマンカ宣言　153
三間　167
シェア・スタート・ローカル・プログラム　262
施設からメインストリームへ　265
児童館　175
児童虐待　82, 113
児童虐待の防止等に関する法律　114
児童憲章　8
児童権利宣言　7
児童相談所　227
児童の権利に関する条約　6, 150, 261
児童福祉法　29, 139
児童法　259

315

児童養護施設　139
自閉症スペクトラム　139
社会的養護　133
社会福祉士　67
若年無業者　21
就学前の子どもに関する教育，保育等の総合的
　な提供の推進に関する法律　101
宗教的標章着用禁止法　285
重国籍　242
障害者基本法　150
小規模グループケア　137
少年鑑別所　214
食の提供　236
触法少年　20
新エンゼルプラン　37
心的外傷後ストレス障害　135
スクールカウンセラー　50, 186, 201
スクールソーシャルワーカー　15, 69, 186,
　192, 201, 245
健やか親子21(第2次)　89
セーブ・ザ・チルドレン　307
相対的貧困　224
ソーシャル・インクルージョン　150
ソーシャル・キャピタル　25
ソーシャルワーカー　67

た　行

待機児童問題　107
第2期教育振興基本計画　27
多文化共生教育　254
地域型保育　98
地域子育て支援拠点事業　38
地域子育て支援センター　36
地域子ども・子育て支援事業　38
父親の保育関与　53
チルドレンズ・センター　264
定時制・通信制高等学校　218
適格者主義　217
当事者自治　16

特別支援教育　155, 163
ドメスティック・バイオレンス　207

な　行

2005年学校基本計画法　286
日本国憲法　225, 241
日本語指導加配教員　245
乳児院　134
乳児家庭全戸訪問事業　40
認定こども園　98
ネウボラ　42
ネグレクト　114

は　行

発達障害　158
ひきこもり　22
被虐待児童　119
ひとり親家庭　10
ファミリー・サポート・センター　98
ファミリーセンター　304
ファミリーソーシャルワーカー　75, 140
不登校　20, 195
フリースクール　199
ブリッジング・ネットワーク　124
プレイグループ　270
保育カウンセリング　48
保育士　68
保育所保育指針　37, 106
保育ソーシャルワーカー　74, 110
保育ソーシャルワーク　109
放課後子ども教室　171
放課後子どもプラン　171
放課後児童クラブ　168
保健師　93
保健室　207
保護観察　219
母子保健事業　86
母子保健推進員　91
母子保健法　80

316

ボンディング・ネットワーク　123

ま　行

マルトリートメント　114, 135
見えない貧困　225
民生委員　232
民族学校　242
民法　115

や・ら行

夜間中学　245
遊戯療法　49
養育支援訪問事業　40
養護教諭　198
幼稚園教育要領　105
幼保連携型認定こども園教育・保育要領　102
利用者支援事業　85

《執筆者紹介》（所属，執筆分担，執筆順，＊印は編著者）

＊伊藤　良高（熊本学園大学社会福祉学部教授：はじめに・第1章・第2章）

　香﨑　智郁代（九州ルーテル学院大学人文学部講師：第3章）

　下坂　　剛（四国大学生活科学部准教授：第4章）

　三好　明夫（京都ノートルダム女子大学現代人間学部教授：第5章）

　宮﨑　由紀子（西日本教育医療専門学校講師：第6章）

　塩野谷　斉（鳥取大学地域学部教授：第7章）

＊立花　直樹（関西福祉科学大学社会福祉学部准教授：第8章・おわりに）

　桐原　　誠（湯出光明童園家庭支援専門相談員：第9章）

　永野　典詞（九州ルーテル学院大学人文学部教授：第10章）

　小﨑　恭弘（大阪教育大学教育学部准教授：第11章）

　安田　誠人（大谷大学文学部教授：第12章）

　吉田　祐一郎（四天王寺大学教育学部講師：第13章）

　加藤　誠之（高知大学教育学部准教授：第14章）

　小口　将典（関西福祉科学大学社会福祉学部准教授：第15章）

　大津　尚志（武庫川女子大学文学部講師：第16章）

＊牧田　満知子（社会人類学者：第17章）

　橋本　一雄（中村学園大学短期大学部幼児保育学科講師：第18章）

　吉岡　洋子（頌栄短期大学保育科准教授：第19章）

《編著者紹介》

伊藤良高（いとう・よしたか）
名古屋大学大学院教育学研究科博士後期課程修了。
現　在　熊本学園大学社会福祉学部教授。
主　著　『保育制度改革と保育施設経営』風間書房，2011年。
　　　　『幼児教育行政学』晃洋書房，2015年。

牧田満知子（まきた・まちこ）
大阪大学大学院文学研究科博士後期課程単位取得退学。社会人類学者。
主　著　『人口減少時代の社会福祉学』（共編著）ミネルヴァ書房，2007年。
　　　　『災害福祉とは何か』（共著）ミネルヴァ書房，2010年。

立花直樹（たちばな・なおき）
関西学院大学大学院社会学研究科博士課程前期修了。
現　在　関西福祉科学大学社会福祉学部准教授。
主　著　『ソーシャル・キャピタルを活かした社会的孤立への支援』（共編著）
　　　　ミネルヴァ書房，2014年。
　　　　『保育実践を深める相談援助・相談支援』（共編著）晃洋書房，2017年。

現場から福祉の課題を考える
子どもの豊かな育ちを支えるソーシャル・キャピタル
——新時代の関係構築に向けた展望——

| 2018年2月20日　初版第1刷発行 | 〈検印省略〉 |

定価はカバーに
表示しています

	伊　藤　良　高
編著者	牧　田　満知子
	立　花　直　樹
発行者	杉　田　啓　三
印刷者	藤　森　英　夫

発行所　株式会社　ミネルヴァ書房
607-8494　京都市山科区日ノ岡堤谷町1
電話代表　（075）581-5191
振替口座　01020-0-8076

ⓒ 伊藤・牧田・立花ほか，2018　　　　　亜細亜印刷

ISBN978-4-623-08122-6
Printed in Japan

現場から福祉の課題を考える
ソーシャル・キャピタルを活かした社会的孤立への支援
—————— 牧田満知子・立花直樹編著　**Ａ５判・314頁・本体3,000円**
●ソーシャルワーク実践を通して　子育て世帯，障害者，若者の雇用，高齢者，生活困窮者など，12の領域で抱える課題の具体的な事例をもとに，その解決方法を探る。

ソーシャル・キャピタル
—————— ナン・リン著／筒井淳也・ほか訳　**Ａ５判・392頁・本体3,600円**
●社会構造と行為の理論　ネットワークを資源として捉える個人の地位達成から社会構造の創出まで幅広い現象を科学的に分析したナン・リンの代表的著作。

ソーシャル・キャピタルのフロンティア
—————— 稲葉陽二・ほか編　**Ａ５判・262頁・本体3,500円**
●その到達点と可能性　主な分野の動向，到達点を網羅し，全体像を把握するのに最適な一冊。

ソーシャルデザインで社会的孤立を防ぐ
—————— 藤本健太郎編著　**Ａ５判・272頁・本体3,200円**
●政策連携と公私協働　多くの分野の専門家たちが協働し，様々な政策を連動させ，いかに社会的孤立を防ぐ社会をデザインしていくかを考察。

—————— ミネルヴァ書房 ——————
http://www.minervashobo.co.jp/